Digitale Transformation im Controlling

Jessica Hastenteufel · Susanne Weber · Thomas Röhm
(Hrsg.)

Digitale Transformation im Controlling

Praxisorientierte Lösungsansätze und Chancen für Unternehmen

Hrsg.
Jessica Hastenteufel
Fernstudium, IU Internationale Hochschule
Bad Reichenhall, Deutschland

Susanne Weber
Duales Studium, IU Internationale Hochschule
München, Deutschland

Thomas Röhm
General Management | International Business
Munich Business School
München, Deutschland

ISBN 978-3-658-38224-7   ISBN 978-3-658-38225-4 (eBook)
https://doi.org/10.1007/978-3-658-38225-4

Die Deutsche Nationalbibliothek verzeichnet diese Publikation in der Deutschen Nationalbibliografie; detaillierte bibliografische Daten sind im Internet über http://dnb.d-nb.de abrufbar.

© Der/die Herausgeber bzw. der/die Autor(en), exklusiv lizenziert an Springer Fachmedien Wiesbaden GmbH, ein Teil von Springer Nature 2022
Das Werk einschließlich aller seiner Teile ist urheberrechtlich geschützt. Jede Verwertung, die nicht ausdrücklich vom Urheberrechtsgesetz zugelassen ist, bedarf der vorherigen Zustimmung des Verlags. Das gilt insbesondere für Vervielfältigungen, Bearbeitungen, Übersetzungen, Mikroverfilmungen und die Einspeicherung und Verarbeitung in elektronischen Systemen.
Die Wiedergabe von allgemein beschreibenden Bezeichnungen, Marken, Unternehmensnamen etc. in diesem Werk bedeutet nicht, dass diese frei durch jedermann benutzt werden dürfen. Die Berechtigung zur Benutzung unterliegt, auch ohne gesonderten Hinweis hierzu, den Regeln des Markenrechts. Die Rechte des jeweiligen Zeicheninhabers sind zu beachten.
Der Verlag, die Autoren und die Herausgeber gehen davon aus, dass die Angaben und Informationen in diesem Werk zum Zeitpunkt der Veröffentlichung vollständig und korrekt sind. Weder der Verlag, noch die Autoren oder die Herausgeber übernehmen, ausdrücklich oder implizit, Gewähr für den Inhalt des Werkes, etwaige Fehler oder Äußerungen. Der Verlag bleibt im Hinblick auf geografische Zuordnungen und Gebietsbezeichnungen in veröffentlichten Karten und Institutionsadressen neutral.

Planung/Lektorat: Irene Buttkus
Springer Gabler ist ein Imprint der eingetragenen Gesellschaft Springer Fachmedien Wiesbaden GmbH und ist ein Teil von Springer Nature.
Die Anschrift der Gesellschaft ist: Abraham-Lincoln-Str. 46, 65189 Wiesbaden, Germany

Vorwort

Die digitale Transformation ist allgegenwärtig und beeinflusst sämtliche Unternehmensbereiche. Das Controlling als Steuerungseinheit im Unternehmen ist aufgrund seiner zentralen Rolle in einem Unternehmen hiervon in besonderem Maße betroffen. Denn neben den Kernaufgaben und Funktionen verändern sich auch die ihm zugrunde liegenden Prozesse und Strukturen.

Dieser Sammelband liefert einen Überblick über ausgewählte Veränderungen, die sich im Controlling durch die Digitalisierung ergeben. Der Fokus liegt auf der Erarbeitung praxisorientierter Lösungsansätze und der Darstellung der Chancen und Risiken, die sich aus der digitalen Transformation für Unternehmen ergeben. Somit eignet sich das Werk für Expert:innen aus Wissenschaft und Praxis gleichermaßen, um ihr Wissen, ihre Aktivitäten und ihre Kompetenzen in diesem dynamischen Themenfeld zu vertiefen.

Die Beiträge in diesem Sammelband sind wissenschaftlich fundiert und profitieren zugleich von der langjährigen praktischen Expertise in den unterschiedlichsten Unternehmensbereichen der einzelnen Autor:innen.

Wir bedanken uns an dieser Stelle ganz herzlich bei allen mitwirkenden Autor:innen für ihre wertvollen Beiträge und die überaus angenehme und konstruktive Zusammenarbeit.

München und Bad Reichenhall, Deutschland Jessica Hastenteufel
Herbst 2022 Susanne Weber
Thomas Röhm

Digitalisierung im Controlling – Eine kurze Einführung

Die Digitalisierung ist unbestreitbar einer der Megatrends unserer Zeit. Sie ist mittlerweile ein fester Bestandteil unseres täglichen Lebens und betrifft Organisationen und Privatpersonen gleichermaßen. Sie sorgt für einen tiefgreifenden Wandel unserer Lebens- und Arbeitsweise. Dabei ist sie vor allem durch eine zunehmende Automatisierung und Vernetzung von einzelnen Wirtschaftsteilnehmer:innen und Prozessen geprägt.

Wenngleich sich gerade die Unternehmen der Notwendigkeit bewusst sind, ihre Abläufe, Arbeitsweisen und Geschäftsmodelle an die Anforderungen einer digitalen Welt anzupassen, so vollzieht sich dieser Wandel in einigen Bereichen eher zögerlich. Zwar hat die Corona-Pandemie in vielen Branchen und Unternehmensbereichen, die Umsetzung digitaler Lösungen – gezwungenermaßen – beschleunig und vorangetrieben, oft scheitert es jedoch an fehlenden unternehmensinternen Schnittstellen und Kapazitäten, phlegmatischen Entscheidungsprozessen oder schlicht an dem entsprechenden Mindset der Entscheidungsträger:innen.

Genau hier kann und sollte das Controlling ansetzen. Denn die Reduzierung des Controllings als reiner Zahlenlieferant ist längst nicht mehr zeitgemäß und wird dem Potenzial dieser betrieblichen Funktion definitiv nicht gerecht. Es ist vielmehr eine zentrale Steuerungseinheit, die das Management eines Unternehmens in vielfältiger Weise unterstützen und somit die Umsetzung der digitalen Transformation fördern kann.

Genau an dieser Stelle setzen die Beiträge in diesem Sammelwerk an. Neben einzelnen branchen- und themenübergreifenden Beiträgen, die sich beispielsweise mit dem digitalisierungsbedingten Wandel der Controllingfunktion und der Rolle der Controller:innen oder aus der Digitalisierung resultierenden Widerständen und dem Umgang damit im unternehmerischen Kontext beschäftigen, wird auch die digitale Transformation einzelner Prozesse und Aufgaben beleuchtet. Hierbei stehen vor allem agile Projekte, Remote-Audits, der Purchase-to-Pay-Prozess sowie das Workforce Management im Fokus. Da die digitale Transformation im Controlling auch branchenspezifischen Besonderheiten aufweist, werden diese ebenfalls punktuell und basierend auf dem jeweiligen praktischen Hintergrund der Autor:innen verdeutlicht. So werden insbesondere Fragen der Digitalisierung des Controllings in Krankenhäusern, der Bauwirtschaft sowie in der Finanzbranche näher analysiert.

Inhaltsverzeichnis

1 **Controlling 4.0 – Herausforderungen der Digitalisierung für das Controlling und daraus resultierende Veränderungen des Berufsbilds von Controller:innen**. 1
Jessica Hastenteufel, Hannes Schuster und Sabrina Kiszka
   1.1   Einführender Überblick 2
   1.2   Herausforderungen an das Controlling durch die Digitalisierung 2
   1.3   (Neue) Kompetenzen und Rollen im Controlling. 6
        1.3.1   Service Provider:innen. 7
        1.3.2   Business Partner:innen 8
        1.3.3   Functional Leader:innen. 8
        1.3.4   Pathfinder:innen 9
   1.4   Fazit. 9
   Literatur. 10

2 **Digitalisierungsschritte im Controlling – Zum Umgang mit Widerständen** 13
Peter Wagner und Frank Wernitz
   2.1   Einleitung 13
   2.2   Wesentliche Digitalisierungstrends im Controlling 14
        2.2.1   Wesentliche technische Innovationen mit Bezug zum Controlling. 15
        2.2.2   Auswirkungen auf Prozesse des Controllings 17
        2.2.3   Auswirkungen auf IT-Systeme des Controllings 17
        2.2.4   Auswirkungen auf die Organisation des Controllings. 18
   2.3   Bedeutung eines Innovationsmanagements zum Umgang mit Widerständen 19
   2.4   Handlungsempfehlungen für den Umgang mit Widerständen 19
        2.4.1   Morphologie des Widerstands 19
        2.4.2   Maßnahmen zur Verringerung und Vermeidung von Widerständen 21

		2.4.3	Gestaltung der Digital Transformation Journey	22
	2.5	Fazit		24
	Literatur			25

3 Controlling und Risikomanagement in agilen Projekten ... 27
Sandra Ebeling und David Kuhlen

	3.1	Einleitung		28
	3.2	Theoretische Fundierung		29
		3.2.1	Agiles Projektmanagement: Scrum als etabliertes Framework	29
		3.2.2	Empirische Untersuchungen und Stärken und Schwächen des agilen Projektmanagements	31
		3.2.3	Risikomanagement und agiles Projektmanagement	32
	3.3	Analyse		36
	3.4	Design		39
	3.5	Evaluation		42
	3.6	Fazit und Ausblick		46
	Literatur			47

4 Chancen und Risiken für Remote-Audits durch die digitale Transformation ... 51
Vitali Altholz, Sylke Behrends und Thor Möller

	4.1	Einleitung		52
	4.2	Von Vorort-Audits zu Remote-Audits		52
	4.3	Remote-Audits in der Praxis		54
		4.3.1	Innovationsprozesse für Remote-Audits	54
		4.3.2	Fallbeispiele	55
		4.3.3	Mobile IT-Lösungen für Remote-Audits	57
	4.4	Remote-Audits in der digitalen Transformation: Chancen und Risiken		59
	Literatur			60

5 Die Digitalisierung des Purchase-to-Pay-Prozesses – Ein fiktives Fallbeispiel ... 63
Jessica Kanal, Jessica Hastenteufel und Susanne Weber

	5.1	Einführender Überblick		64
	5.2	Der Ist-Prozess		65
		5.2.1	Prozessablauf und Identifizierung von Prozessschwächen	65
		5.2.2	Analyse der Prozessschwächen	67
	5.3	Der Ziel-Prozess		69
		5.3.1	Optimierung der Prozessschwächen und Ziel-Prozess	69
		5.3.2	Nutzenanalyse	73

	5.4	Ergebnisse und Empfehlungen	74
	Literatur		76
6	**Optimierung des Workforce Managements durch den Einsatz von People Analytics**		**77**
	Maik Günther, Michaela Moser und Katharina-Maria Rehfeld		
	6.1	Einleitung	78
	6.2	Begriff und Phasen des Workforce Managements	78
	6.3	People Analytics und seine Entwicklungsstufen	82
	6.4	Optimierung des Workforce Managements durch People Analytics	84
		6.4.1 Flexibilisierung des WFM	85
		6.4.2 Beitrag zum Unternehmenserfolg durch digitales WFM	86
		6.4.3 Optimierung der Personalkosten	86
		6.4.4 Steuerung der Personalressource	87
		6.4.5 Unterstützung des Unternehmenscontrollings	88
	6.5	Zusammenfassung und Ausblick	88
	Literatur		89
7	**Reifegradmodell für den digitalen Wandel im Controlling eines Krankenhauses**		**91**
	Claudia Hess, Anne-Lena Stierle und Susanne Weber		
	7.1	Einleitung	91
	7.2	Reifegradmodelle für die digitale Transformation	92
		7.2.1 Einsatzbereiche, Aufbau und Zweck von Reifegradmodellen	92
		7.2.2 Überblick über Reifegradmodelle für die digitale Transformation	93
		7.2.3 Reifegradmodell von Langmann	94
		7.2.4 Reifegradmodell von Koß	96
		7.2.5 Reifegradmodell von Stoffers et al.	97
	7.3	Fallstudie: Anwendung des Reifegradmodells auf das Controlling im Klinikum Salus	97
		7.3.1 Unternehmen	97
		7.3.2 Methodik	98
		7.3.3 Analyse des Ist-Zustands	98
		7.3.4 Festlegung des angestrebten Ziel-Zustands	101
		7.3.5 Ableitung eines Maßnahmenkatalogs	104
	7.4	Fazit	107
	Literatur		107

8	**Digitalisierung als Enabler des Controllings in der Bauwirtschaft** 109
	Robert C. Schmidt, Boris Grünke und Thorsten Schatz
	8.1 Einleitung 110
	8.2 Status Quo: Digitalisierung und Controlling in der Tiefbaubranche ... 110
	8.2.1 Der Tiefbau, der Kabelleitungstiefbau und dessen Struktur... 110
	8.2.2 Spezifika und Wertschöpfungsprozess 112
	8.2.3 Stand der Digitalisierung im Baugewerbe 113
	8.2.4 Controlling im Baugewerbe 114
	8.3 Digitalisierung als Enabler des Controllings 116
	8.3.1 Die kurzfristige Ergebnisrechnung und ihre Informationsanforderungen 116
	8.3.2 Informationsversorgung zur Planerstellung 117
	8.3.3 Informationsversorgung zur Bauleistungsbewertung. 119
	8.3.4 Informationsversorgung zur verursachungsgerechten Kostenermittlung 119
	8.3.5 Möglichkeiten und Grenzen der Digitalisierung 120
	8.4 Die Sicht der Praxis: Experteninterview mit Boris Grünke und Thorsten Schatz. 120
	8.5 Fazit. 125
	Literatur. 126

9	**Machine Learning in der Banksteuerung – Eine Analyse der marktzinsunabhängigen Ausübung von impliziten Optionen nach § 489 BGB** 129
	Marius Demary, Frank Lehrbass und Svend Reuse
	9.1 Einführung 130
	9.2 Geschäftsverständnis. 131
	9.2.1 Definition und Ausprägung impliziter Optionen 131
	9.2.2 Maschinelles Lernen und aufsichtliche Anforderungen. 132
	9.3 Bisherige Untersuchungen 133
	9.4 Datenverständnis und -aufbereitung 133
	9.5 Modellierung. 136
	9.5.1 Logistische Regression. 138
	9.5.2 Entscheidungsbaum 139
	9.5.3 Künstliche Neuronale Netze (KNN) 140
	9.6 Fazit und Ausblick 142
	Literatur. 143

10	**Digitalisierung des Risikocontrollings bei Investmentfonds** 145
	Stefan Tilch
	10.1 Einleitung 145
	10.1.1 Einführende Bemerkungen. 145
	10.1.2 Begriffsklärung und Problemstellung 147

	10.2	Strategisches Controlling bei Investmentfonds...................	149
		10.2.1 Die Rolle des strategischen Controllings...............	149
		10.2.2 Der strategische Risikomanagement-Prozess...........	151
		10.2.3 Wesentliche strategische Risiken eines Fonds..........	152
		10.2.4 Praktische Herausforderungen im strategischen Risikocontrolling..	154
		10.2.5 Die Rolle von Nachhaltigkeitskriterien beim Risikocontrolling..	157
	10.3	Operatives Controlling..	159
		10.3.1 Operatives Risikomanagement bei Investmentfonds......	160
		10.3.2 Praktische Herausforderungen im operativen Risikocontrolling..	163
	10.4	Fazit und Ausblick...	165
	Literaturverzeichnis...		166
11	**Kreditvergabe und Kreditrisikomanagement von FinTech-Unternehmen**...		**169**
	Johannes Biewer und Joachim Hauser		
	11.1	Unternehmen mit Bezug zu technologiegestützten Finanzdienstleistungen (FinTech-Unternehmen).................	170
	11.2	Überblick über das Kreditgeschäft von FinTech-Unternehmen.......	171
		11.2.1 Vorbemerkungen.......................................	171
		11.2.2 Privatkundenkredite...................................	171
		11.2.3 Unternehmenskundenkredite...........................	173
	11.3	Steuerung des Kreditgeschäfts von FinTech-Unternehmen..........	174
		11.3.1 Vorbemerkungen.......................................	174
		11.3.2 Planung der Kreditrisikostrategie und der Kreditvergabe....	176
		11.3.3 Management und Controlling des Kreditportfolios........	177
		11.3.4 Behandlung problembehafteter Kredite..................	179
	11.4	Zusammenfassung..	180
	Literatur..		181
12	**Controlling von Kryptowährungen**.................................		**183**
	Stefan Behringer und Florian Follert		
	12.1	Einleitung..	184
	12.2	Grundlagen zu Kryptowährungen...............................	184
		12.2.1 Entstehung und Grundidee von Kryptowährungen.......	184
		12.2.2 Die Blockchain als technische Grundlage von Kryptowährungen.....................................	186
	12.3	Relevanz von Kryptowährungen für Unternehmen................	187
		12.3.1 Kryptowährungen als Zahlungsmittel...................	187
		12.3.2 Andere Einsatzgebiete von Kryptowährungen für Unternehmen..	188

12.4	Controlling von Kryptowährungen		189
12.5	Controlling-Instrumente für verschiedene Geschäftsmodelle		190
	12.5.1	Controlling bei Kryptowährungen als Zahlungsmittel im Umsatzprozess	190
	12.5.2	Controlling bei der Produktion von Kryptowährungen	191
	12.5.3	Controlling bei Kryptowährungen als Anlageobjekt	192
12.6	Fazit		193
Literatur			193

13 Data Governance und Controlling 197
Thomas Röhm

13.1	Einleitung		198
13.2	Was versteht man unter Data Governance?		199
13.3	Wie kann eine effektive Data Governance erreicht werden?		200
	13.3.1	Ziele und Aufgaben	200
	13.3.2	Wichtige Rollen und Funktionen	201
	13.3.3	Software zur Unterstützung	203
	13.3.4	Vorgehensweise bei der Implementierung	204
13.4	Bedeutung von Data Governance für das Controlling		205
	13.4.1	Hauptaufgaben von Controlling im Kontext von Data Governance	206
	13.4.2	Rolle des Controllings im Bereich „Data Governance"	207
13.5	Fazit		208
Literatur			209

Herausgeber- und Autorenverzeichnis

Über die Herausgeber

Prof. PD Dr. Jessica Hastenteufel ist Professorin für Betriebswirtschaftslehre an der IU Internationale Hochschule sowie Privatdozentin an der Universität des Saarlandes. Sie verfügt über eine langjährige Forschungs- und Lehrerfahrung in Bank- und Versicherungsbetriebslehre, Corporate Finance und Controlling sowie über berufspraktische Erfahrungen in der Bankenbranche.

Prof. Dr. Susanne Weber ist Professorin für Allgemeine Betriebswirtschaftslehre an der IU Internationale Hochschule in München. Sie verfügt über langjährige Berufserfahrung in den Bereichen Finance, Controlling und Management in internationalen Unternehmen sowie Forschungs- und Lehrerfahrung zu interdisziplinären betriebswirtschaftlichen und volkswirtschaftlichen Themen.

Prof. Dr. Thomas Röhm ist Professor für Allgemeine Betriebswirtschaftslehre und International Business an der Munich Business School in München. Er verfügt über mehr als 25 Jahre Berufserfahrung als Wirtschaftsforscher, Unternehmensberater, Analyst und Beirat. Sein fachlicher Schwerpunkt liegt in den Bereichen Strategisches Management, Internationales Management und Controlling.

Autorenverzeichnis

Prof. Dr. Vitali Altholz ist Professor für Allgemeine Betriebswirtschaftslehre, IU Internationale Hochschule in Bremen.

Prof. Dr. Sylke Behrends ist Professorin für Allgemeine Betriebswirtschaftslehre, IU Internationale Hochschule in Bremen.

Prof. Dr. habil. Stefan Behringer ist Dozent und Leiter des Kompetenzzentrums Controlling an der Hochschule Luzern.

Dr. Johannes Biewer ist im Bereich Credit Risk & Governance bei PayPal tätig.

Marius Demary, M.Sc. ist Customer Data Analyst, DataLab GmbH, Düsseldorf.

Prof. Dr. Sandra Ebeling ist Professorin für Allgemeine Betriebswirtschaftslehre, IU Internationale Hochschule in Hamburg.

Ass. Prof. Dr. Florian Follert ist Assistant Professor für Unternehmensrechnung und Sportökonomik, Privatuniversität Schloss Seeburg, Salzburg.

Boris Grünke ist kaufmännischer Leiter der vitronet Gruppe, Essen.

Prof. Dr. Maik Günther ist Professor für Wirtschaftsinformatik an der IU Internationale Hochschule.

Prof. PD Dr. Jessica Hastenteufel IU Internationale Hochschule, Bad Reichenhall, Deutschland.

Dr. Joachim Hauser ist im Bereich Credit Risk & Governance bei PayPal tätig.

Prof. Dr. Claudia Hess ist Professorin für Digitale Transformation, IU Internationale Hochschule, Erfurt.

Jessica Kanal, M.A. ist Studentin der IU Internationale Hochschule, Erfurt, Deutschland.

Sabrina Kiszka, M.Sc. ist wissenschaftliche Mitarbeiterin und Doktorandin am Lehrstuhl für Bankbetriebslehre an der Universität des Saarlandes.

Prof. Dr. David Kuhlen ist Professor für Wirtschaftsinformatik, IU Internationale Hochschule in Hamburg.

Prof. Dr. Frank Lehrbass ist Professor für Finance & Data Science an der FOM Hochschule für Oekonomie und Management und Inhaber der L*PARC Unternehmensberatung, Düsseldorf.

Thor Möller ist Inhaber der con-thor Unternehmensgruppe, Ganderkesee.

Prof. Dr. Michaela Moser ist Professorin für Personalmanagement an der IU Internationale Hochschule.

Prof. Dr. Katharina-Maria Rehfeld ist Professorin für Personalmanagement an der IU Internationale Hochschule.

Prof. Dr. Svend Reuse, MBA, ist Mitglied des Vorstands der Kreissparkasse Düsseldorf und Honorarprofessor an der FOM Hochschule für Oekonomie und Management.

Prof. Dr. Thomas Röhm Munich Business School, München, Deutschland.

Thorsten Schatz ist Geschäftsführer des ISKA Schön GmbH, Holzkirchen.

Prof. Dr. Robert C. Schmidt ist Professor für Allgemeine Betriebswirtschaftslehre an der IU Internationale Hochschule, sowie Industriepartner der Deutsche Beteiligungs AG, Frankfurt, Deutschland.

Dr. Hannes Schuster ist wissenschaftlicher Mitarbeiter und Doktorand am Lehrstuhl für Bankbetriebslehre an der Universität des Saarlandes.

Anne-Lena Stierle ist Studentin der IU Internationale Hochschule, Erfurt, Deutschland

Prof. Dr. Stefan Tilch ist Professor für Allgemeine Betriebswirtschaftslehre an der IU Internationale Hochschule.

Prof. Dr. Peter Wagner ist Professor für Allgemeine Betriebswirtschaftslehre an der IU Internationale Hochschule in Dortmund.

Prof. Dr. Susanne Weber IU Internationale Hochschule, München, Deutschland.

Prof. Dr. Frank Wernitz ist Professor für Allgemeine Betriebswirtschaftslehre an der IU Internationale Hochschule in Dortmund.

Controlling 4.0 – Herausforderungen der Digitalisierung für das Controlling und daraus resultierende Veränderungen des Berufsbilds von Controller:innen

Jessica Hastenteufel, Hannes Schuster und Sabrina Kiszka

Zusammenfassung

Durch die Digitalisierung verändern sich das Controlling und das Berufsbild von Controller:innen grundlegend. Während Controller:innen ursprünglich – wenig charmant – teilweise als „Erbsenzähler:innen" abgestempelt wurden, hat sich ihre Rolle inzwischen hin zu internen Unternehmensberater:innen und zentralen Informationslieferant:innen der Unternehmensführung entwickelt und etabliert. Anlässlich der zunehmenden Digitalisierung muss sich das Controlling nun neuen Herausforderungen stellen. In diesem Zusammenhang sollte das Controlling insbesondere die Prozesse der Unternehmen auf die Anforderungen der Digitalisierung abstimmen, um die zunehmende Datenflut beherrschbar und verwertbar zu machen. Controller:innen werden somit zusätzlich zu „Digitalisierungs-Coach:innen" eines Unternehmens.

J. Hastenteufel (✉)
IU Internationale Hochschule, Bad Reichenhall, Deutschland
E-Mail: jessica.hastenteufel@iu.org

H. Schuster · S. Kiszka
Universität des Saarlandes, Saarbrücken, Deutschland
E-Mail: hannes.schuster@bank.uni-saarland.de

S. Kiszka
E-Mail: sabrina.kiszka@bank.uni-saarland.de

© Der/die Autor(en), exklusiv lizenziert an Springer Fachmedien Wiesbaden GmbH, ein Teil von Springer Nature 2022
J. Hastenteufel et al. (Hrsg.), *Digitale Transformation im Controlling*,
https://doi.org/10.1007/978-3-658-38225-4_1

1.1 Einführender Überblick

„Der digitale Wandel ist in vollem Gange. Die technologischen Entwicklungen sind rasant und verändern die Art, wie wir uns informieren, wie wir kommunizieren, wie wir konsumieren – kurz: wie wir leben" (Bundesministerium für Wirtschaft und Energie o. J.). Diese Veränderungen betreffen dabei Privatpersonen, Unternehmen und ganze Volkswirtschaften, führen aber insbesondere in der Unternehmenspraxis zu tiefgreifenden Umstrukturierungen, da digitale Technologien und Lösungen (zum Beispiel Künstliche Intelligenz, Big Data und Smart Data) sowohl die bestehenden Geschäftsmodelle als auch die Rollenbilder in Unternehmen auf den Prüfstand stellen (Lemke et al. 2018, S. 269). Diese technologischen Entwicklungen ermöglichen beispielsweise die IT-gestützte und somit zum Großteil automatisierte Auswertung von großen strukturierten und unstrukturierten Datenmengen. Diese Daten sind von unschätzbarem Wert für Unternehmen (Hastenteufel et al. 2021, S. 4), da sie bislang unbekannte Sachverhalte und Zusammenhänge aufzeigen können und oftmals ein ungeahntes wirtschaftliches Potenzial bergen.

Im Großen und Ganzen führt die Digitalisierung in vielen Unternehmensbereichen zu mehr Effizienz und Flexibilität (Tschandl und Koglek 2018, S. 27) und hat zudem das Potenzial, den – aufgrund des veränderten Kundinnen-, Kunden- und Marktverhaltens – „notwendigen Wandel von Geschäftsmodellen, Wertschöpfungsketten und Organisationsstrukturen" (Wolf und Heidlmayer 2019, S. 21) in Unternehmen voranzutreiben. Die Implementierung digitaler Technologien und Lösungen wird für Unternehmen demnach vermehrt zu einem zentralen Wettbewerbsfaktor und erfordert die Um- und Neustrukturierung einer Vielzahl von internen Prozessen auf den unterschiedlichsten Ebenen eines Unternehmens (Hoder und Kuhr 2015, S. 15). Daher ist es auch nicht verwunderlich, dass sich die Digitalisierung zunehmend auf das Controlling auswirkt (Langmann 2019, S. 1) und dort den Aufgabenbereich dieser betrieblichen Funktion verändert, sodass sich vor allem die Tätigkeiten im Controlling wandeln (Abeé et al. 2020, S. 1).

Aus diesem Grund werden nachfolgend zunächst die Herausforderungen, die die Digitalisierung für das Controlling mit sich bringt, überblicksartig dargestellt, bevor anschließend die Veränderungen des Berufsbilds der Controller:innen und deren neues Rollenverständnis und Aufgaben erläutert werden.

1.2 Herausforderungen an das Controlling durch die Digitalisierung

Wenngleich die aus der Digitalisierung erwachsenden Herausforderungen für das Controlling vielfältig sind, so zeigen sich bei genauerer Betrachtung sechs zentrale Aspekte, die in Abb. 1.1 überblicksartig dargestellt werden.

Abb. 1.1 Herausforderungen der Digitalisierung an das Controlling (modifiziert entnommen aus Schäffer und Weber 2016, S. 10)

Die Digitalisierung wirkt jedoch nicht nur auf die Standardisierung und Automatisierung der Controlling-Prozesse oder auf den Einsatz von Software-Lösungen, sondern verändert das Controlling grundlegend und nachhaltig in seinen Kernbestandteilen (Schäffer und Weber 2016, S. 9).

Die erste große Herausforderung, mit der das Controlling konfrontiert ist, ist das **Datenmanagement.** Durch digitale Prozesse und Anwendungen entstehen erhebliche strukturierte und unstrukturierte Datenmengen (Wolf und Heidlmayer 2019, S. 28–29). Um diese sinnvoll – zum Beispiel mithilfe von Predictive Analytics – auswerten und nutzen zu können, sind möglichst „granulare und fehlerfreie Roh- und Stammdaten" (Schäffer und Weber 2016, S. 9) unerlässlich (Erichsen 2019, S. 9). Ist dies nicht oder nur eingeschränkt der Fall, kommt das Garbage-in-Garbage-out-Problem zum Tragen und die Ergebnisse der Datenanalysen sind bestenfalls eingeschränkt aussagekräftig, im schlimmsten Fall jedoch irreführend. Aus diesem Grund ist die Qualität der vorhandenen Daten essenziell. Dem Controlling kommt diesbezüglich die Aufgabe zu, die Qualität der Daten und darüber hinaus auch die Konsistenz sowie die Kompatibilität der vorhandenen Daten- und Analysemodelle sicherzustellen. Es geht beim Thema „Datenmanagement" jedoch nicht nur um die Qualität der vorhandenen Daten (Wolf und Heidlmayer 2019, S. 29). Vielmehr müssen sich Unternehmen vor „dem Hintergrund einer digitalisierungsinduzierten Integration von Daten und Prozessen" (Schäffer und Weber 2016, S. 9–10) fragen, ob die Hoheit über die vorhandenen Daten beim Controlling, dezentral in einzelnen Bereichen oder in einem neu geschaffenen Data Science Center angesiedelt sein soll, da dies weitreichende Konsequenzen für die organisatorische Ausgestaltung des Datenmanagements in einem Unternehmen und somit letztlich auch auf die Kompetenzen und Aufgabenbereiche des Controllings als betrieblicher Funktionsbereich hat (Schäffer und Weber 2016, S. 9–10). Es sei an dieser Stelle der Vollständigkeit halber erwähnt, dass neben dem klassischen Datenmanagement zudem auch die Data Governance, d. h. sämtliche Rahmenbedingungen und Richtlinien, die die Sicherheit und die Verwendung von

Daten betreffen, ebenfalls von Bedeutung ist, da auch hierfür klare Zuständigkeiten definiert werden müssen (Keimer und Egle 2020, S. 8).

Daneben stellt auch das sogenannte **Self-Controlling** eine Herausforderung dar. Hierunter wird im Allgemeinen die Übernahme einzelner Aufgaben des Controllings durch Führungskräfte verstanden (Weber 2018). Diese „Demokratisierung des Informationszugangs" (Schäffer und Weber 2016, S. 10; Nobach 2019, S. 260) ermöglicht es den Führungskräften in einem Unternehmen jederzeit und ortsunabhängig auf steuerungsrelevante Informationen (nahezu) in Echtzeit zuzugreifen (Erichsen 2019, S. 7; Wolf und Heidlmayer 2019, S. 30; Keimer und Egle 2020, S. 2). Dies kann beispielsweise über Apps oder Dashboards realisiert werden. Auch wenn dadurch eine bislang wesentliche Aufgabe des Controllings – die Funktion als Gatekeeper von Informationen – in vielen Unternehmen kaum noch als Mehrwert des Controllings wahrgenommen wird, sollte das Controlling diese Entwicklungen dennoch aktiv fördern und sicherstellen, dass nur solche Reportings als Self-Service und in Realtime zur Verfügung stehen, die auch tatsächlich zur Entscheidungsunterstützung geeignet sind (Schäffer und Weber 2016, S. 10–11). Außerdem sind in diesem Kontext das Mindset und die derzeit teils noch nicht vorhandenen Fähigkeiten derjenigen Führungskräfte, die jene Informationen nutzen, von hoher Relevanz. Denn nicht für jede Führungskraft bringen steuerungsrelevante Daten in Echtzeit aus Sicht des Unternehmens den gewünschten Erfolg. Man denke beispielsweise an die impulsive Führungskraft, die basierend auf negativen Informationen unter Umständen überstürzte strategische und personelle Entscheidungen treffen könnte. Dem gilt es unternehmensseitig durch geeignete präventive Maßnahmen vorzubeugen.

Da Unternehmen und Unternehmensstrukturen zunehmend flexibler und **agiler** werden (Nobach 2019, S. 257), muss auch die Unternehmenssteuerung selbst agiler werden (Erichsen 2019, S. 16; Wolf und Heidlmayer 2019, S. 27–28). Das bedeutet konkret, dass die Prozesse integrierter, schlanker und schneller werden müssen, um einer zunehmend digitalisierten Wertschöpfungskette von Unternehmen gerecht zu werden. Dies führt zwangsläufig zu einer Automatisierung und Verschlankung insbesondere von operativen Controllingaufgaben sowie zu einer Integration der internen Controllingprozesse. Im Ergebnis wird bestenfalls eine Steigerung der Effektivität und Effizienz der Steuerung erreicht (Keimer und Egle 2020, S. 2). In der Folge ändert sich auch der Zeithorizont des Controllings. Jährliche Betrachtungszeiträume und Steuerungszyklen verlieren dabei tendenziell an Bedeutung, da die Digitalisierung in vielen Bereichen das schnelle und unterjährige Anpassen von Budgets nicht nur möglich, sondern auch notwendig macht. Es findet quasi ein Wechsel von einer „reaktiv-analytischen zu einer proaktiv-prognostizierenden" (Wolf und Heidlmayer 2019, S. 29) Sicht- und Arbeitsweise statt. Durch diese zunehmende Agilität müssen die Controller:innen lernen, mit strategischer Unsicherheit umzugehen (Erichsen 2019, S. 19). Denn nur so können sie die sich wandelnden Geschäftsmodelle adäquat abbilden und steuern. Damit dies jedoch gelingen kann, muss in den betroffenen Unternehmen eine sogenannte kontrollierte

Trial-and-Error-Kultur etabliert werden, was in vielen Fällen einem grundlegenden Paradigmenwechsel gleichkommt (Schäffer und Weber 2016, S. 11–12).

Folgerichtig muss die Digitalisierung konsequent zur Steigerung der **Effizienz** des Controllings genutzt werden. Dies kann einerseits durch schlanke, integrierte und reaktionsfähige Steuerungsmechanismen und andererseits durch die Ausnutzung der vorhandenen Automatisierungs-, Standardisierungs- und Zentralisierungspotenziale der Steuerungsprozesse erfolgen (zum Beispiel in Form von Shared Service Centern (Langmann 2019, S. 37–38) und Centern of Expertise) (Wolf und Heidlmayer 2019, S. 29). Hierdurch entfallen jedoch einige Tätigkeiten des Controllings, wodurch das einstige Selbstverständnis der Controller:innen zum Teil erheblich in Frage und ein Stück weit auf den Kopf gestellt wird (Schäffer und Weber 2016, S. 12–13). Auf die neuen Aufgaben und Rollen des Controllings wird in Abschn. 1.3 näher eingegangen.

Des Weiteren müssen Controller:innen ihre **analytischen Fähigkeiten** ausbauen und somit auch das analytische Potenzial ihres Unternehmens stärken. Eine Erweiterung des Kompetenzprofils ist daher unerlässlich. In diesem Kontext müssen die Controller:innen insbesondere ihre Kenntnisse und Fähigkeiten in den folgenden Bereichen – sofern bereits vorhanden – vertiefen oder neu aufbauen:

- statistische Methoden/Business Analytics,
- Informationstechnologie (inklusive Big Data und Data Science),
- soziale und kommunikative Fähigkeiten sowie
- solides Verständnis des Geschäftsmodells (Schäffer und Weber 2016, S. 14–15; Nobach 2019, S. 263–266; Keimer und Egle 2020, S. 11–14).

Hierbei ist es wichtig, dass die Relation und die Zusammenarbeit zwischen Controller:innen auf der einen Seite und Data Scientists auf der anderen Seite klar definiert wird und vorhandene Synergien bestmöglich genutzt werden (Smith und Driscoll 2017; Behringer 2021, S. 129).

Die Digitalisierung erhöht zwar die **Komplexität** von Daten, trägt aber durch die Nutzung von entsprechenden Anwendungen und Tools gleichzeitig zur Beherrschbarkeit der Komplexität von Daten und Prozessen bei. So können einerseits neue Anwendungen und Instrumente wertschöpfend eingesetzt werden und die verbesserte Datenlage andererseits zur Entscheidungsunterstützung im operativen und strategischen Bereich genutzt werden. Zudem können dadurch – wie bereits erwähnt – vor allem die Prozesse im operativen Controlling durch Automatisierung, Standardisierung und Zentralisierung effizienter ausgestaltet werden (Keimer und Egle 2018, S. 62). Hierbei sei angemerkt, dass der Grad der Automatisierung im Zeitverlauf zunehmen wird. Durch die damit einhergehende Integration der einzelnen Systeme und Prozesse (Keimer und Egle 2020, S. 10) werden Abhängigkeiten, Zusammenhänge und Beziehungen etabliert, die in der Summe sukzessive die Komplexität des Gesamtkontextes in einem Unternehmen erhöhen. Das Beherrschen der Komplexität stellt somit eine weitere wesentliche Herausforderung für das Controlling dar.

1.3 (Neue) Kompetenzen und Rollen im Controlling

Basierend auf den obigen Herausforderungen ändert sich nicht nur der zentrale Aufgabenbereich und die Rolle des Controllings als betriebliche Funktion, sondern vor allem auch das Tätigkeitsfeld der Controller:innen und somit auch die an sie gestellten fachlichen und persönlichen Anforderungen (Trachsel und Bitterli 2020, S. 200–204). Die Controller:innen wurden lange Zeit – basierend auf den gängigen Controlling-Konzeptionen – (Küpper et al. 2013, S. 19–33; Weber und Schäffer 2020, S. 22–28)

- als Informationslieferant:innen für das Management (Harbert 1982, S. 68–69; Heigl 1989, S. 3; Schweitzer et al. 2015, S. 609),
- als Koordinator:innen der am Controlling-Prozess beteiligten Akteur:innen (Horváth 1978, S. 194–208; Küpper 1987, S. 96) und
- als Unterstützer:innen des Führungssystems (Weber und Schäffer 1999, S. 731–747; Dyckhoff und Ahn 2001, S. 111–121; Pietsch 2003, S. 1–210)

verstanden und somit in gewisser Weise als Datensammler:innen und „Erbsenzähler:innen" (Wolf und Heidlmayer 2019, S. 26) abgestempelt.

Durch den digitalisierungsbedingten Wandel der Aufgaben und Tätigkeiten im Controlling ändert sich das Kompetenzprofil der Controller:innen dahingehend, dass sie ihre Kompetenzen erweitern und ihre teils über Jahrzehnte etablierten Denkmuster hinterfragen und aufbrechen müssen (Schäffer und Weber 2016, S. 15; Georgopoulos und Georg 2021, S. 95–132) (Abb. 1.2).

Ersteres führt dazu, dass sich die Controller:innen vor allem Wissen und Fähigkeiten in den Bereichen Statistik und Informationstechnologie aneignen und zugleich ihre sozialen und kommunikativen Fähigkeiten erweitern sowie ihr Verständnis für das Geschäftsmodell des eigenen Unternehmens vertiefen müssen (Gänßlen et al. 2013, S. 60–61; Hoder und Kuhr 2015, S. 18). Letzteres resultiert insbesondere aus der bislang vordergründig auf Effizienz und profitablem Wachstum gerichteten Denk- und

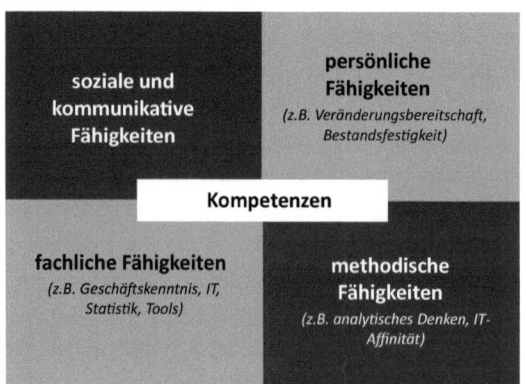

Abb. 1.2 Kompetenzprofil von Controller:innen (Eigene Darstellung)

Service Provider:innen	Zahlenlieferant:innen • Kostenrechnung • Kalkulation • Jahresabschluss/Konsolidierung	Reporter:innen • Planung • Standard-Berichtswesen (inkl. Kommentierung) • sonstige Standardprozesse
Business Partner:innen	• proaktiver Ideengeber für das Management • Sicherstellung der Schnittstelle zwischen Organisation und Steuerung	
Functional Leader:innen	• Entwicklung, Roll-Out, Dokumentation und Überwachung unternehmensweiter Richtlinien und Controlling-Standards	
Pathfinder:innen	• Einführung von Technologien ins Controlling • Treiber von Change im Controlling • Analytics-Anwendung und Schnittstelle zu Data Scientist	

Abb. 1.3 Neue Rollen von Controller:innen (in Anlehnung an Seufert 2017, S. 83; Langmann 2019, S. 43)

Arbeitsweise von Controller:innen (Schäffer und Weber 2016, S. 15). Wenngleich diese Denk- und Arbeitsweise vom Grundsatz her nicht falsch ist, so erscheint sie jedoch im Kontext der Digitalisierung kaum noch zeitgemäß, da die dabei zugrunde liegende Entscheidungslogik ausschließlich in einem stabilen, nicht jedoch in einem dynamischen Umfeld funktioniert. Die Controller:innen müssen also ihren Horizont erweitern und „vom Denken in Jahresscheiben zur Projektbetrachtung, von der Einzelmaßnahme zur Portfolioperspektive, vom Denken in Sicherheit zu einer Trial-and-Error-Kultur" (Schäffer und Weber 2016, S. 16) kommen.

Abb. 1.3 gibt einen Überblick über die (neuen) Rollen von Controller:innen, bevor diese nachfolgend näher erläutert werden.

1.3.1 Service Provider:innen

Betrachtet man Controller:innen als Service Provider:innen und Service Expert:innen, so umfasst dies den Großteil der bisherigen Kernaufgaben des Controllings (Mödritscher und Wall 2019, S. 70). Die Controller:innen fungieren dabei als Zahlenlieferant:innen, die im Wesentlichen Daten und Zahlen für die Führungskräfte aus der Kostenrechnung aufbereiten und bereitstellen. Die Rolle als reine Zahlenlieferant:innen hat sich aufgrund der zunehmenden Automatisierung und Verbreitung von zunehmend leistungsfähigeren IT-Systemen zu der von Informationslieferant:innen weiterentwickelt. In dieser Rolle der Berichterstatter:innen kommt den Controller:innen vorwiegend die Aufgabe zu, eine aussagekräftige und belastbare Planung sowie ein fundiertes Berichtswesen zu etablieren. Zudem sind die hierin enthaltenen Kennzahlen kontinuierlich aufzubereiten und zu interpretieren, um den Führungskräften eines Unternehmens entscheidungsnützliche und steuerungsrelevante Informationen liefern zu können (Langmann 2019, S. 42).

Diese auch heute noch in vielen Unternehmen vorzufindende Interpretation der Controlling-Funktion ist jedoch nicht mehr zeitgemäß und liefert in einer zunehmend flexiblen und agilen Unternehmenswelt nur noch begrenzte Mehrwerte, weshalb sich die Controller:innen zunehmend zu Sparringpartner:innen des Managements entwickeln müssen.

1.3.2 Business Partner:innen

Bereits seit einigen Jahren findet eine kontinuierliche Erweiterung der ursprünglichen Controlling-Aufgaben statt, wodurch die Controller:innen zunehmend als Business Partner:innen der Unternehmensleitung eingesetzt und wahrgenommen werden (Erichsen 2019, S. 16; Hora und Kailer 2019, S. 455; Mödritscher und Wall 2019, S. 70; Trachsel und Bitterli 2020, S. 202). In dieser Rolle agieren die Controller:innen als proaktive Ideengeber:innen und Treiber:innen des Managements (Horváth et al. 2019, S. 14). Sie sind zudem die Treiber:innen der Sicherung des langfristigen finanziellen Unternehmenserfolgs. Nach diesem Rollenverständnis agieren die Controller:innen auf Augenhöhe mit dem Management und haben die Kernaufgabe, das Management eines Unternehmens zu unterstützen, indem sie eigeninitiativ und selbstständig operative und strategische Maßnahmen implementieren und koordinieren, mit dem Ziel, das Unternehmen voranzutreiben.

Um dies zu gewährleisten, müssen die Controller:innen sicher und authentisch auftreten und die notwendigen Informationen überzeugend vermitteln. Daher kommt dem Storytelling, d. h. der überzeugenden Vermittlung von Informationen und Fakten als authentische Geschichte (mithilfe von visuellen Elementen), in diesem Rollenbild eine besondere Bedeutung zu (Langmann 2019, S. 42–43 und 46).

Wenngleich in den letzten Jahren bereits eine Entwicklung der Controller:innen hin zu Business Partner:innen stattgefunden hat, so ist dieses Rollenverständnis bisweilen – aufgrund von fehlenden Kompetenzen und Kapazitäten – vor allem in kleinen und mittleren Unternehmen noch nicht überall vorzufinden. Wie wichtig diese Rolle jedoch ist, hat Horváth bereits 2011 formuliert: „Dieser Wandel des Controllers hin zu einem Business Partner entspricht dem modernen Controllerverständnis" (Horváth 2011, S. 568).

1.3.3 Functional Leader:innen

Ein weiteres Rollenverständnis der Controller:innen wird als Functional Leader:innen, Guardian oder Governance bezeichnet (Mödritscher und Wall 2019, S. 70). In dieser Rolle soll das Controlling im Sinne einer Compliance sicherstellen, dass die unternehmensweiten Richtlinien und Standards für den Umgang mit Daten eingehalten werden. Konkret geht es jedoch nicht nur um die Überwachung, sondern auch um die Entwicklung, Implementierung und Dokumentation besagter Richtlinien und Standards (zum Beispiel von Kennzahlen-Definitionen). Durch die Digitalisierung kommt diesem Rollenverständnis eine zunehmend größere Bedeutung zu, denn die kontinuierlich steigende Menge an strukturierten und unstrukturierten Daten verlangt einen strukturierten und rechtskonformen Umgang (Stichwort „Datenschutz") mit eben diesen. Aber auch die unterschiedlichen IT-Systeme und -Tools selbst bergen einen gewissen Regulierungsbedarf (Langmann 2019, S. 44).

1.3.4 Pathfinder:innen

Wird dem Controlling die Aufgabe zugeschrieben, „die Instrumente, Prozesse und Methoden im Controlling fortlaufend weiter in Richtung State-of-the-Art zu entwickeln", spricht man von Pathfinder:innen oder Innovator:innen (Möditscher und Wal 2019, S. 70). Die Controller:innen sind dafür verantwortlich, neue Innovationen und Technologien (zum Beispiel Predictive Analytics, Maschine Learning) hinsichtlich ihrer Anwendbarkeit und ihres Nutzens für das Unternehmen zu prüfen und dann gegebenenfalls zu implementieren. Um dies gewährleisten zu können, müssen die Controller:innen zwingend ihren bisherigen Horizont erweitern und vor allem ihre Kenntnisse und Fähigkeiten verbessern (Nobach 2019, S. 264; Keimer und Egle 2020, S. 12–14). Dieses überaus anspruchsvolle Rollenverständnis erfordert von Controller:innen insbesondere konzeptionelle Fähigkeiten sowie technologische und statistische Kenntnisse, die weit über das bisherige klassische Controller:innen-Wissen hinausgehen. In dieser Funktion agieren die Controller:innen als Changemanager:innen, die vorausschauend agieren und aktiv Veränderungsprozesse anstoßen und als optimale Schnittstelle zwischen dem Management und den Data Scientists agieren. Dieses Rollenverständnis zeigt die Auswirkung der Digitalisierung am deutlichsten (Langmann 2019, S. 44–45).

1.4 Fazit

Es zeigt sich, dass die Digitalisierung zu zahlreichen Veränderungen im Unternehmen im Allgemeinen, aber auch im Controlling im Speziellen führt (Losbichler und Ablinger 2018, S. 68). Dabei sind es vor allem die digitalisierungsinduzierten Herausforderungen – wie zum Beispiel die Sicherstellung einer guten Datenqualität, Agilität und Effizienz sowie einer beherrschbaren Komplexität –, die dazu führen, dass sich auch das Rollenverständnis zunehmend wandelt und weiterentwickelt. Eine Frage, die sich hierbei aufdrängt, die jedoch von jedem Unternehmen individuell beantwortet werden muss, ist, inwieweit all diese Aufgaben von den Controller:innen übernommen werden können bzw. müssen oder ob unter Umständen Spezialisierungen auf einzelne Teilaufgaben zielführender sind. Sicher ist nur, dass die Digitalisierung das Controlling unter Veränderungsdruck setzt und die bisherigen Spielregeln grundlegend verändert (Schäffer und Weber 2016, S. 16). Deswegen ist die „intensive Auseinandersetzung mit Digitalisierung […] weder für Unternehmen noch für ihre Controller eine freiwillige Kür, sondern eine Pflicht" (Weber 2016, S. 45).

Zusammenfassend lässt sich festhalten, dass sich der Aufgabenschwerpunkt der Controller:innen zunehmend verschieben wird, und zwar „weg von der reinen Datenbeschaffung und -aufbereitung hin zur Datenanalyse und -interpretation" (Drerup et al. 2018, S. 17). Die Unternehmen sollten sich daher aktiv dieser Thematik annehmen und ihr Controlling an die sich verändernden Rahmenbedingungen anpassen. Von besonderer Bedeutung ist es derweil, die Controller:innen für die neuen Aufgaben zu qualifizieren. Denn wer zu spät kommt, den bestraft bekanntlich das Leben.

Literatur

Abeé S, Andrae S, Schlemminger RB (2020). Strategisches Controlling 4.0. Wie der Wandel gelingt. Springer Gabler, Wiesbaden.

Behringer S (2021). Controlling. Studienwissen kompakt. Springer Gabler, Wiesbaden.

Bundesministerium für Wirtschaft und Energie (o.J.). Hallo, Digitalisierungspolitik. https://www.bmwi.de/Redaktion/DE/Dossier/Veranstaltungen/Kachel-6-intro-digitalisierung.html. Zugegriffen: 07.06.2022.

Drerup B, Suprano F, Wömpener A (2018). Controller 4.0. Anforderungsprofil des Controllers im digitalen Zeitalter. In Horvath P et al. (Hrsg) Transformation im Controlling. Umbrüche durch VUCA-Umfeld und Digitalisierung. Vahlen Verlag, Berlin, S. 13–19.

Dyckhoff H, Ahn H (2001). Sicherstellung der Effektivität und Effizienz der Führung als Kernfunktion des Controlling. KRP (45): 111–121.

Erichsen J (2019). Controlling. Digitalisierung, Automatisierung und Disruption verändern Aufgabenfelder und Anforderungen nachhaltig. In Kümpel T, Schlenkrich K, Heupel T (Hrsg) Controlling & Innovation. FOM-Edition. Springer Gabler, Wiesbaden, S. 1–22.

Gänßlen S, Losbichler H, Niedermayr R, Rieder L, Schäffer U, Weber J (2013). Die Kernelemente des Controllings. Das Verständnis von ICV und IGC. Controlling & Management Review (57): 56–61.

Georgopoulos A, Georg S (2021). Anforderungen an das Controlling Auswirkungen von Big Data und Digitalisierung auf das zukünftige Kompetenzprofil des Controllers. Springer Gabler, Wiesbaden.

Harbert L (1982). Controlling-Begriffe und Controlling-Konzeptionen. Brockmeyer, Bochum.

Hastenteufel J, Günther M, Rehfeld K (2021). From Big to Smart. Ausgewählte Einsatzmöglichkeiten von Smart Data in Banken. IU Discussion Papers (Business & Management). https://res.cloudinary.com/iubh/image/upload/v1629360040/Presse%20und%20Forschung/Discussion%20Papers/Business%20and%20Management/DP_Business_2021_08_Hastenteufel_et_al_neu_xdqf9b.pdf. Zugegriffen: 07.06.2022.

Heigl A (1989). Controlling. Interne Revision, 2. Aufl. UTB/Gustav Fischer Verlag, Stuttgart.

Hoder K, Kuhr R (2015). Die Rolle des Controllers in der Digitalisierung. Digital Controlling. Controller Magazin (40): 15–20.

Hora W, Kailer N (2019). Die Rolle des Controllers im Prozess der Geschäftsmodellinnovation. In Feldbauer-Durstmüller B, Mayr S (Hrsg) Controlling. Aktuelle Entwicklungen und Herausforderungen. Springer Gabler, Wiesbaden, S. 455–469.

Horváth P (1978). Controlling. Entwicklung und Stand einer Konzeption zur Lösung der Adaptions- und Koordinationsprobleme der Führung. Zeitschrift für Betriebswirtschaft (48): 194–208.

Horváth P (2011). Controlling, 12. Aufl. Vahlen Verlag, München.

Horváth P, Gleich R, Seiter M (2019). Controlling, 14. Aufl. Vahlen Verlag, München.
Keimer I, Egle U (2018). „Die Treiber der Digitalisierung im Controlling". Controlling & Management Review (62): 62–67.
Keimer I, Egle U (2020). Digital Controlling. Grundlagen für den erfolgreichen digitalen Wandel im Controlling. In Keimer I, Egle U (Hrsg) Die Digitalisierung der Controlling-Funktion. Anwendungsbeispiele aus Theorie und Praxis. Springer Gabler, Wiesbaden, S. 1–16.
Küpper HU (1987). Konzeption des Controlling aus betriebswirtschaftlicher Sicht. In Scheer AW (Hrsg) Rechnungswesen und EDV. 8. Saarbrücker Arbeitstagung, Heidelberg, S. 82–116.
Küpper HU, Friedl G, Hofmann C, Hofmann Y, Pedell B (2013). Controlling. Konzeption, Aufgaben, Instrumente, 6. Aufl., Schäffer Poeschel, Stuttgart.
Langmann C (2019). Digitalisierung im Controlling. Springer Gabler, Wiesbaden.
Lemke C, Kirchner K, Brenner W (2018). Die digitale Transformation tatsächlich umsetzen. Führungsprinzipien und Instrumente. In Barton T, Müller C, Seel C (Hrsg) Digitalisierung in Unternehmen. Von den theoretischen Ansätzen zur praktischen Umsetzung. Springer Vieweg, Wiesbaden, S. 249–272.
Losbichler H, Ablinger K (2018). Digitalisierung und die zukünftigen Aufgaben des Controllers. In Gleich R, Tschandl M (Hrsg) Digitalisierung & Controlling. Technologien, Instrumente, Praxisbeispiele. Haufe, München, S. 49–71.
Mödritscher G, Wall F (2019). Controlling und Digitalisierung. Änderungen im Kompetenzprofil. In Feldbauer-Durstmüller B, Mayr S (Hrsg) Controlling. Aktuelle Entwicklungen und Herausforderungen. Springer Gabler, Wiesbaden, S. 64–81.
Nobach K (2019). Bedeutung der Digitalisierung für das Controlling und den Controller. In Ulrich P, Baltzer B (Hrsg) Wertschöpfung in der Betriebswirtschaftslehre. Springer Gabler, Wiesbaden, S. 247–269.
Pietsch G (2003). Reflexionsorientiertes Controlling. Konzeption und Gestaltung. Gabler, Wiesbaden.
Schäffer U, Weber J (2016). Die Digitalisierung wird das Controlling radikal verändern. Controlling & Management Review (60): 6–17.
Schweitzer M, Küpper HU, Friedl G, Hofmann C, Pedell B (2015). Systeme der Kosten- und Erlösrechnung, 11. Aufl. Vahlen Verlag, Berlin.
Seufert A (2017). Information als strategische Ressource. Controller Magazin (42): 79–83.
Smith D, Driscoll T (2017). Partnering with data scientists for management accounting success. Management accountants have the opportunity to drive value creation by working with industry experts to integrate data science. https://sfmagazine.com/post-entry/may-2017-partnering-with-data-scientists-for-management-accounting-success/. Zugegriffen: 07.06.2022.
Trachsel V, Bitterli C (2020). Controller-Profile in der Schweiz. Bedeutung der Digitalisierung. Stellenanzeigenanalyse in der Schweiz. In Keimer I, Egle U (Hrsg) Die Digitalisierung der Controlling-Funktion. Anwendungsbeispiele aus Theorie und Praxis. Springer Gabler, Wiesbaden, S. 199–210.
Tschandl M, Koglek R (2018). Controller als Innovatoren. Von der Digitalisierungs-Roadmap zum neuen Geschäftsmodell. In Gleich R, Tschandl M (Hrsg) Digitalisierung & Controlling. Technologien, Instrumente, Praxisbeispiele. Haufe, München, S. 27–48.
Weber J (2016). Digitalisierung. Die nächste Herausforderung für das Controlling. Controller Magazin (41): 44–45.
Weber J (2018). Self Controlling. Gabler Wirtschaftslexikon. https://wirtschaftslexikon.gabler.de/definition/self-controlling-42636/version-265979. Zugegriffen: 07.06.2022.
Weber J, Schäffer U (1999). Sicherstellung der Rationalität von Führung als Aufgabe des Controlling?. Die Betriebswirtschaft (59): 731–474.
Weber J, Schäffer U (2020). Einführung in das Controlling, 16. Aufl. Schäffer Poeschel, Stuttgart.

Wolf T, Heidlmayer M (2019). Die Auswirkungen der Digitalisierung auf die Rolle des Controllers. In Feldbauer-Durstmüller B, Mayr S (Hrsg) Controlling. Aktuelle Entwicklungen und Herausforderungen. Digitalisierung, Nachhaltigkeit und Spezialaspekte. Springer Gabler, Wiesbaden, S. 21–48.

Digitalisierungsschritte im Controlling – Zum Umgang mit Widerständen

Peter Wagner und Frank Wernitz

Zusammenfassung

Die Digitalisierung schreitet gesellschaftlich und damit in den Unternehmen immer weiter voran. Dies bedeutet, dass auch das Controlling beziehungsweise die Tätigkeit der Controller:innen durch die Digitalisierung einem vielfältigen Wandel unterliegt. In diesem Beitrag wird untersucht, wie Digitalisierungsprozesse im Controlling durch ein leistungsfähiges Innovations- und Change-Management begleitet werden sollen. Es wird unter anderem gezeigt, dass die Mitarbeiter:innen frühzeitig im Rahmen eines strukturierten Change-Management-Prozesses einzubinden sind, die verschiedenen Ansprüche und Erwartungen sowie Sorgen und Ängste ernst zu nehmen und möglichst in einem dialogorientierten und partizipativen Prozess zu bearbeiten sind. Dabei können interne Promotor:innen helfen.

2.1 Einleitung

Die Digitalisierung schreitet in vielen Bereichen der Gesellschaft voran. Diese Entwicklung wurde in jüngster Zeit durch die Corona-Pandemie noch deutlich angeschoben. Auch Unternehmen stellen in vielen Bereichen ihre Prozesse um und richten sich zunehmend digital aus. Dies ist auch im internen Rechnungswesen beziehungsweise

P. Wagner · F. Wernitz (✉)
IU Interntionale Hochschule, Dortmund, Deutschland
E-Mail: frank.wernitz@iu.org

P. Wagner
E-Mail: peter.wagner@iu.org

im Controlling der Unternehmen spürbar. Denn im Zuge der Digitalisierung nutzen immer mehr Finanzbereiche zum Beispiel Robotic Process Automation (RPA), Machine Learning und Natural Language Processing (NLP) (Keimer und Zorn 2020, S. 17–24). Das bedeutet, zahlreiche Controlling-Aktivitäten, die bislang die Mitarbeiter:innen der Finanzbereiche erbringen, können künftig von Computern und Maschinen und damit weitgehend ohne menschliches Zutun durchgeführt werden.

Hierbei handelt es sich um bedeutende und notwendige unternehmerische Veränderungen, die aber auf zahlreiche und zum Teil deutliche Widerstände im Unternehmen – auf sogenannte Willens-, Fähigkeits-, Wissens- und Ressourcenbarrieren – stoßen können. Der Umgang mit solchen Barrieren ist ein wichtiger Aspekt des Innovations- und Change-Managements. In der Literatur fehlt indes bisher eine Untersuchung, die den Zusammenhang zwischen der Digitalisierung im Controlling und dem Innovations- und Change-Management systematisch beleuchtet.

Um diese Lücke zu schließen, werden nachfolgend die folgenden Fragen untersucht:

- Was sind wesentliche Barrieren gegen eine Digitalisierung im Controlling?
- Sollten Digitalisierungsprozesse im Controlling durch ein leistungsfähiges Innovations- und Change-Management begleitet werden?
- Welche Antworten und Instrumente hält die Forschung zum Innovations- und Change-Management für den Umgang mit Barrieren in Bezug auf die Digitalisierung im Controlling bereit?

Diese Forschungsfragen werden theoretisch betrachtet. Zunächst wird im Rahmen einer Bestandsaufnahme herausgearbeitet, welche wesentlichen Trends derzeit die Digitalisierung im Controlling prägen. Anschließend wird analysiert, welche Antworten die umfangreiche Forschung zum Innovationsmanagement anbietet, mit Barrieren umzugehen. Ebenso soll herausgearbeitet werden, welche Instrumente des Innovations- und Change-Managements besonders sinnvoll in Bezug auf die Digitalisierung im Controlling sind.

2.2 Wesentliche Digitalisierungstrends im Controlling

Das Controlling als eine vergleichsweise junge Teildisziplin der Betriebswirtschaftslehre hat sich in der Wissenschaft und Unternehmenspraxis etabliert. Im Kern erstrecken sich die Aufgaben des Controllings auf drei wesentliche Teilbereiche: Erstens die unternehmerische Planung, worunter zum Beispiel die Erstellung eines Budgets für künftige Perioden zählt, zweitens die Kontrolle, worunter etwa Soll-Ist-Vergleiche zur Messung des Grades der Zielerreichung zählen, und drittens das Berichtswesen, durch das aussagekräftiges Zahlenmaterial zur Kontrolle und Steuerung des Unternehmens zur Verfügung gestellt wird (Thommen et al. 2020, S. 300–301).

Insofern nehmen das Controlling und die Tätigkeit der Controller:innen im Unternehmen eine bedeutende Stellung ein. Zu den Aufgaben einer Controller:in zählen daher viele unterschiedliche Arbeitsbereiche wie die Durchführung kurz- und mittelfristiger Kosten- und Ergebnisplanungen, die Erstellung monatlicher Kosten- und Leistungsrechnungen sowie Abweichungsanalysen im Rahmen periodischer Plan/Ist-Vergleiche (Wöhe et al. 2020, S. 178–180).

Wie in vielen anderen unternehmerischen Bereichen spielt auch im Controlling die fortschreitende Digitalisierung eine besondere Rolle. Die digitale Transformation stellt allgemein auf die mittelbare und unmittelbare Wirkung des Einsatzes digitaler Technologien und Techniken sowohl in Bezug auf Unternehmen als auch in Bezug auf neuartige Produkte und Dienstleistungen ab (Strauß 2019, S. 28).

In der betriebswirtschaftlichen Literatur nimmt die Digitalisierung im Controlling in den vergangenen Jahren einen großen Raum ein. Für einen Überblick sei auf die Arbeiten von Gleich und Tschandl (2018), Langmann (2019) und Güler (2021) verwiesen. Wesentliche Aspekte und Begriffe aus der Digitalisierung, wie etwa Big Data, Business Analytics, RPA und Machine Learning, werden diesbezüglich diskutiert und im folgenden Unterabschnitt überblicksartig vorgestellt (Langmann 2019, S. 5–8).

2.2.1 Wesentliche technische Innovationen mit Bezug zum Controlling

Ein in jüngster Zeit immer wieder mit dem Controlling in Verbindung gebrachter Begriff ist Big Data (Favaretto et. al. 2020, S. 7–11; Georgopoulos und Georg 2021, S. 8–11). Dieser Begriff beschreibt vereinfacht eine große Menge an Daten, die schnell generiert werden, sich schnell ändern und eine Vielfalt unterschiedlicher Formate aufweisen können. Nach Laney (2001) zeichnet sich Big Data zum Beispiel dadurch aus, dass die Datenmengen hinreichend groß sein müssen, eine Heterogenität aufweisen und eine sehr hohe Geschwindigkeit in deren Entstehung, Veränderung und/oder Verarbeitung vorherrscht. Im Controlling ergeben sich vielfältige Einsatzmöglichkeiten von Big Data, zum Beispiel im Hinblick auf die Erkennung und Nachverfolgung aktueller Markttrends, die dann Eingang in die strategische beziehungsweise langfristige Planung im Unternehmen finden (Langmann 2019, S. 5–6).

Business Analytics kann als Anwendung von statistischen Analysemodellen und entsprechenden Algorithmen auf Daten verstanden werden, die meist mehreren unterschiedlichen Quellen entstammen, um datenbasiert unternehmensrelevante Problemstellungen zu lösen und die Entscheidungsfindung zu unterstützen. In Abhängigkeit von der zeitlichen Perspektive lassen sich dabei verschiedene Varianten von Business Analytics unterscheiden. Beispielsweise weisen Descriptive Analytics eher einen Vergangenheitsbezug auf und beantworten die Frage, was geschehen ist. Predictive Analytics ist hingegen zukunftsbezogen und versucht aufzuzeigen, was passieren könnte, will also künftige Ereignisse prognostizieren und hat somit eine Entscheidungsorientierung. Es gibt zahlreiche Anwendungsbeispiele für Predictive Analytics: Beispielsweise werden Zahlungseingänge mithilfe von Regressionen oder Entscheidungsbäumen unter Einbezug von Kundenmerkmalen wie historisches Zahlungsverhalten, Branche, Größe oder Art und Dauer der Kundenbeziehung prognostiziert. Auch zur Vorhersage der Entwicklung von Rohstoffpreisen unter Berücksichtigung verschiedener Marktfaktoren (zum Beispiel Konjunkturbarometer, Wechselkurse) werden Predictive-Analytics-Modelle verwendet (Langmann 2019, S. 6; Georgopoulos und Georg 2021, S. 22–23 und S. 47–49).

Robotic Process Automation (RPA) bezeichnet Software-Roboter, die wiederkehrende und regelbasierte Prozessschritte im Rahmen von Geschäftsprozessen häufig über mehrere Systeme hinweg selbstständig automatisiert ausführen und dabei die menschliche Interaktion nachahmen. Es kann somit – vereinfacht gesprochen – zunächst als ein Software-Programm verstanden werden, mit dem (Software-)Roboter programmiert werden können. Die entwickelten Roboter sind dann in der Lage, ganze Geschäftsprozesse oder einzelne Prozessschritte selbstständig automatisiert durchzuführen. Hierbei interagiert der Roboter mit den am Prozess beteiligten Systemen beziehungsweise Applikationen, bearbeitet strukturierte Daten auf Basis klarer Wenn-Dann-Regeln und ahmt so die menschliche Benutzerinteraktion im Prozess nach. Effizienzvorteile entstehen unter anderem dadurch, dass der Roboter schneller, fehlerfrei und durchgehend arbeiten kann. Beispielsweise kann die Rechnungsbearbeitung in der Kreditorenbuchhaltung durch RPA automatisiert werden. Hier erkennt der Roboter eingehende Rechnungen, prüft die Rechnung (sachlich und formal), interagiert mit Ansprechpartner:innen bei unklaren Ergebnissen, ordnet die Rechnung einem Auftrag zu, verbucht die Rechnung und veranlasst die Zahlung (nach Freigabe) (Langmann 2019, S. 6–7; Langmann und Turi 2021, S. 5–18).

Als Machine Learning werden selbstlernende Algorithmen charakterisiert, die Erkenntnisse aus Daten extrahieren und daraus gesetzmäßige Zusammenhänge ableiten, um anschließend auf dieser Basis entsprechende Vorhersagen für unbekannte Daten treffen zu können. Ein praktisches Beispiel für den Einsatz von Machine Learning im Controlling ist die Prognose des Zahlungsverhaltens von Kund:innen. Aus einer Vielzahl möglicher Einflussfaktoren (zum Beispiel historisches Zahlungsverhalten, Postleitzahl, Nutzung von Social-Media-Netzwerken) auf das Zahlungsverhalten von Kund:innen erlernt ein Algorithmus mit fortschreitender Datenverarbeitung, welche Einflussfaktoren mit welcher Gewichtung die Prognose eines Zahlungsausfalls am genauesten vorhersagen können. Das Prognosemodell wird somit mit fortschreitender Datenverarbeitung fortwährend angepasst, bis es eine ausreichend hohe Prognosegenauigkeit hat (Langmann 2019, S. 7; Georgopoulos und Georg 2021, S. 22–23).

Vor dem Hintergrund dieser technischen Innovationen werden nachfolgend – in Anlehnung an die Strukturierung bei Langmann (2019) – die wesentlichen Auswirkungen skizziert, die die Digitalisierung gegenwärtig auf das Controlling besitzt. Hierbei wird nach den Auswirkungen auf Prozesse, IT-Systeme und die Organisation des Controllings differenziert.

2.2.2 Auswirkungen auf Prozesse des Controllings

Grundsätzlich beschreiben Prozesse wiederkehrende Vorgänge, die in einem vorgegebenen oder vereinbarten Rahmen im Unternehmen ablaufen. Im Hinblick auf das Controlling sind wesentliche Prozesse unter anderem das Reporting, die operative Planung (Budgetierung), die Erstellung der Kosten- und Leistungsrechnungen oder auch das Risikomanagement (Straub 2020, S. 420–422). Die Digitalisierung wirkt in sehr unterschiedlichem Maße auf die wesentlichen Controlling-Prozesse, wie die folgenden beiden Beispiele verdeutlichen sollen.

Das Reporting, d. h. die Bereitstellung steuerungsrelevanter Informationen an die Geschäftsleitung in strukturierter Form, lässt sich gliedern in die Prozessschritte „Datensammlung", „Datenaufbereitung", „Plausibilisierung", „Analyse und Berichterstellung", „Datenaufbereitung" sowie „Berichtsbesprechung und Beratung". Im Bereich der Datenerhebung geht es etwa darum, unternehmensinterne und -externe Daten zu sammeln. Hier ist es immer weiter verbreitet, dass Unternehmen sich im Rahmen der Sammlung von unternehmensexternen Daten dem Bereich „Big Data" zuwenden und zum Beispiel über Sentiment-Analysen Social-Media-Kanäle (zum Beispiel Facebook, Twitter) oder ausgewählte Fachportale fortlaufend nach Inhalten suchen, anschließend evaluieren und in metrische oder binäre Daten umwandeln, um diese für weitergehende statistische Analysen für das Reporting nutzbar zu machen (Langmann 2019, S. 13; Georgopoulos und Georg 2021, S. 39–43).

Auch im Bereich der operativen Planung (Budgetierung) leistet die Digitalisierung einen wichtigen Beitrag und führt zu Veränderungen der dortigen Prozesse. So sind heute günstige und flexible Cloud-Lösungen erhältlich, die den gesamten Planungs-Prozess integriert abbilden. Diese Lösungen besitzen neben wichtigen Prozess-Funktionalitäten wie unter anderem Workflow-Unterstützung und Validierung auch Anbindungsmöglichkeiten an ERP-Systeme und erweiterte planungsspezifische Funktionalitäten wie Simulationen und Szenarien. Gerade für KMU, die oft aus Kostengründen keine dezidierte Planungslösung im Einsatz haben, eröffnen sich durch Cloud-Lösungen neue günstige und flexible Zugänge zu IT-Systemen (Langmann 2019, S. 21 und S. 24; Nunkesser und Thorn 2020, S. 279–208).

2.2.3 Auswirkungen auf IT-Systeme des Controllings

Die voranschreitende Digitalisierung ruft ebenso Veränderungen in der Nutzung von IT-Systemen hervor. Hier führt die Digitalisierung zu ständigen Neuerungen und Anpassungsnotwendigkeiten, wie nachfolgend beispielhaft anhand des Daten-Managements dargestellt wird.

Für ein leistungsfähiges Controlling ist es erforderlich, dass unternehmerische Daten fehlerfrei, zugriffsbereit und harmonisiert vorliegen. Doch häufig sind im Unternehmen selbst für einfachste Datenanalysen die relevanten Daten, zum Beispiel Vertriebszahlen,

Finanzzahlen, HR-Zahlen und Produktionszahlen, in nicht-harmonisierten Datenquellen verstreut. Zusätzlich liegen diese Datenquellen meist in unterschiedlicher Verantwortung. Der zentralen Integration und Harmonisierung von Daten aus unterschiedlichen Quellen kommt daher mit Blick auf die Digitalisierung eine überragende Bedeutung zu. Diesbezüglich kommen zunehmend Kombinationen von Data Warehouse und Master Data Management Systemen zum Einsatz. Während das Data Warehouse transaktionale Daten aus heterogenen Systemen in einer Datenquelle zusammenführt, stellt das Master Data Management System die notwendigen Prozesse und Funktionen bereit, um die dazugehörigen Stammdaten (zum Beispiel Produkte, Kund:innen, Lieferant:innen) über alle Systeme zu vereinheitlichen, zu pflegen und fortlaufend konsistent zu halten. Dies stellt grundlegend neue, von der Digitalisierung getriebene Anforderungen an das unternehmerische Daten-Management. Weitere Anpassungen durch die Digitalisierung im Controlling können sich zum Beispiel durch neue Controlling-spezifische IT-Anwendungen oder durch Veränderungen an den vorhandenen ERP-Systemen eröffnen (Langmann 2019, S. 32–35; Langer und Neugebauer 2020, S. 327–332).

2.2.4 Auswirkungen auf die Organisation des Controllings

Weiterhin ergeben sich durch die fortschreitende Digitalisierung auch Effekte auf die Organisation des Controllings im Unternehmen. Denn auch der Finanzbereich und die Controlling-Abteilung stehen unter Effizienzdruck, wonach die Finanz- und Controlling-Prozesse weiter zu automatisieren und zu standardisieren sowie die Controlling-Organisation schlank aufzustellen sind. Als Antwort auf den Effizienzdruck werden ausgewählte Controlling-Aufgaben oftmals zentralisiert gebündelt, um so Effizienzgewinne durch Economies of Scale zu erreichen. Allerdings eignen sich nicht alle Controlling-Aufgaben im selben Maße für eine zentrale Bündelung. Im Mittelpunkt organisatorischer Anpassungen stehen daher stark standardisierte Prozesse, die sich häufig wiederholen, stark strukturiert sind und klaren Regeln folgen, wie zum Beispiel die Bereitstellung eines standardisierten Zahlwerks oder die Anlage von Kostenstellen. Eine weitere derzeit zu beobachtende organisatorische Neuerung in Unternehmen ist zudem die Etablierung einer Stelle oder ganzer Organisationseinheiten für sogenannte Data Science. Dieser Bereich beschäftigt sich mit den Prinzipien, Prozessen und Techniken, um Fragen basierend auf Daten zu beantworten. Das Ziel ist dabei die Entscheidungsfindung zu verbessern. Dabei können Methoden aus dem Bereich des Maschinellen Lernens eine wichtige Rolle spielen (Langmann 2019, S. 36–42; Cassack 2020, S. 240–245; Selb 2020, S. 55).

2.3 Bedeutung eines Innovationsmanagements zum Umgang mit Widerständen

In den vorangegangenen Abschnitten wurde gezeigt, dass die Digitalisierung im Controlling – wie in vielen anderen unternehmerischen Teilbereichen – immer weiter voranschreitet und zu deutlichen Anpassungen in diesem betrieblichen Teilbereich führt. Widerstände beziehungsweise Barrieren seitens der Mitarbeiter:innen können sich diesbezüglich unter anderem durch folgende Aspekte ergeben:

- Ersatz menschlicher Arbeitskraft durch den stärkeren Einsatz digitaler Lösungen,
- höhere Qualifikationserfordernisse der im Controlling arbeitenden Personen
- zunehmend komplexe Verfahren (zum Beispiel häufigere Release-Wechsel oder neue Programme beziehungsweise Versionen),
- aufbau- und ablauforganisatorische Veränderungen durch die zunehmende Nutzung digitaler Technologien (zum Beispiel die Zentralisierung von Controlling-Tätigkeiten oder die veränderte Erwartungshaltung des Managements).

Bisher wenig betrachtet wurde indes, auf welche Widerstände diese rasante Entwicklung im Unternehmen stoßen kann (Schlicher et al. 2020, S. 348–349). Vor diesem Hintergrund werden nachfolgend Erkenntnisse des Innovations- und Change-Managements zum Umgang mit solchen Widerständen beleuchtet.

2.4 Handlungsempfehlungen für den Umgang mit Widerständen

2.4.1 Morphologie des Widerstands

Die bereits ersichtlichen, insbesondere aber die noch nicht überschaubaren Aspekte des Wandels können bei den Betroffenen zu einer Empfindung von Unsicherheit führen (Cawsey et al. 2016, S. 224–227). Vor dem Hintergrund der dargestellten Entwicklungen ist es zum einen wahrscheinlich, dass sich Beschäftigte Gedanken um den Verlust des Arbeitsplatzes machen, zum anderen stehen vielfältige Qualifikationsanforderungen im Raum, die von bereits in dieser Funktion tätigen und zukünftigen Controller:innen abgedeckt werden sollen. Insgesamt ist absehbar, dass sich die gesamte Arbeitsweise innerhalb des Berufsbildes ändern wird, möglicherweise auch sehr schnell.

Die damit zusammenhängenden Unsicherheiten und Ängste der Beschäftigten können zur Formierung von Widerständen gegen die Innovationen führen, die sich als Konflikte zwischen Personen oder Gruppen formieren. Mayr und Ploier (2019, S. 185) nennen basierend auf einer Expertenbefragung die fünf größten Herausforderungen der digitalen Transformation für Klein- und Kleinstbetriebe:

1. fehlende Spezialisten zur Steuerung der Digitalisierungsaktivitäten,
2. Widerstände der Mitarbeiter,
3. fehlende übergeordnete Digitalisierungsstrategien,
4. fehlende Unterstützung durch Geschäftspartner,
5. beschränkte Budgets für die Umsetzung einer Digitalisierungsstrategie.

Aus dieser Aufzählung wird die prominente Rolle des Widerstandes von Mitarbeiter:innen als Hemmnis einer digitalen Transformation deutlich. Es bietet sich daher an, näher auf die Gestalt möglicher Widerstände einzugehen. Widerstände können in drei Dimensionen differenziert werden (Oreg 2006, S. 76), in:

1. eine affektive Dimension (Gefühle gegenüber einer Veränderung wie Angst, Unsicherheit, Nervosität),
2. eine kognitive Dimension (zum Beispiel Gedanken hinsichtlich der Notwendigkeit einer Veränderung) und
3. eine aktionale oder Verhaltensdimension (Reaktion auf die Veränderungen, zum Beispiel in Form konkreter Beschwerden).

Auch die Akteure des Widerstandes lassen sich zielführend klassifizieren. Hauschildt und Salomo (2011, S. 100) schlagen den in Tab. 2.1 dargestellten Kriterienkatalog vor.

Tab. 2.1 Kriterien zur Klassifikation der Akteure des Widerstands

Kriterium	Ausprägung	Erläuterung
Aktivitätsniveau opponierender Stakeholder	Aktiv vs. passiv	Aktiver Widerstand korrespondiert eher mit einer Handlung, passiver mit einer Unterlassung
Manifestation der Opposition	Offen vs. verdeckt	Während offener Widerstand seitens der Akteure artikuliert wird, bleibt versteckter Widerstand verschwiegen
Beabsichtigte Wirkung	Destruktiv vs. konstruktiv	Destruktiver Widerstand zielt auf eine Verhinderung der Innovation ab, konstruktiver Widerstand fokussiert ihre Modifikation
Vorgehensweise opponierender Stakeholder	Direkt vs. indirekt	Direkter Widerstand ist unmittelbar gegen die Innovatoren ausgerichtet, während indirekter Widerstand mit komplexeren Aktivitäten über ein Netzwerk an Stakeholder:innen erfolgt
Legitimationsbasis opponierender Stakeholder	Loyal vs. opportunistisch	Loyaler Widerstand behält die Ziele der Organisation im Blick, opportunistischer Widerstand fördert scherpunktmäßig Eigeninteressen

Im Folgenden werden Vorschläge für Maßnahmen zur Vermeidung beziehungsweise auch Verringerung der zu erwartenden Widerstände zusammengetragen, die im Change-Management-Prozesses genutzt werden können.

2.4.2 Maßnahmen zur Verringerung und Vermeidung von Widerständen

Empirisch konnte gezeigt werden, dass eine konstruktiv orientierte Opposition Einwände und Bedenken gegen die Innovationen eher offen kommuniziert, während eine eher destruktive Opposition verdeckt arbeitet (Hauschildt und Salomo 2011, S. 100). Es gilt also nach Möglichkeit, gerade die verdeckten und daher schwer beobachtbaren Widerstandsentwicklungen durch geeignete Maßnahmen zu vermeiden beziehungsweise abzumildern. Hauschildt (1990, S. 278–280) schlägt dazu bereits in einer früheren Studie vor, sogenannte Fach-, Macht- und Prozesspromotor:innen einzusetzen, um das Innovationsvorhaben zu begleiten.

Die Fachpromoter:innen können die Innovation aufgrund ihres technischen Verständnisses und spezifischen Wissens fachlich unterstützen. Die Machtpromoter:innen sind hingegen mit Ressourcen- und Budgetverantwortung ausgestattet, ihnen obliegen Entscheidungskompetenzen auf hierarchisch höherer Organisationsebene. Sie können die Durchsetzung der Innovation im Entscheidungsprozess begleiten. Aufgrund ihrer Einbindung in Strategieprozesse und ihrer Kenntnisse über die Projektlandschaft des Unternehmens können sie beispielsweise konkurrierende Projekte zurückstellen und einer Oppositionsbildung entgegenwirken.

Die Rolle der Prozesspromoter:innen ist die von Intermediär:innen: ihnen kommt als Bindeglied zwischen den Fach- und den Machtpromoter:innen eine verknüpfende Aufgabe zu. Sie kennen die Organisation und die von der Innovation betroffenen Stakeholder:innen und sind in der Lage, die Innovation intern zu bewerben und Stakeholder durch eine individuelle Ansprache gezielt zu erreichen. Durch eine möglichst enge Zusammenarbeit des Promotor:innenteams lassen sich Widerstände erkennen und entlang der Gruppe von Stakeholder:innen bearbeiten.

Kudra (2007, S. 216 und S. 224) greift die drei Dimensionen des Widerstands – affektive, kognitive und aktionale Dimension – auf und entwickelt entsprechende Handlungsempfehlungen für das Management (Tab. 2.2).

Ein Ziel strukturierter Change-Management-Prozesse liegt nun darin, durch eine entsprechende Information und den Einbezug der Beteiligten in den Transformationsprozess eine Verringerung des Widerstandes zu erreichen. Die damit verbundenen Themen sind die der Wertschätzung der Betroffenen, ihrer Sorgen und Ängste und der Aufbau von Vertrauen zwischen den Mitarbeiter:innen und dem Management (Raschig und Schulze 2020, S. 34).

Der wohl wichtigste Leitgedanke ist der der Partizipation der Mitarbeiter:innen im Transformationsprozess. Wie dies durch einen strukturierten Change-Management-prozess erreicht werden kann, ist Gegenstand der nachfolgenden Ausführungen.

Tab. 2.2 Widerstandsdimensionen und Handlungsempfehlungen

Affektive Dimension	• Organisation mehrkanaliger, zielgruppenspezifischer und offener Kommunikation über Inhalte und Auswirkungen der Veränderung • Aufforderung der Beteiligten zur Partizipation und Einbeziehung der Beteiligten in die Gestaltung der Veränderung • Würdigung der Leistung der beteiligten Akteure auf einer persönlichen Ebene und Gewährung monetärer Entschädigungen für Mehraufwand • Rücksichtnahme und Respektieren von Verlusten durch die Veränderung; sachorientierte, durchsetzungsstarke, gleichzeitig aber auch menschliche Begegnung in Interaktionen mit Betroffenen
Kognitive Dimension	• Individuelle und organisationale Vorteile ohne Verbergen und Abwerten von Nachteilen aufzeigen • Strategische Bedeutung angestrebter Effektivitäts-, Effizienz- und Transparenzziele für die Zukunftssicherung der Organisation verdeutlichen • Konstruktive Kritik zu den Nachteilen der Veränderung in einem standardisierten und mehrkanaligen Feedbackprozess einholen • Motivation der Akteure durch gemeinsame veränderungsbezogene Aktivitäten außerhalb täglicher Routinen; Stärken des Zugehörigkeitsgefühls, der Identifikation und der Solidarität mit der Organisation
Aktionale Dimension	• Führungspositionen behaupten und klare Richtung vorgeben; Beibehaltung der strategischen Zielsetzung auch unter Druck • Vorbildfunktion entwickeln durch authentisches und bestimmtes Auftreten, Einsatzbereitschaft und Überzeugungskraft leben • Deeskalationen vornehmen und weitere Eskalationen durch sachliche und ehrliche Aufforderung zum Dialog oder durch Mediationsverfahren vermeiden • Finales Mittel: Sanktionen bei intensiverem Widerstand und gescheiterten Schlichtungsversuchen verhängen

2.4.3 Gestaltung der Digital Transformation Journey

Schlicher et al. (2020, S. 358) definieren vier Phasen des Change-Managements in Digitalisierungsprojekten und nennen die zugehörigen wesentlichen Leitfragen (Tab. 2.3).

Diese Phasen können grundsätzlich chronologisch, aber auch iterativ durchlaufen werden, wenn Fragestellungen einer vorangegangenen Phase in einer nachfolgenden Phase noch einmal relevant werden. Für die erste Phase ist zunächst entscheidend, dass eine Vision der Veränderung erstellt wird. Diese

- beinhaltet ein Bild des Zielzustands in der Vorstellung der Betrachter:innen,
- erzeugt den Wunsch, diesen Zielzustand auch über einen längeren Zeitraum hinweg anzustreben,

Tab. 2.3 Change-Management in Digitalisierungsprojekten – Phasen und Leitfragen

Planung	Umsetzung	Stabilisierung	Evaluation
Mit welchem Ziel wird welche Technologie eingeführt?	Mit welchen einzelnen Schritten ist die Einführung umzusetzen?	Wie ist eine langfristige Implementierung von Erfolgen möglich?	Wie erfolgreich war der Veränderungsprozess?
Welche Auswirkungen wird die Technologieeinführung auf das Unternehmen und die Beschäftigten voraussichtlich haben?	Wie ist eine frühzeitige Einbeziehung der Beschäftigten möglich?	Welche strukturellen Anpassungen sind dazu nötig?	Welche Lessons Learned ergeben sich aus diesem Einführungsprozess für zukünftige Prozesse dieser Art?

- enthält realistische und erreichbare Zwischenziele,
- ist eindeutig genug, um als Richtwert zu fungieren,
- aber auch allgemein genug, um individuelle und alternative Zielerreichungswege zu erlauben.
- sollte einfach zu kommunizieren und zu erklären sein (Kotter 2012, S. 91–93).

An die Gestaltung der Vision sollte sich eine Analyse der Stakeholder:innen anschließen, bei der alle relevanten Interessengruppen identifiziert und ihre Perspektive zum Veränderungsprozess eingeschätzt wird (Schelle et al. 2018, S. 97–107). Die Bedeutung der Stakeholder:innen kann in einer Typologie festgehalten werden, wie sie beispielsweise von Mitchell et al. (1997) im Modell der Stakeholder Salience zum Ausdruck kommt. Auf diese Weise lassen sich verschiedene Gruppen von Stakeholder:innen differenzieren, sodass auch die Kommunikation im Veränderungsprozess auf deren unterschiedliche Informations- und Partizipationsbedürfnisse angepasst werden kann. Außerdem kann hier angesetzt werden, um mögliche Widerstände zu prognostizieren. Auch die Definition der Promotor:innen fällt sinnvollerweise in diese Phase.

Basierend auf einer umfassenden Literaturanalyse arbeiten Schlicher et al. (2020, S. 371) ein Modell des Zusammenhangs der Erfolgsfaktoren aus, das zur Ableitung von Handlungsempfehlungen im Change-Management-Prozess genutzt werden kann (Abb. 2.1).

Zur konkreten Messung der Konstrukte (2. Spalte von Abb. 2.1) werden zahlreiche Diagnoseinstrumente vorgeschlagen, auf die an dieser Stelle indes nicht näher eingegangen werden kann (Schlicher et al. 2020, S. 373–378). Die Berücksichtigung der zugrunde liegenden Mechanismen und Zusammenhänge ermöglicht zusammen mit der Identifikation verschiedener Gruppen von Stakeholder:innen ein gezieltes Monitoring des Veränderungsprozesses. Auf dieser Basis aufbauend lässt sich die Veränderung strukturiert begleiten, Widerstände und Oppositionen lassen sich frühzeitig erkennen und geeignete Maßnahmen gegen aufkommende Widerstände einleiten.

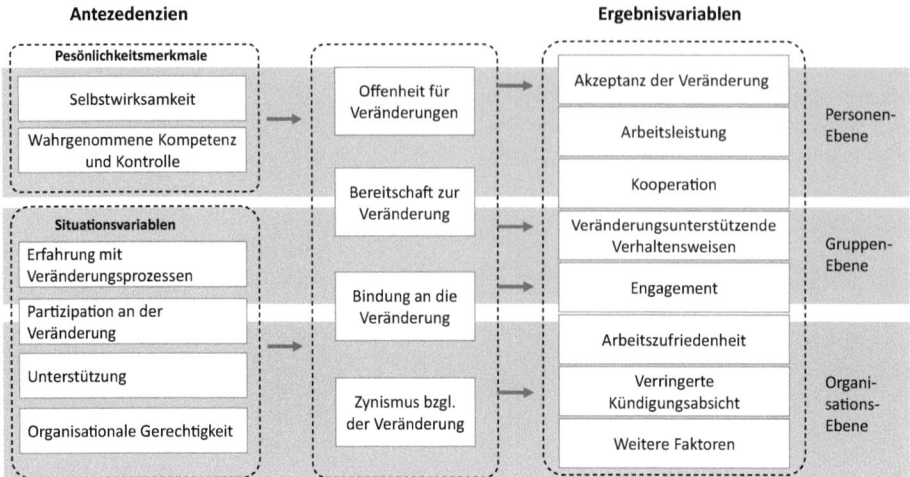

Abb. 2.1 Wirkungszusammenhänge der Erfolgsfaktoren im Change-Management (Schlichter et al., 2020 S. 371)

2.5 Fazit

Die digitale Transformation bedeutet auch für die Controlling-Funktion tiefgreifende Veränderungen, die neben der technologischen Dimension auch prozessuale und organisatorische Veränderungen einschließen. Das bisherige Berufsbild der Controller:innen wird sich stark ändern und es kommen zahlreiche neue Anforderungen hinzu. Diese Veränderungen erzeugen Unsicherheiten und möglicherweise Ängste in der Belegschaft.

Daher ist es geboten, die Mitarbeiter:innen frühzeitig im Rahmen eines strukturierten Change-Management-Prozesses einzubinden, die verschiedenen Ansprüche und Erwartungen sowie Sorgen und Ängste ernst zu nehmen und in einem dialogorientierten und partizipativen Prozess zu bearbeiten.

Interne Promotor:innen können dabei helfen, zwischen verschiedenen Gruppen von Stakeholder:innen zu moderieren und individuelle Problemstellungen zu adressieren, um der Entstehung einer starken Opposition entgegenzuwirken und bereits entstandene Widerstandsaktivitäten abzumildern. Die Betreuung der Stakeholder:innen auf der Basis einer fundierten Analyse ist dabei eine unabdingbare Daueraufgabe während der Laufzeit des Veränderungsprozesses, um letztlich über eine Stabilisierungsphase zum Erfolg zu führen.

Literatur

Cassack I (2020). Digitalisierung des Controlling-Systems in Theorie und Praxis am Beispiel der ARTS Gruppe. In Keimer I, Egle U (Hrsg) Die Digitalisierung der Controlling-Funktion. Springer Gabler, Wiesbaden, S. 237–250.

Cawsey TF, Deszca G, Ingols C (2016). Organizational change. An action-oriented toolkit. 3. Aufl. Sage, Los Angeles, CA.

Favaretto M, De Clercq E, Schneble CO, Elger BS (2020). What is your definition of Big Data? Researchers' understanding of the phenomenon of the decade. PLoS ONE.https://journals.plos.org/plosone/article?id=10.1371/journal.pone.0228987#sec018. Zugegriffen: 07.06.2022.

Georgopoulos A, Georg S (2021). Anforderungen an das Controlling. Auswirkungen von Big Data und Digitalisierung auf das zukünftige Kompetenzprofil des Controllers. Springer Gabler, Wiesbaden.

Gleich R, Tschandl M (2018). Digitalisierung & Controlling. Technologien, Instrumente, Praxisbeispiele. Haufe, München.

Güler HA (2021). Digitalisierung operativer Controlling-Prozesse. Begriffsklärung, Anwendungsfälle und Erfolgsbeurteilung. Springer Gabler, Wiesbaden.

Hauschildt J (1990). Innovationsmanagement. In Schuster HJ (Hrsg) Handbuch des Wissenschaftstransfers. Springer, Berlin, S. 263–282.

Hauschildt J, Salomo S (2011). Innovationsmanagement. 5. Aufl. Vahlen Verlag, München.

Keimer I, Zorn M (2020). Aktuelle Trends der digitalen Transformation im Finanzbereich. In Keimer I, Egle U (Hrsg) Die Digitalisierung der Controlling-Funktion. Springer Gabler, Wiesbaden, S. 17–24.

Kotter JP (2012). Leading change. Harvard Business Review Press, Boston.

Kudra A (2007). Widerstand gegen Veränderungen in der öffentlichen Verwaltung. Interne Widerstände gegen IT-Projekte erkennen und erfolgreich managen. Books on Demand, Norderstedt.

Laney D (2001): 3-D Data Management. Controlling Data Volume, Velocity, and Variety, https://blogs.gartner.com/doug-laney/files/2012/01/ad949-3D-Data-Management-Controlling-Data-Volume-Velocity-and-Variety.pdf, Zugegriffen: 07.06.2022

Langer A, Neugebauer L (2020). Einsatz smarter Technologien bei großen Infrastruktur- und Energieprojekten. In Keimer I, Egle U (Hrsg) Die Digitalisierung der Controlling-Funktion. Springer Gabler, Wiesbaden, S. 323–348.

Langmann C (2019). Digitalisierung im Controlling. Springer Gabler, Wiesbaden.

Langmann C, Turi D (2021). Robotic Process Automation (RPA). Digitalisierung und Automatisierung von Prozessen. 2. Aufl. Springer Gabler, Wiesbaden.

Mayr S, Ploier D (2019). Digitalisierung im Rechnungswesen und Controlling. Praktische Aspekte der Steuer- und Unternehmensberatung. In Feldbauer-Durstmüller B, Mayr S (Hrsg) Controlling. Aktuelle Entwicklungen und Herausforderungen. Springer Gabler, Wiesbaden, S. 183–206.

Mitchell RK, Agle BR, Wood DJ (1997). Toward a Theory of Stakeholder Identification and Salience: Defining the Principle of Who and What Really Counts. The Academy of Management Review (22): 853–886.

Nunkesser R, Thorn J (2020). Möglichkeiten und Einschränkungen mobiler Applikationen für das Controlling. In Keimer I, Egle U (Hrsg) Die Digitalisierung der Controlling-Funktion. Springer Gabler, Wiesbaden, S. 265–286.

Oreg S (2006). Personality, context, and resistance to organizational change. European Journal of Work and Organizational Psychology (15): 73–101.

Raschig S, Schulze M (2020). Weiterentwicklung des Finanz-Forecasts im Rahmen der digitalen Transformation am Beispiel der SAP SE. In Keimer I, Egle U (Hrsg) Die Digitalisierung der Controlling-Funktion, Springer Gabler, Wiesbaden, S. 25–41.

Schelle H, Linssen O, Schmehr W (2018). Projekte zum Erfolg führen. 8. Aufl. C.H. Beck, München.

Schlicher KD, Paruzel A, Steinmann B, Maier GW (2020). Change Management für die Einführung digitaler Arbeitswelten. In Maier GW, Engels G, Steffen E (Hrsg) Handbuch Gestaltung digitaler und vernetzter Arbeitswelten. Springer, Berlin/Heidelberg, S. 347–382.

Selb M (2020). Von der Erfolgssicherung zur Produktentwicklung. Datenanalyse bei Gebrüder Weiss im Fachbereich Corporate Logistics. In Keimer I, Egle U (Hrsg) Die Digitalisierung der Controlling-Funktion. Springer Gabler, Wiesbaden, S. 43–64.

Straub T (2020). Einführung in die Allgemeine Betriebswirtschaftslehre. 3. Aufl. Pearson, München.

Strauß RE (2019). Digitale Transformation. Strategie, Konzeption und Implementierung in der Unternehmenspraxis. Schäffer Poeschel, Stuttgart.

Thommen JP, Achleitner AK, Gilbert DU, Hachmeister D, Kaiser G (2020). Allgemeine Betriebswirtschaftslehre. Umfassende Einführung aus managementorientierter Sicht. 9. Aufl. Springer Gabler, Wiesbaden.

Wöhe G, Döring U, Brösel G (2020). Einführung in die Allgemeine Betriebswirtschaftslehre. 27. Aufl. Vahlen Verlag, München.

Controlling und Risikomanagement in agilen Projekten

3

Sandra Ebeling und David Kuhlen

Zusammenfassung

In der Theorie helfen agile Vorgehensmodelle/Frameworks wie Scrum die Herausforderungen wie steigende Komplexität, Dynamik und erhöhte Innovationsgeschwindigkeiten besser zu beherrschen. In der Praxis ergeben sich bei der Durchführung jedoch weitere Risiken, die nicht ausschließlich durch das Scrum Werk berücksichtigt werden. Ziel des vorliegenden Beitrags ist die Implementierung eines passenden Risikomanagements für das Scrum Regelwerk, welches für eine angemessene Risikobeurteilung von Projekten sorgt, ohne dabei die Agilität zu beschränken. Die fehlende Risikomanagementperspektive im Scrum Regelwerk wurde bereits mehrfach diskutiert. Einigkeit besteht bzgl. der Relevanz, entsprechende Risikomanagementaspekte im Scrum Prozess zu etablieren (Odzaly et al. 2014, S. 576; Uikey und Suman 2015; Chaouch et al. 2019, S. 188). Auch einzelne Methoden wurden hierfür bereits vorgeschlagen und getestet (Tomanek und Juricek 2015, S. 82; Ghazali et al. 2018, S. 169). Zu kurz kommt zum einen, wer diese Aufgaben und Rolle im Scrum Prozess übernehmen sollte und zum anderen, mit welchen Instrumenten es gelingt, neben der Risikoidentifikation, -bewertung und -kontrolle auch für eine Einordnung in den Gesamtunternehmenskontext zu sorgen. Hinzu kommt die Herausforderung ein aktives Eingreifen in den Sprint durch das

---

S. Ebeling (✉) · D. Kuhlen
IU Internationale Hochschule, Hamburg, Deutschland
E-Mail: sandra.ebeling@iu.org

D. Kuhlen
E-Mail: david.kuhlen@iu.org

© Der/die Autor(en), exklusiv lizenziert an Springer Fachmedien Wiesbaden GmbH, ein Teil von Springer Nature 2022
J. Hastenteufel et al. (Hrsg.), *Digitale Transformation im Controlling*,
https://doi.org/10.1007/978-3-658-38225-4_3

Management zu verhindern (Sauer 2021, S. 27), weshalb das Controlling in seiner Funktion der Rationalitätssicherung prädestiniert erscheint (Schäffer und Weber 2019, S. 27–28). Um das Risikomanagement im Vorgehensmodell Scrum stärker in den Fokus zu rücken, wird die Einführung der Rolle „Risk Viewer:in" in Form von Controller:innen empfohlen. Der/die Risk Viewer:in sollte pro Sprint drei Risiko-Meetings organisieren, in denen er/sie mit dem Team Risiken identifiziert, analysiert und bewertet. Analog zum Vorschlag von Hammad und Inayat führen die/der Risk Viewer:in diese auf einem Risk Board zusammen (Hammad und Inayat 2018, S. 159–160). Von dort aus kann das Management informiert und die Risikobehandlung über das Risk Backlog koordiniert werden.

3.1   Einleitung

Agilität ist seit einiger Zeit nicht mehr nur ein Thema der Softwareentwicklung, sondern hat durch aktuelle Marktdynamikentwicklungen Einzug in viele Unternehmen unterschiedlicher Branchen gefunden (Fuchs et al. 2019, S. 196–197). Das Management hat das Ziel schneller auf Veränderungen des Umfeldes reagieren zu können und durch agile Projekt- und Produktentwicklungsstrukturen kurzfristig Veränderungen im Sinne des Kunden zu erreichen.

Obwohl die zunehmende Agilität Unternehmensrisiken des sogenannten VUCA-Umfeldes (Horney et al. 2010, S. 33) reduzieren soll, ergeben sich auch hier (neue) Risiken. Wenngleich Agilität das Gefühl von Flexibilität, Teamwork, Anpassungsfähigkeit und Transparenz vermittelt, sind insbesondere das die Herausforderungen für klassisch geprägte Unternehmen. Zudem können Unsicherheiten und Fehlentscheidungen dazu führen, dass insbesondere in der Startphase agiler Methoden in alte Strukturen zurückgefallen wird (Sauer 2021, S. 27), Kosten- und Zeitbudgets nicht eingehalten werden (Arashpour et al. 2017, S. 648) oder Projektteams Leerkosten (Bredt 1939, S. 252, zitiert nach Gutenberg 1983, S. 348) produzieren.

Dabei gibt es in vielen Unternehmen bereits eine Instanz, die sich insbesondere unter dem Aspekt der Koordination von Gesamtunternehmenszielen etabliert hat: das Controlling (Horváth 2011, S. 98; Baum et al. 2013, S. 4; Weber und Schäffer 2020, S. 23–26). Hier laufen die Stränge für die Planung, Steuerung und Kontrolle zusammen. Darüber hinaus übernimmt das Controlling im Optimalfall die Koordinationsfunktion (Horváth 1978, S. 194–208; Horváth 2011, S. 98) bis hin zur Rationalitätssicherungsfunktion der Managementebenen (Schäffer und Weber 2019, S. 47). Eben diese Rationalitätssicherung nimmt unter agilen Strukturen in ihrer Bedeutung zu, so Schäffer und Weber (2019, S. 47). Untersuchungen von Hodgson/Briand legen nahe, in agilen Projekten die Nützlichkeit von umfassenden Kennzahlenmodellen als Informationsbasis für Entscheidungen infrage zu stellen (Hodgson und Briand 2013). In Würdigung der

Ausführungen von Barker bleibt anzunehmen, dass die Herausforderung folglich darin besteht, die Kernfunktionen des Controllings in Einklang mit dem Wunsch nach möglichst unabhängigen agilen Projektstrukturen zu bringen (Barker 1993, S. 408–437).

Die Einbeziehung des Controllings und seiner Risikoinstrumente in agile Projekte scheint für ein adäquates Risikomanagement sinnvoll zu sein. Um ihren Nutzen voll zu entfalten, sollte die Integration passend zum agilen Charakter gestaltet sein (Siponen et al. 2005, S. 1). Dies ist insbesondere herausfordernd, als das klassisches Controlling und das Risikomanagement stark auf Tools und Dokumentationen basieren (Hammad und Inayat 2018, S. 159), welche im agilen Konzept nachrangig zu Individuen betrachtet werden (Beck et al. 2001; Tomanek und Juricek 2015, S. 82; Hammad und Inayat 2018, S. 159). Im vorliegenden Beitrag wird hierzu ein Vorgehen ausgearbeitet, das zeigen soll, wie die Rolle der Controller:innen sowie die Risikoinstrumente in agile Projekte integriert werden können. Um dies zu erreichen muss, in Anlehnung an Siponen et al. (2005, S. 1), eine Vorgehensweise etabliert werden, die

- sich in die agile Scrum Logik integrieren lässt,
- relativ einfach umsetzbar ist, um die Projektentwicklung nicht zu behindern,
- konkrete Anweisungen und Tools für alle Phasen des Projektes zur Verfügung stellt und
- in der Lage ist, sich der Dynamik und Volatilität schnell anzupassen und zu unterstützen.

Risikomodelle bieten dafür die Möglichkeit auch anfangs als relativ unbedeutsam eingeschätzte Risiken unter bestimmten Voraussetzungen als relevant zu erkennen (Balzert 2008, S. 363). Die Controller:innen bringen hierfür die Fähigkeiten mit, Sachverhalte nach der Ursache-Wirkungs-Methode zu analysieren. Diese Fähigkeit ist insbesondere zur korrekten Anwendung von Risikoinstrumenten wie der Szenario-Analyse wichtig, um die richtigen Schlüsse zu ziehen (Romeike 2018). Diese Steuerungsunterstützung kann dadurch, neben einem besseren Verständnis, den Rahmen für das agile Projektteam bilden und außerdem Unsicherheiten auf allen Seiten reduzieren.

3.2 Theoretische Fundierung

3.2.1 Agiles Projektmanagement: Scrum als etabliertes Framework

Warum überhaupt Agilität und agile Methoden? In den Rahmenbedingungen, in denen sich Unternehmen heute befinden, stößt das sequenzielle Projektmanagement an seine Grenzen (Albrecht und Albrecht 2021, S. 186). Die Umwelt von Unternehmen verändert sich schneller in Folge zum Beispiel der Globalisierung oder zunehmender Innovationsgeschwindigkeiten (Sauter et al. 2018, S. 4–5). Dadurch steigt auch die Unsicherheit und zuverlässige Aussagen über die Zukunft lassen sich nur schwer ableiten (Baltes und Freyth 2017, S. 42). Weiterhin ist das unternehmerische Umfeld durch eine zunehmende Komplexität insbesondere durch die Digitalisierung geprägt, die außerdem die Interpretation und das Erkennen von Zusammenhängen aufgrund der Mehrdeutigkeit erschwert (Sauter et al. 2018, S. 4–5). Unter anderem führten die erkannten Herausforderungen 2001 dazu, dass das „Manifest für agile Softwareentwicklung" (Beck et al. 2001) entwickelt wurde, dessen Fokus auf Individuen anstatt auf Prozessen, Dokumentationen und Tools basiert. Inzwischen erkennen immer mehr Unternehmen, dass es neue Ansätze des Projektmanagements benötigt, welche entsprechende Haltungen, Methoden und Techniken bereithalten, um flexibel auf Veränderungen reagieren zu können (Hoffmann 2008, S. 6; Petersen und Wohlin 2010, S. 655).

Ein inzwischen weit verbreitetes agiles Framework ist Scrum, welches im Kern ein in sich wiederholender Prozess ist, der sich aus mehreren Sprints zusammensetzt, um das Projektziel – die Produktentwicklung – zu erreichen (Takeuchi und Nonaka 1986, S. 137). Scrum besteht aus drei Rollen: dem Entwicklungsteam, der/dem Product Owner:in und der/dem Scrum Master:in. Die/der Product Owner:in repräsentiert die Produkt- und damit Kundenperspektive. Das Entwicklungsteam hat die eigenständig organisierte Entwicklung des Produktes zur Aufgabe. Dafür definiert es gemeinsam mit der/dem Product Owner:in die nötigen Arbeitspakete. Die/der Scrum Master:in verantwortet die agilen Werte und Prinzipien des Scrum-Prozesses (Baron und Hüttermann 2010, S. 52, 142; Schwaber und Sutherland 2020, S. 5–7). Der Ablauf von Scrum inklusive der Rollen, Events und Artefakte ist in Abb. 3.1 dargestellt.

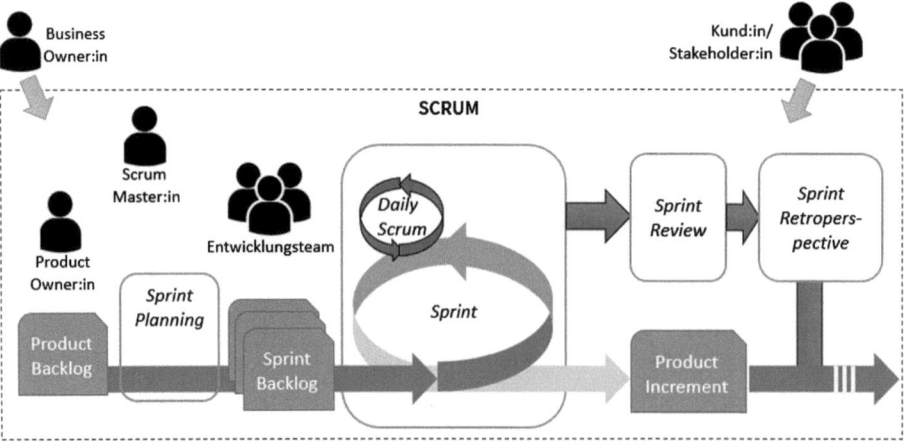

Abb. 3.1 SCRUM Prozess: Rollen, Events und Artefakte (Eigene Darstellung in Anlehnung an Uikey und Suman 2015, S. 122)

3.2.2 Empirische Untersuchungen und Stärken und Schwächen des agilen Projektmanagements

Scrum hat mit der digitalen Transformation Einzug in viele Unternehmen gehalten mit dem Ziel, Projekte und Produkte qualitativ hochwertiger zu machen, flexibler und offener auf Veränderungen zu reagieren und damit die Wertschöpfung effizienter zu gestalten. Hierhin werden die Vorteile des agilen Projektmanagements gegenüber dem klassischen Projektmanagement gesehen, was sich im sogenannten magischen Risikodreieck, bestehend aus Scope, Budget und Zeit, erkennen lässt (Timinger 2017, S. 164). Mit Blick auf agile Projekte bleibt der Rahmen identisch zu klassischen Projekten, es verändern sich aber die fixen und variablen Bestandteile. Budget und Zeit sind in agilen Projekten fest definiert, während der Scope dynamisch im Projektverlauf auf Veränderungen reagiert (Timinger 2017, S. 164). Dadurch sollen klassische Projektrisiken durch eine höhere Transparenz, kürzere Sprintlaufzeiten, sowie die Erschaffung von dynamischen Inkrementen implizit reduziert werden (Concha et al. 2007, S. 149–152). Nachweislich zeigen empirische Untersuchungen, das agiles Projektmanagement in der Lage ist, höhere Return on Investments zu generieren, Produkte in kürzerer Zeit zu entwickeln, Kosten und Ressourcen effizienter zu nutzen und dabei näher am Markt und am Kunden zu sein (Petersen und Wohlin 2010, S. 658; Bello 2018, S. 1–16; Adel et al. 2021, S. 512; Hauck und Vieira 2021, S. 75).

In der Praxis trifft die theoretische Ausarbeitung jedoch auf manche (neue) Herausforderung (Petersen und Wohlin 2010, S. 658–659; Albrecht und Albrecht 2021, S. 186–188; Sauer 2021, S. 26–27). Mit steigender Unsicherheit und fehlenden Kompetenzen können auch die Faktoren Budget und Zeit variabel werden. Erste empirische Untersuchungen zeigen, dass die erfolgreiche Umsetzung mitunter von der Organisation, dem Projekt, dem Umfeld und den Stakeholder:innen sowie der Erfahrungen mit Agilität abhängt (Albrecht und Albrecht 2021, S. 186). Insbesondere Aspekte wie mangelnde Teamfähigkeit, fehlende agile Projektmanagementkompetenzen oder keine klaren Rollendefinitionen sind hier als Beispiele für mögliches Projektversagen zu nennen (Fowler und Highsmith, 2001, S. 35). McConell (1998, S. 3–51) sieht das Risiko, dass Projektteams bei zu kleinteiliger kurzfristiger Detaillierung das Projektziel inhaltlich aus den Augen verlieren können. Außerdem entsteht die Gefahr eines Silodenkens innerhalb der agilen Teams, wenngleich jedes Projekt auch Wechselwirkungen zu anderen Bereichen und strategischen Unternehmenszielen hat. Dies erhöht Unsicherheiten und damit die Gefahr, dass das Management in die Arbeitsphasen eingreift (Sauer 2021, S. 26). Die Risiken können also sowohl in externen als auch internen Faktoren liegen, welche mithilfe eines Risikomanagements mit ihren Auswirkungen analysiert werden sollten (Abb. 3.2).

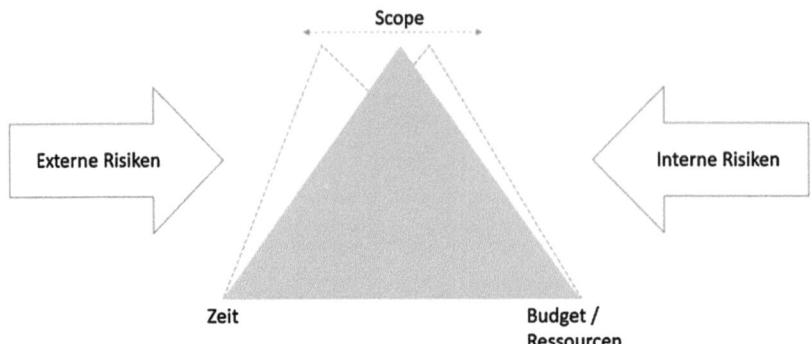

Abb. 3.2 Risiko-Dreieck agiler Projekte (Eigene Darstellung in Anlehnung an Timinger 2017, S. 160–164)

3.2.3 Risikomanagement und agiles Projektmanagement

3.2.3.1 Aktueller Forschungsstand

Risiken sind Events oder unerwartete Ereignisse (Arashpour et al. 2017, S. 650). Alle Projekte – auch agiler Art – haben Risiken hinsichtlich Budgets, Ressourcen, Zeit, Scope, also Qualität und Funktionalität, oder Erwartungen der Stakeholder:innen (Concha et al. 2007, S. 149–152). Während das Framework von Scrum durch Transparenz, kleinere Entwicklungsschritte und variable Scopes Risiken implizit begegnet, gibt es basierend auf den festgestellten Schwächen des agilen Frameworks, Ausarbeitungen, welche die Implementierung einer Risikoperspektive in agilen Projekten vorschlagen.

Concha et al. (2007, S. 149–152) integrieren Projektrisikomanagement in agile Projekte als Teil ihres Commitment Frameworks. Dabei werden verschiedene Phasen definiert, um Risiken zu bewerten und sichtbarer zu machen. Zu Beginn wird ein Ausgangsszenario erstellt, welches die Projektziele „Funktionalität", „Budget", „Qualität" und „Zeit" sowie potenzielle Verluste, die entstehen können, quantifiziert, wenn diese Ziele nicht erfüllt sind. Weiterhin betrachten sie während der Laufzeit das wahrgenommene Risiko und die Wahrscheinlichkeit, dass das Projekt scheitern könnte. Odzaly et al. (2014, S. 576–581) haben ein Risikotool entwickelt, welches mithilfe eines Software-Agenten das agile Team bei der Identifizierung, Bewertung und Überwachung von Risiken unterstützt. In ihren Case Studies stellten sie fest, dass dadurch der menschliche Aufwand von Risikomanagement reduziert werden kann, da Umweltrisiken und Änderungen im Projekt erkannt wurden. Uikey und Suman (2015) schlagen ein sogenanntes Risk Based Scrum Method (RBSM)-Framework vor, welches den Risikomanagementprozess in Scrum integrieren soll. Konkret erweitern sie den Scrum Prozess um klassische Risikomanagementelemente und platzieren diese entsprechend. Bei der Erstellung des Product Backlogs sollen mögliche Risiken identifiziert und analysiert werden. Vor dem Sprint werden mögliche Reaktionen auf die Risiken festgelegt.

Während des Sprints werden Risiken beobachtet und im Anschluss an den Sprint werden Risiken noch einmal reviewed. Tomanek und Juricek (2015, S. 81–88) kommen ebenso zu dem Schluss, dass es ein Risikomanagement in Scrum Projekten geben sollte. Zur Umsetzung schlagen sie die prozessorientierte Projektmanagementmethode PRINCE2 vor. Diese beinhaltet drei Dimensionen: Wie wird Risikomanagement im Projekt betrieben, wie hoch ist die Risikotoleranz und wann eskalieren Risiken. Ghazali et al. (2018, S. 169–185) zeigen eine risikobasierte Testmethode für das Scrum Framework, basierend auf der Risk Poker-Technik als risikobasierter Strategie. Angelehnt an Planning Poker (Grenning 2002, S. 3) ist es das Ziel, dass das Team gemeinsam Risiken identifiziert sowie bewertet und somit das gesamte Team-Know-how genutzt wird. Hammad und Inayat (2018, S. 158–163) erweitern ebenfalls den Scrum Prozess um die bekannten Risikomanagementelemente. Weiterhin definieren sie die/den Product Owner:in als verantwortlich für die Risikoüberwachung und schlagen ein Risikoregister zur Risikokontrolle und -steuerung vor. Chaouch et al. (2019, S. 187–192) haben ein Framework zur Integration von Risikomanagement in agilen Projekten entwickelt, mit dem Ziel die Erfolgsrate von Scrum Projekten zu erhöhen. Dafür erweitern auch sie das Scrum Framework um Risikomanagementaspekte und ein Risikoregister, welches allen Scrum Teilnehmer:innen zur Verfügung steht.

Zusammenfassend lässt sich feststellen, dass die Implementierung eines Risikomanagements in agile Projekte von vielen Autor:innen als sinnvoll erachtet wird. Deutlich wird auch, dass es für ein effektives Risikomanagement die Schritte des klassischen Risikomanagementablaufs benötigt:

- eine Identifikation von möglichen Risiken, die im Laufe des Projektes auftreten können,
- eine Analyse inklusive Abschätzung, welche die Eintrittswahrscheinlichkeiten und die möglichen Auswirkungen der Risiken analysiert,
- mögliche Maßnahmen, welche Strategien oder Pläne zur Risikovermeidung beziehungsweise -reduktion beinhalten und
- eine Überwachung der Risiken über die Projektlaufzeit (Del Cano und de la Cruz 2002, S. 473–485; Hartmann et al. 2005; Ghazali et al. 2018, S. 171).

In den vorgestellten Studien sind viele gute Ansätze enthalten. Darauf aufbauend wird in dem vorliegenden Beitrag die konkrete Benennung einer/s Risk Viewer:in aus dem Controllingbereich, insbesondere vor dem Aspekt der Koordinations- und der Rationalitätssicherungsfunktion des Managements vorgeschlagen. Hiermit soll auf Probleme aus der Praxiserfahrung mit Scrum von Unternehmen eingegangen werden. Dadurch wird die Koordination des agilen Projektes in Gesamtunternehmensrisiken vollzogen und Silodenken vermieden (McConell 1998, S. 73–85). Außerdem werden Unsicherheiten beim Management reduziert, welche in der Praxis ein großes Problem bei der (ungestörten) Durchführung von Scrum darstellen (Sauer 2021, S. 27). Dieser Vorschlag lässt sich in Abb. 3.3 erkennen.

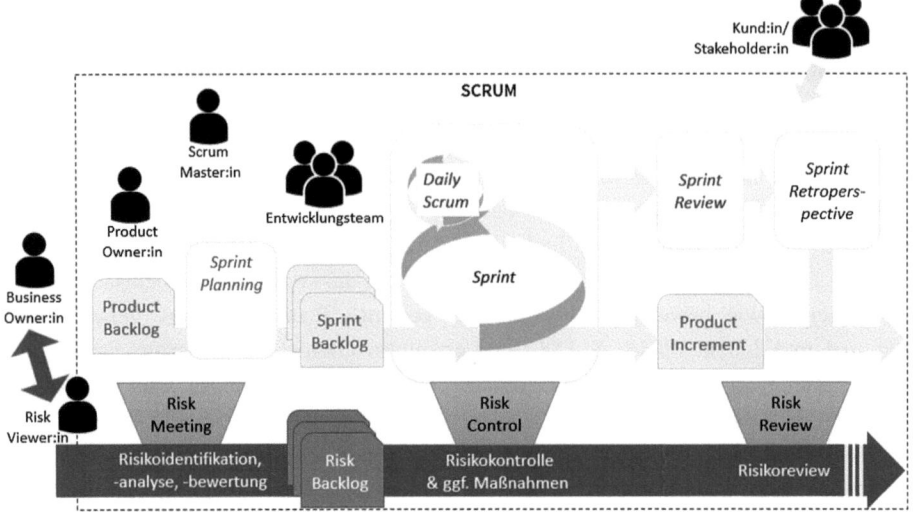

Abb. 3.3 Modifizierter Scrum Prozess ergänzt um die Rolle der Risk Viewer:innen, die Events Risk Meeting, Risk Control und Risk Review und das Artefakt Risk Backlog (Eigene Darstellung in Anlehnung an Uikey und Suman 2015, S. 122)

3.2.3.2 Controllingfunktionen unter besonderer Berücksichtigung der Rationalitätssicherung

Hinter jeder Entscheidung, jedem Projekt und jedem Sprint stehen weitere Stakeholder:innen, zum Beispiel die/der Business Owner:in (Daum 2020, S. 40). Dies ist eine weitere Rolle, auch wenn sie keine agile Rolle im Sinne von Scrum ist. Die/der Business Owner:in trägt die geschäftliche Verantwortung und überblickt, wie sich bestimmte Entscheidungen auf Ressourcen, Budgets oder auch im Wettbewerb auswirken. In der Praxis ist daher beobachtbar, wenn andere Unternehmensprojekte stärker in den Fokus des Managements rücken, dass interne Mitarbeiter:innen umverteilt werden oder Scrum Teammitglieder zeitgleich in mehreren Projekten eingesetzt werden (Sauer 2021, S. 26–27). Darüber hinaus ist die Unternehmensleitung dafür zuständig alle Unternehmensrisiken, also auch die des Projektes, zu identifizieren, zu analysieren, zu bewerten und zu kontrollieren. Mit Blick auf agile Projekte kann es also passieren, dass insbesondere bei steigender Unsicherheit das Management in mehreren Aspekten nicht rational handelt und dies zu fragilen Scrum-Abläufen führt. Ein erfolgreicher Sprint nach Scrum funktioniert nur, wenn dieser frei von äußeren Einflüssen abläuft. Dies wird auch als eines der größten Potenziale von Scrum gesehen, da hier ein Fokus auf das aktuelle Projekt geschaffen wird und somit Überforderungen der Mitarbeiter:innen reduziert werden.

Demzufolge benötigen in der Praxis auch agile Projekte einen gewissen Grad an Steuerung und Kontrolle, um die Projektgestaltung, die Koordination und die Zusammenarbeit mit Rollen außerhalb des Scrum-Prozesses kontinuierlich zu verbessern. Weiterhin hilft dieser Rahmen, Unsicherheiten sowohl beim Scrum-Team als auch auf Managementebene zu reduzieren. Zu ähnlichen Erkenntnissen kamen Schäffer und Weber. Sie fanden heraus, dass die Funktion des Controllings weiterhin relevant ist, da insbesondere die Notwendigkeit zur Sicherung der Rationalität bei unternehmerischen Entscheidungen im Hinblick auf die Digitalisierung von Bedeutung ist (Schäffer und Weber 2019, S. 46–49). Während es Aufgabe des Scrum-Masters beziehungsweise der Scrum-Masterin ist, die richtige Durchführung des Scrum Prozesses zu gewährleisten, sind seine/ihre Kompetenzen in der Praxis jedoch häufig begrenzt. Hierfür lassen sich, insbesondere mit Blick auf das Management, die Controllingfunktionen nutzen. Mit einer neuen Rolle und den Kompetenzen von Controller:innen kann hier für mehr Sicherheit auf allen Seiten gesorgt und eine adäquate Risikobetrachtung gewährleistet werden.

3.2.3.3 Instrumente für das Risikomanagement agiler Projekte

Um die Agilität durch ein Risikomanagement nicht einzuschränken, aber dennoch das Bewusstsein dafür zu schärfen, bedarf es Instrumenten, die einfach zu implementieren sind (Siponen et al. 2005, S. 1). Eines davon ist die Risikomatrix (Andrat und Jaswal 2015, S. 535–538). Um diese zu befüllen können beispielsweise die Fragen von Saltmarsh und Browne genutzt werden, die Siponen et al. darstellen (Saltmarsh und Browne 1983, S. 93–116, zitiert nach Siponen et al. 2005, S. 2):

- Welche unerwarteten Risken können auftreten und welche Auswirkungen hat das?
- Welche Konsequenz hat das für die überlegten Szenarien?
- Wie oft kann das Risiko eintreten?
- Was könnten mögliche Maßnahmen sein, um das Risiko zu erkennen und zu minimieren?
- Wie erfolgt die ökonomische und rationale Einordnung der Gegenmaßnahmen in die Risiko-/Nutzenabwägung?

Das Scrum Team nutzt die Risikomatrix, um die Risiken eines Projektes zu identifizieren und die Einzelrisiken hinsichtlich Schadensausmaß und Eintrittswahrscheinlichkeit zu bewerten. Dafür empfiehlt es sich, analog der Story Points (Patzak und Rattay 2018, S. 657), für die Aufwandschätzung bei Scrum mit sogenannten Risk Points (Wanderlay et al. 2015, S. 1004) zu arbeiten. Dies ermöglicht einen fokussierten Blick auf die Risiken, die beim Eintreten einen großen Einfluss auf das Projekt haben könnten und für die Gegenmaßnahmen entwickelt werden sollten. Zudem kann das Gegenüberstellen im Zeitverlauf die Risikobewertung verbessern (Arashpour et al. 2017, S. 650).

Die Szenarioanalyse ist eine Methode der Frühaufklärung, bei der alternative Umweltszenarien betrachtet werden. Szenarioanalysen werden häufig mithilfe eines Trichters dargestellt, da Unsicherheiten über die Zeit zunehmen. Dabei ist das Szenario, dass nach aktuellem Trend eintreffen würde in der Mitte des Trichters. Nach außen hin wird der Trichter durch die Best Case- und Worst Case Szenarien begrenzt. Vorteil hierbei ist, dass die Bewertung nicht nur binomialverteilt angenommen werden muss, sondern mehrere Ergebniszustände und Szenarien denkbar sind (Romeike und Hager 2013; Romeike 2018, S. 166–174). Diese Analyse hilft, die zu Beginn des Projektes festgestellten Risiken und deren Konsequenzen hinsichtlich ihrer Eintrittswahrscheinlichkeit und Auswirkung zu visualisieren. Nach jedem Sprint hilft ein Rückblick, um zu sehen, welche Risiken richtig eingeschätzt wurden und auch welche unter- beziehungsweise überschätzt wurden (Concha et al. 2007, S. 151).

3.3 Analyse

Die bisherigen Ausführungen zeigen, dass agile Projekte eine besondere Methode des Risikomanagements benötigen (Balzert 2008, S. 681–686; Sommerville 2016, S. 84–94). Da das Risikomanagement von erfolgskritischer Bedeutung ist (Andrat und Jaswal 2015, S. 535; Patzak und Rattay 2018, S. 50), wird eine Erweiterung des Scrum Vorgehens (Schwaber und Sutherland 2020) vorgeschlagen, welche einen Beitrag zum Risikomanagement leistet.

Der Stand der Forschung zeigt, dass agile Ansätze, insbesondere das Vorgehensmodell Scrum, einen Beitrag zur Risikoreduktion leisten (Andrat und Jaswal 2015, S. 535; Sommerville 2016, S. 647; Schwaber und Sutherland 2020, S. 3). Hammad und Inayat arbeiteten heraus, dass die Behandlung von Risiken Teil des agilen Vorgehens ist (Hammad und Inayat 2018, S. 159). Aufgrund der entscheidenden Bedeutung, den das Risikomanagement für den Erfolg von Projekten hat (Andrat und Jaswal 2015, S. 535; Uikey und Suman 2015, S. 4.120–4.121; Patzak und Rattay 2018, S. 50–61), wird, analog zu den Ausführungen von Andrat und Jaswal, Hammad und Inayat sowie Uikey und Suman, eine Erweiterung von Scrum vorgeschlagen, die die Anstrengungen um das Risikomanagement intensiviert, sodass Risiken nicht unbekannt bleiben (Andrat und Jaswal 2015, S. 535; Uikey und Suman 2015, S. 4.120–4.124; Hammad und Inayat 2018, S. 158–63). Damit das erweiterte Vorgehen in agilen Projekten anwendbar ist, darf dieses jedoch nicht als zu bürokratisch empfunden werden (Siponen et al. 2005; Hammad und Inayat 2018, S. 159). Andrat und Jaswal beschreiben das Problem und kommen zu dem ernüchternden Ergebnis: „Traditional risk management techniques were found to be lacking in certain phases of managing risk; when applied to agile. Consequently, certain risk management techniques needed extension to suit the requirements of agile" (Andrat und Jaswal 2015, S. 536).

Risikocontrolling verlangt klassischerweise nach einer Planung (Patzak und Rattay 2018, S. 53–55). Die anschließende Risikobehandlung kann unter Umständen wiederum zu einer Planung und gegebenenfalls zu ergänzenden Verträgen und Dokumenten führen, mit dem Ziel, die Eintrittswahrscheinlichkeit oder Schadenshöhe von Risiken zu reduzieren (Patzak und Rattay 2018, S. 50–62; Hammad und Inayat 2018, S. 159). Spätestens wenn Risiken im jeweiligen Verhalten der Projektpartner gesehen werden, die zu behandeln sind, besteht die Gefahr, dass das Risikomanagement zur Abkehr von einer vertrauensvollen Zusammenarbeit führt, die für agile Projekte wesentlich ist (Balzert 2008, S. 57, S. 133, S. 515–543 und S. 600).

Damit ein Vorgehen in agilen Projekten hilft, Risiken zu erkennen und zu behandeln (Patzak und Rattay 2018, S. 53–55), muss es sich nativ in die agile Arbeitsweise einpassen (Andrat und Jaswal 2015, S. 536). Die Werte, die vom agilen Manifest (Beck et al.

2001) vorgegeben sind, müssen von der Methode des Risikomanagements (Patzak und Rattay 2018, S. 50–62) widergespiegelt werden. Insofern darf die Methode des Risikomanagements beispielsweise nicht dazu führen, dass weitere Zwänge zur Erzeugung neuer Dokumente, zur Bedienung neuer Werkzeuge oder zur Absicherung durch detaillierte Pläne anzufertigen sind (Balzert 2008, S. 651–674; Hammad und Inayat 2018, S. 158–160). Folglich ist ein leichtgewichtiges Vorgehen (Balzert 2008, S. 681–682; Uikey und Suman 2015, S. 4.122) zum Risikomanagement zu entwickeln, welches den Werten des agilen Manifests (Beck et al. 2001) nicht zuwiderläuft. Ein Vorgehen zum agilen Risikomanagement muss in verschiedenen Projektdomänen anwendbar sein (Andrat und Jaswal 2015, S. 535–538; Uikey und Suman 2015, 4.120–4.121), ohne die Reaktion auf Veränderungen sowie die ergebnisorientierte Zusammenarbeit der Individuen einzuschränken (Sommerville 2016, S. 88–91 und S. 644–682). Die Ausführungen zum Stand der Forschung zeigen, dass Scrum einen geeigneten Rahmen zur Zusammenarbeit in agilen Projekten darstellt (Balzert 2008, S. 670–673; Uikey und Suman 2015, S. 4.121). Folglich sollte das Vorgehen zum Risikocontrolling die Scrum Vorgehensweise erweitern, um einen Beitrag zu leisten (Uikey und Suman 2015, S. 4.121–4.122).

Um ein geeignetes Vorgehen auszuarbeiten, erscheint die Anwendung der Design Science Research Methode (March und Smith 1995) sinnvoll. Design Science Research versucht, durch die Ausarbeitung von Artefakten einen Beitrag zur Verbesserung zu leisten (March und Smith 1995, S. 254; Peffers et al. 2008, S. 45). Bei diesen Artefakten kann es sich beispielsweise um Vorgehensmethoden handeln, welche eine Veränderung der Arbeitsweise darstellen (March und Smith 1995, S. 253). Konform zu dem von Peffers et al. vorgestellten Vorgehen, wurden in den vorangegangenen Abschnitten Probleme identifiziert und die Motivation herausgearbeitet, aufgrund derer nach einer Lösung gesucht wird (Peffers et al. 2008, S. 46). Passend zum weiteren Prozess von Peffers et al. erfolgt nach obenstehender Analyse der Anforderungen nachfolgend eine Demonstration des Entwurfs eines Ergänzungsvorschlags zum Vorgehensmodell Scrum (Peffers et al. 2008, S. 46). Dieser Ergänzungsvorschlag wird in Abschn. 3.5 hinsichtlich seiner Zielerfüllung untersucht, wie im Rahmen der Anwendung von Design Science Research gefordert (March und Smith 1995, S. 258–260; Peffers et al. 2008, S. 46–56).

Zur Evaluation des ausgearbeiteten Ergänzungsvorschlags bedarf es eines Vergleichs des Vorgehens mit festgelegten Kriterien (March und Smith 1995, S. 258). Die von March und Smith sowie Peffers et al. vorgeschlagene Evaluation der Nützlichkeit, der Qualität sowie der Effizienz (March und Smith 1995, S. 261; Peffers et al. 2008, S. 54–56) erscheint auch im vorliegenden Fall sinnvoll, wenngleich festzulegen ist, was Nützlichkeit und Qualität hier bedeuten. Ein Vorgehen, welches einen Beitrag zum Risikocontrolling in agilen Projekten leistet, muss folgende Akzeptanzkriterien erfüllen:

- das Vorgehen darf den Werten des agilen Manifests nicht zuwiderlaufen (Hammad und Inayat 2018) und
- das Vorgehen muss dabei helfen, Risiken zu erkennen und geeignete Gegenmaßnahmen einzuleiten (Balzert 2008, S. 361–364), um sein Ziel zu erfüllen.

Um die Einhaltung der oben genannten Akzeptanzkriterien zu prüfen, wird eine Untersuchung unter Zuhilfenahme der logischen Programmiersprache Prolog durchgeführt. Zur Ausführung der Untersuchung kommt das Programm SWI-Prolog in der Version 8.4.1 zum Einsatz, dessen Lizenzinformationen in Abb. 3.4 dargestellt sind. Abb. 3.4 zeigt das zu SWI-Prolog gehörende Terminal. Über das Terminal kann eine Wissensbasis konsultiert werden. Abb. 3.4 verdeutlicht, dass die Bedienung textbasiert erfolgt. Um das Experiment unter gleichen Bedingungen zu wiederholen, können mithilfe

```
 SWI-Prolog -- c:/Users/david.kuhlen/Desktop/Evaluation.pl
File  Edit  Settings  Run  Debug  Help
Welcome to SWI-Prolog (threaded, 64 bits, version 8.4.1)
SWI-Prolog comes with ABSOLUTELY NO WARRANTY. This is free software.
Please run ?- license. for legal details.

For online help and background, visit https://www.swi-prolog.org
For built-in help, use ?- help(Topic). or ?- apropos(Word).

?- license.
% SWI-Prolog is covered by the Simplified BSD license:
%
% Redistribution and use in source and binary forms, with or without
% modification, are permitted provided that the following conditions
% are met:
%
% 1. Redistributions of source code must retain the above copyright
%    notice, this list of conditions and the following disclaimer.
%
% 2. Redistributions in binary form must reproduce the above copyright
%    notice, this list of conditions and the following disclaimer in
%    the documentation and/or other materials provided with the
%    distribution.
%
% THIS SOFTWARE IS PROVIDED BY THE COPYRIGHT HOLDERS AND CONTRIBUTORS
% "AS IS" AND ANY EXPRESS OR IMPLIED WARRANTIES, INCLUDING, BUT NOT
% LIMITED TO, THE IMPLIED WARRANTIES OF MERCHANTABILITY AND FITNESS
% FOR A PARTICULAR PURPOSE ARE DISCLAIMED. IN NO EVENT SHALL THE
% COPYRIGHT OWNER OR CONTRIBUTORS BE LIABLE FOR ANY DIRECT, INDIRECT,
% INCIDENTAL, SPECIAL, EXEMPLARY, OR CONSEQUENTIAL DAMAGES (INCLUDING,
% BUT NOT LIMITED TO, PROCUREMENT OF SUBSTITUTE GOODS OR SERVICES;
% LOSS OF USE, DATA, OR PROFITS; OR BUSINESS INTERRUPTION) HOWEVER
% CAUSED AND ON ANY THEORY OF LIABILITY, WHETHER IN CONTRACT, STRICT
% LIABILITY, OR TORT (INCLUDING NEGLIGENCE OR OTHERWISE) ARISING IN
% ANY WAY OUT OF THE USE OF THIS SOFTWARE, EVEN IF ADVISED OF THE
% POSSIBILITY OF SUCH DAMAGE.
%
% This program contains components covered by the GNU Lesser
% Public License.  Distribution of this program is subject to
% additional conditions.  These components are:
%
%      libgmp
true.

?-
```

Abb. 3.4 Informationen zu SWI-Prolog (Version 8.4.1, inkl. Lizenzinformationen)

des Befehls „license." unter den Lizenzinformationen auch enthaltene Komponenten angezeigt werden. Analog zur Eingabe des Befehls „license." können, über das in dargestellte Terminal, die in der Wissensbasis eigens definierten Befehle wie „isAgile" oder „isUseful" eingegeben werden, siehe Evaluation im Folgenden. Abb. 3.4 zeigt das Terminal im initalen Zustand, nachdem das Programm gestartet wurde (Zeilen 1–7, oberer Teil der Abbildung von „Welcome ..." bis vor Eingabe des Befehls „license"). In Zeile 8 wurde der Befehl „license" eingegeben. Das SWI-Prolog-Terminal beantwortete diesen Befehl ab Zeile 9. In Zeile 43 könnte ein Anwender oder eine Anwenderin einen neuen Befehl angeben. Um eine Wissensbasis zu konsultieren, muss die zugehörige Datei zunächst geladen werden, z.B. über die Eingabe des Befehls „consult" (Clocksin und Mellish, 2003, S. 120).

3.4 Design

Die Anforderungen, die im vorangegangenen Abschnitt beschrieben wurden, zeigen, dass bei der Ergänzung des Scrum Vorgehensmodells (Schwaber und Sutherland 2020) darauf zu achten ist, dass die Erweiterung des Risikomanagements nicht in formalen, schwergewichtigen Risikoplänen resultiert (Balzert 2008, S. 651–671; Hammad und Inayat 2018, S. 159). Vielmehr sollte die Ergänzung auf dem bestehenden Scrum Regelwerk (Schwaber und Sutherland 2020) aufbauen. Insbesondere das Management, welches regelmäßig über Risiken zu informieren ist, benötigt Reports, die unter Umständen von den bisherigen Rollenvertretern nur eingeschränkt erstellt werden können (Patzak und Rattay 2018, S. 50–62). Hierfür hat sich in größeren Unternehmen die Einführung eines Controllings etabliert (Patzak und Rattay 2018, S. 55–59). Hammad und Inayat arbeiten heraus, dass klassischerweise spezielle Risikomanager:innen diese Aufgabe übernehmen, was in Scrum jedoch durch die Rolle des/der Product Owner:in abgebildet werden sollte (Hammad und Inayat 2018, S. 160). Auch Uikey und Suman sehen Aufgaben des Risikomanagements bei der/dem Product Owner:in (Uikey und Suman 2015, S. 4.122–4.123). Da jedoch das Controlling über Erfahrungen in der Risikosteuerung verfügt, sind Vorteile erwartbar, wenn Controller:innen in geeigneter Weise in agile Projekte involviert werden. Hierzu bedarf es, neben der Festlegung einer Rolle, auch eines Prozess- und Tool-Vorschlags (Uikey und Suman 2015, S. 4.123; Sommerville 2016, S. 88–97), passend zum Scrum-Guide (Schwaber und Sutherland 2020).

Die Untersuchung des Scrum-Regelwerks zeigt, dass Scrum bereits eigene Techniken enthält, um Risiken zu kontrollieren (Hammad und Inayat 2018, S. 158–159; Schwaber und Sutherland 2020, S. 3–8). Die/der Scrum Master:in hat zur Aufgabe, für einen reibungslosen Ablauf zu sorgen (Schwaber und Sutherland 2020, S. 6–7). Dies schließt auch die Identifikation und Beseitigung von Risiken mit ein, die den Scrum Prozess behindern (Schwaber und Sutherland 2020, S. 6–7). Insofern ist die/der Scrum Master:in bereits für Teile des Risikomanagements verantwortlich (Schwaber und Sutherland,

2020, S. 6–7). Obgleich die/der Scrum Master:in Risiken entgegenwirkt (Balzert 2008, S. 670–673), wird die Kontrolle finanzieller Risiken in der Praxis zum Teil nicht als primäre Aufgabe der/des Scrum Master:in gesehen, obwohl diese Risikokontrolle den Projekterfolg sichert (Sommerville 2016, S. 642–647; Chaouch et al. 2019, S. 188–192).

Um den Fokus auf die Risikobetrachtung zu legen, wird die Etablierung der neuen Rolle der/des Risk Viewer:in vorgeschlagen, bei der/dem es sich um eine Unterart der/des Scrum Master:in handeln soll. Passend hierzu empfehlen Chaouch et al., dass Risiken durch unterschiedliche Personen des Teams, unter Führung der/des Scrum Master:in, behandelt werden (Chaouch et al. 2019, S. 191–192). Anders als Hammad und Inayat sowie Uikey und Suman, die Risikomanagement als Aufgabe der/des Product Owner:in sehen (Uikey und Suman 2015, S. 4.122–4.123; Hammad und Inayat 2018, S. 160), legen Erfahrungen aus praktischen Projekten nahe, eine eigenständige Rolle, die an die/den Scrum Master:in angelehnt ist, für das Risikomanagement verantwortlich zu machen. Wie die/der Scrum Master:in hat die/der Risk Viewer:in die Aufgabe, Risiken zu erkennen und zu beseitigen. Abweichend vom klassischen Rollenbild der/des Scrum Master:in (Schwaber und Sutherland 2020), sollte die/der Risk Viewer:in seinen/ihren Fokus auf das Risikomanagement legen. Hierzu gehören laut Uikey und Suman sowie Chaouch et al. vor allem die Risikoidentifikation, die Risikoreduktion und das Risikoreporting (Uikey und Suman 2015, S. 4.121–4.124; Chaouch et al. 2019, S. 188–192). Die Rolle der/des Risk Viewer:in kann im Scrum Projekt beispielsweise von (Risiko-) Controller:innen eingenommen werden.

Zur Erkennung von Risiken empfehlen Hammad und Inayat ein Brainstorming, wobei der Fokus auf das Meeting der Sprint Retrospektive gelegt wird (Hammad und Inayat 2018, S. 159). Uikey und Suman betonen demgegenüber, dass neben der Retrospektive auch das Sprint Planning- und Review-Meeting sinnvolle Beiträge zum Risikomanagement leisten können (Uikey und Suman 2015, S. 4.123). Folglich sollte die/der Risk Viewer:in sowohl an der Retrospektive als auch am Sprint Planning- und Review-Meeting teilnehmen. Die Einbeziehung der/des Risk Viewer:in in das Daily Scrum wird indes als nicht erforderlich angesehen. In der Praxis sind Controller:innen teilweise an mehreren Projekten gleichzeitig beteiligt, sodass ihre Einbindung ins Daily Scrum eine zu große Belastung darstellen könnte (Patzak und Rattay 2018, S. 495–507). Sollten jedoch Hindernisse offenbar werden, welche einen Bezug zur Risikolage haben, wird es als Aufgabe der/des Scrum Master:in gesehen, die/den Risk Viewer:in hierüber zu informieren.

Um das Risikomanagement von Scrum zu stärken, schlagen Hammad und Inayat die strukturierte Risikoidentifikation in der Sprint Retrospektive vor (Hammad und Inayat 2018, S. 159). Uikey und Suman empfehlen, neben der Sprint Retrospektive auch das Planning- und Review-Meeting zu nutzen, um hilfreiche Informationen für das Risikomanagement zu erheben (Uikey und Suman 2015, S. 4.123–4.124). Um die Risikosituation noch weiter überblicken zu können, wird darüber hinaus empfohlen, ein weiteres Event namens Risk Meeting einzuplanen.

In Anlehnung an Tomanek und Juricek wird pro Sprint vorgeschlagen, drei Risikomeetings zu planen: vor (analog zu Uikey und Suman 2015, S. 4.122), während (analog zu Chaouch et al. 2019, S. 190) und nach (analog zu Uikey und Suman 2015, S. 4.124; Hammad und Inayat 2018, S. 159–160) dem Sprint (Tomanek und Juricek 2015, S. 85–86). Die Aufnahme und Überwachung von Risiken während dem Sprint wurde von Chaouch et al. durch eine Umfrage erarbeitet (Chaouch et al. 2019). Die vorgeschlagenen Risikomeetings werden in Abb. 3.5 illustriert.

An diesen Risk Meetings sollten neben der/dem Risk Viewer:in, die/der Scrum Master:in und die/der Product Owner:in auch das Team teilnehmen. Analog zum klassischen Risikomanagementprozess, der bei Patzak und Rattay sowie Uikey und Suman beschrieben ist, sollen die Risk Meetings der Aufnahme neuer Risiken und der Bewertung bestehender Risiken dienen (Uikey und Suman 2015, S. 4.122–4.124; Patzak und Rattay 2018, S. 53–55). Konform zu Hammad und Inayat, die eine Bewertung von Risiken anhand des Erwartungswertes der Schadenshöhe empfehlen (Hammad und Inayat 2018, S. 160), sollte die/der Risk Viewer:in das Team und die/den Product Owner:in pro Item des Sprint Backlogs um eine Einschätzung der Wahrscheinlichkeit für

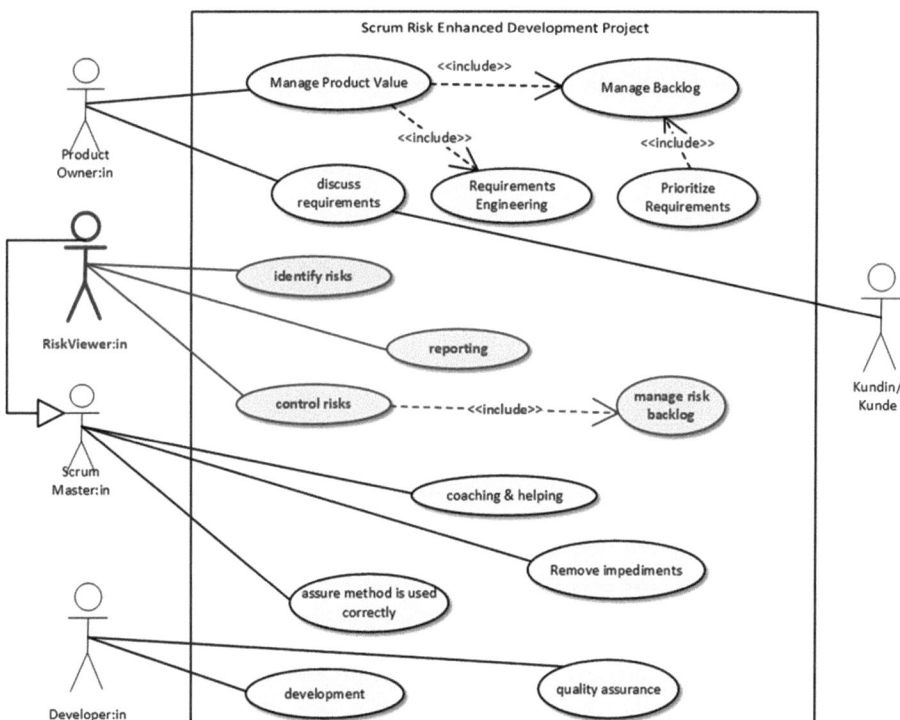

Abb. 3.5 Use-Case Modell zum Ergänzungsvorschlag (Eigene Darstellung, erstellt mit Microsoft Visio Plan 2, einem Produkt der Microsoft Corporation)

eine Überschreitung der geplanten Zeitschätzung sowie für die Wahrscheinlichkeit von Qualitätseinbußen bitten (Abb. 3.5).

Hammad und Inayat empfehlen, ein sog. Risk Register zu führen, in dem Risiken verwaltet werden (Hammad und Inayat 2018, S. 159). Denselben Vorschlag geben auch Uikey und Suman (2015, S. 4.122) sowie Chaouch et al. (2019, S. 190). Analog hierzu wird, konform zu den Begrifflichkeiten des Scrum Guides (Schwaber und Sutherland 2020) empfohlen, das Risk Backlog als neues Artefakt und das Risk Board zu dessen Veranschaulichung einzuführen. Bei Hammad und Inayat sowie Uikey und Suman sind Vorschläge für Informationen zu finden, die pro Risiko im Risiko Backlog geführt werden können (Uikey und Suman 2015, S. 4.122; Hammad und Inayat 2018, S. 159–161). Auch Chaouch et al. geben Empfehlungen für Attribute des Risk Registers (Chaouch et al. 2019, S. 190–191). Das Risk Board soll für eine größtmögliche Transparenz über die Risikosituation sorgen (Uikey und Suman 2015, S. 4.123–4.124). Es wird empfohlen, dass Risk Board nach Maßgabe der Risk Rating Matrix von Hammad und Inayat zu strukturieren (Hammad und Inayat 2018, S. 160). Wenn pro Risiko eine Karteikarte geführt wird und diese auf der Y-Achse nach der Eintrittswahrscheinlichkeit und auf der X-Achse nach der Schadenshöhe angeordnet wird (Hammad und Inayat 2018, S. 160), gibt dies dem Team einen guten Überblick über die Risikosituation (Uikey und Suman 2015). Die Informationen auf der Risiko-Karteikarte können, analog einer Szenarioanalyse, in Trend, Best Case und Worst Case unterschieden werden (Romeike 2018, S. 166–174). Das Risk Board sollte von dem/der Risk Viewer:in in Zusammenarbeit mit dem Scrum Team regelmäßig aktualisiert werden (Hammad und Inayat 2018, S. 159–160). Bei Bedarf kann das Risk Board auch außerhalb der Risiko-Meetings aktualisiert werden.

Um eine Managementfunktion auszuüben, muss die/der Risk Viewer:in in der Lage sein, Entscheidungen treffen zu können (Balzert 2008, S. 117). Folglich muss die neue Rolle mit hinreichenden Befugnissen ausgestattet sein, um die Behandlung von Risiken veranlassen zu können. Ergänzend zur Version eines Risiko-Backlogs von Hammad und Inayat (2018, 159–161) sowie Uikey und Suman (2015, S. 4.121–4.123) wird empfohlen, einen Puffer (Patzak und Rattay 2018, S. 257–262) von 10 % bis 20 % der Entwicklungszeit für die Risikobehandlung einzuplanen. Über dieses Zeitkontingent sollte die/der Risk Viewer:in frei verfügen können, um den Erfolg der Projekte zu sichern. Natürlich sollte in der Praxis die Größe des Risikopuffers von der Risikoanfälligkeit der jeweiligen Projektdomäne abhängig gemacht werden (Andrat und Jaswal 2015, S. 537; Patzak und Rattay 2018, S. 247–277).

3.5 Evaluation

Um einen Beitrag zum Risikomanagement in agilen Projekten zu leisten, wurde im vorherigen Abschnitt eine Ergänzung des Scrum Vorgehens, um eine neue Rolle, drei neue Events und ein neues Artefakt vorgeschlagen. Im Zuge der Evaluation ist zu prüfen, ob diese Ergänzung geeignet ist, einen Beitrag zur Erleichterung des Risikomanagements zu leisten. Zudem ist zu prüfen, ob die vorgeschlagene Vorgehensweise kompatibel zu den Werten des agilen Manifests ist.

Die Evaluation erfolgt theoretisch, auf Basis logischer Rückschlüsse, mithilfe eines Expertensystems, entwickelt in der Programmiersprache Prolog. In diesem Programm wurden Wirkungsketten formalisiert. Als Wirkungsketten wurden die erwarteten Effekte der vorgeschlagenen Ergänzung des Scrum Vorgehens mit Annahmen zur jeweiligen Wirkungsstärke gewichtet. Die Annahmen basieren auf Erfahrungswerten der Autoren. Anders als bei Andrat und Jaswal, die vorschlagen, Risiken anhand von Ursache-Wirkungs-Zusammenhängen zu untersuchen (Andrat und Jaswal 2015), zielt die vorliegende Untersuchung der Ursache-Wirkungs-Zusammenhänge darauf ab, festzustellen, ob die vorgeschlagene Erweiterung des Scrum Vorgehensmodells ihr Ziel erfüllt.

Die Ergänzung zum Vorgehensmodell Scrum wurde durch die Relation procedure (scrum_risk_enhanced, [risk_view, risk_meeting]) beschrieben. Die Erweiterung entfaltet ihre Wirkung im Wesentlichen durch die neue Rolle der/des Risk Viewer:in sowie durch das Risk Meeting, die die aktiven Elemente der Ergänzung zum Vorgehensmodell (= Actions) darstellen. Auf Basis dieser Actions werden Wirkungen erwartet. Initiale Effekte der Actions werden durch die Relation do(Action, Effect, Strength) beschrieben. Gemeinsam mit do beschreibt die Relation leadsTo(EffectA, EffectB, Strength) die folgenden Glieder der Wirkungskette, indem Ursache-Wirkungs-Zusammenhänge modelliert werden. Die Zusammenhänge sind mit Wahrscheinlichkeiten gewichtet (= Strength), wie sie aus Markov-Ketten bekannt sind (Kendall 1953). Die Werte, die als Wahrscheinlichkeiten zugrunde gelegt wurden, basieren, ebenso wie die Wirkzusammenhänge, auf Annahmen der Autoren.

```
procedure(scrum_risk_enhanced, [risk_view, risk_meeting]).
do(risk_meeting, discuss_risks, 1).
do(risk_view, identify_risk, 1).
do(risk_view, manage_risks, 1).
do(risk_view, report_risks, 1).
do(risk_view, organize_risk_board, 1).
leadsTo(manage_risks, define_corrective_actions, 0.9).
leadsTo(define_corrective_actions, reduce_amount_of_loss, 0.5).
leadsTo(define_corrective_actions, reduce_risk_probability, 0.5).
leadsTo(define_corrective_actions, change_product_requirements, 0.3).
leadsTo(identify_risk, transparency_on_risks, 1).
leadsTo(transparency_on_risks, teams_attention, 1).
leadsTo(transparency_on_risks,    desire_to_prevent_risks_by_prevent_
changes, 0.7).
leadsTo(desire_to_prevent_risks_by_prevent_changes,    comprehensive_
documentation, 0.6).
```

```
leadsTo(desire_to_prevent_risks_by_prevent_changes,       contract_
negotiation, 0.6).
leadsTo(teams_attention, reduce_amount_of_loss, 0.5).
leadsTo(teams_attention, reduce_risk_probability, 0.5).
leadsTo(teams_attention, working_software, 0.7).
leadsTo(report_risks, managements_attention, 0.4).
leadsTo(managements_attention, define_corrective_actions, 0.8).
leadsTo(manage_risks, following_a_plan, 0.7).
leadsTo(discuss_risks, define_corrective_actions, 0.5).
leadsTo(discuss_risks, customer_collaboration, 0.5).
leadsTo(discuss_risks, responding_to_changes, 1).
leadsTo(discuss_risks, focus_on_individuals_and_interactions, 1).
leadsTo(define_corrective_actions, processes_and_tools, 0.6).
leadsTo(report_risks, reduce_uncertainty, 0.75).
leadsTo(reduce_uncertainty, increases_focus_on_sprint, 0.3).
leadsTo(increases_focus_on_sprint,     focus_on_individuals_and_inter-
actions, 0.6).
```

Obenstehender Programmcode beschreibt die angenommenen Wirkzusammenhänge und Effektstärken. Zur Auswertung bedarf es der rekursiven Relation hasEffect(A, B, S), die zeigt, ob und mit welcher Stärke ein Effekt A zu einem Effekt B führt. Diese Relation kommt in hasConequence(Action, Effect, S) zur Anwendung, um – ausgehend von einer mittels do modellierten Aktion – zu prüfen, ob, gegebenenfalls indirekt, ein bestimmter Effekt eintreten kann und welche Stärke dieser hat. Die Stärke errechnet sich durch Multiplikation der Wahrscheinlichkeiten. Die Relation weightsMore prüft, ob ein Element des erweiterten Vorgehensmodells einen Effekt A mit größerer Stärke auslöst, als einen Effekt B.

```
weightsMore(ProcedureElements, A, B) :-
        contains(ProcedureElements, ActionA),
        hasConsequence(ActionA, A, SA),
        contains(ProcedureElements, ActionB),
        hasConsequence(ActionB, B, SB),
        SA > SB.
hasConsequence(Action, Effect, S):-
        do(Action, Effect, S).
hasConsequence(Action, Effect, S):-
        do(Action, Effect1, S0),
        hasEffect(Effect1, Effect, S1),!,
        S is S0 * S1.
hasEffect(A, B, S) :-
        leadsTo(A, B, S).
hasEffect(A, B, S) :-
        leadsTo(C, B, S2),
```

```
         hasEffect(A, C, S1),
         S is S1 * S2.
```

Auf der Grundlage dieser analytischen Relationen kann geprüft werden, ob die Ergänzung zum Vorgehensmodell Scrum agil und nützlich ist. Hierzu werden die Relationen isAgile und isUseful gebildet. Die erstgenannte Relation prüft auf Basis der Zusammenhänge, die das agile Manifest definiert (Beck et al. 2001), ob für die agilen Werte eine höhere Gewichtung auf Basis der Effektstärke (= Strength) errechnet werden kann. Die Relation isUseful prüft, ob die Ergänzung des Vorgehensmodells Aktionen bereithält, für die davon auszugehen ist, dass sie einen Beitrag zur Reduktion der Eintrittswahrscheinlichkeit oder der Schadenhöhe von Risiken leisten.

```
% entsprechend (Beck et al. 2001)
isAgile(ProcedureName) :-
        procedure(ProcedureName, ProcedureElements),
        weightsMore(ProcedureElements,
        focus_on_individuals_and_interactions, processes_and_tools),
        weightsMore(ProcedureElements,        working_software,
comprehensive_documentation),
        weightsMore(ProcedureElements,        customer_collaboration,
contract_negotiation),
        weightsMore(ProcedureElements,        responding_to_changes,
following_a_plan).
isUseful(ProcedureName) :-
        procedure(ProcedureName, ProcedureElements),
        contains(ProcedureElements, Element),
        hasConsequence(Element, X, _),
        decreasesRisks(X).
decreasesRisks(X):-
        leadsTo(X, reduce_amount_of_loss, _);
        leadsTo(X, reduce_risk_probability, _).
```

Die Hilfsrelation contains (List, Element) prüft, ob ein Element in einer Liste enthalten ist. Von Clocksin und Mellish wurde zu diesem Zweck eine gleichartige Relation „member" eingeführt (Clocksin und Mellish 2003, S. 54).

Die Ausführung der Evaluation lässt, auf Basis der getroffenen Annahmen, den Schluss zu, dass die vorgeschlagene Ergänzung des Vorgehensmodells Scrum mit den Werten des agilen Manifests konform geht und einen positiven Beitrag zur Risikobehandlung leistet.

```
?- isAgile(scrum_risk_enhanced).
true.


?- isUseful(scrum_risk_enhanced).
true.
```

Obenstehender Programmcode zeigt das Ergebnis der Evaluation und wurde mit SWI-Prolog Version 8.4.1 ausgeführt. Konform der Ausführungen von Andrat und Jaswal wird empfohlen, die obenstehende Bewertung mit Werten zu wiederholen, die spezifisch auf die individuelle Situation im jeweiligen Unternehmen angepasst wurden (Andrat und Jaswal 2015, S. 537).

3.6 Fazit und Ausblick

Das Vorgehen Scrum erleichtert das Risikomanagement (Odzaly et al. 2014, S. 576–577). Das Risikomanagement kann das Management und das Projekt-Team dabei unterstützen, Risiken offenzulegen, eine höhere Sensibilität hinsichtlich Risiken zu erreichen und Unsicherheiten zu reduzieren. Ziel ist es, dadurch den Projekterfolg zu erhöhen und die Rationalität beim Management mit Blick auf agile Projekte sicherzustellen. Um in agilen Projekten einen Beitrag zum Risikomanagement zu leisten, wird das Vorgehensmodell Scrum erweitert.

Ohne, dass das Vorgehen Tendenzen eines planbasierten Ansatzes (Sommerville 2016, S. 45) aufweist, soll der Ansatz zum Risikomanagement leichtgewichtig in die Scrum Arbeitsweise eingepasst werden (Odzaly et al. 2014, S. 578; Hammad und Inayat 2018, S. 158–160). Die Entwicklung des Modells erfolgt durch die Anwendung der Design Science Research Methode (March und Smith 1995, S. 1–14; Peffers et al. 2008, S. 46–56).

Zur Stärkung des Risikomanagements im Vorgehensmodell Scrum werden Ergänzungen entlang des Scrum Guides (Schwaber und Sutherland 2020, S. 1–14) vorgeschlagen. Mit der/dem Risk Viewer:in wird empfohlen, eine neue Rolle einzuführen. Zudem wird das Risk Meeting als neues Event vorgeschlagen. Dieses hat zum Ziel, Risiken zu identifizieren, zu analysieren, zu bewerten und im Laufe des Sprints zu kontrollieren, um Risikoerkenntnisse zu sammeln und notwendige Maßnahmen zu ergreifen. Darüber hinaus übernimmt die/der Risk Viewer:in die Aufgabe, das Management zu informieren. Dafür sollten pro Sprint drei Risk Meetings organisiert werden. Um die Behandlung von Risiken einleiten zu können, wird empfohlen, pro Sprint einen Risikopuffer zu reservieren. Über das Risk Backlog, welches durch Hammad und Inayat als Risk Register bekannt ist, kann der Risk Viewer:in Gegenmaßnahmen pro Sprint einleiten (Hammad und Inayat 2018, S. 158–160). Als Steuerungsinstrument pflegt der Risk Viewer:in weiterhin ein Risk Board, vergleichbar zur Risk Rating Matrix von Hammad und Inayat, welches gemeinsam mit dem Team dann erarbeitet und stetig aktualisiert wird (Hammad und Inayat 2018, S. 160). In Verbindung mit der Szenarioanalyse (Romeike 2018, S. 166–174) erhalten das Management und das Scrum Team einen Überblick über die aktuelle Risikosituation und die Auswirkungen beim Risikoeintritt, im Vergleich zum Trendszenario.

Im nächsten Schritt, nach erfolgreicher Implementierung der/des Risk Viewer:ins in den Scrum Prozess, ist es hilfreich, einen konkretisierten Risikokatalog zu erstellen, um den Risikoidentifikationsprozess zu erleichtern. Analog zur Empfehlung von Andrat und Jaswal wird empfohlen, die Evaluation mit unternehmensspezifischen Werten (zum Beispiel zu Wirkungszusammenhängen und Effektstärken) zu wiederholen (Andrat und Jaswal 2015, S. 537).

Literatur

Adel R, Harb H, Elshenawy A (2021). A Multi-agent Reinforcement Learning Risk Management Model for Distributed Agile Software Projects. 2021 IEEE Tenth International Conference on Intelligent Computing and Information Systems (ICICIS): 512–520.

Albrecht A, Albrecht E (2021). Hybrides Projektmanagement. Gr Interakt Org (52): 185–191.

Andrat H, Jaswal S (2015). An Alternative Approach for Risk Assessment in Scrum. In 2015 Intl. Conference on Computing and Network Communication (CoCoNet'15), Dec. 16–19, 2015, Trivandrum, India. IEEE.

Arashpour M, Abbasi B, Arashpour M, Hosseini MR, Yang R (2017). Integrated management of on-site, coordination and off-site uncertainty. Theorizing risk analysis within a hybrid project setting. International Journal if Project Management (35): 647–655.

Baltes G, Freyth A (2017). Die radikal neuen Anforderungen unserer Zeit und die Konsequenz für Veränderungsarbeit. In Baltes G, Freyth A (Hrsg) Veränderungsintelligenz. Agiler, innovativer, unternehmerischer den Wandel unserer Zeit meistern. Springer Gabler, Wiesbaden, S. 1–79.

Balzert H (2008). Lehrbuch der Softwaretechnik. Softwaremanagement. 2. Aufl. Spektrum Akademischer Verlag, Heidelberg.

Barker JR (1993). Tightening the Iron Cage. Concertive Control in Self-Managing Teams. Administrative Science Quarterly (38): 408–437.

Baron P, Hüttermann M (2010). Fragile Agile. Agile Softwareentwicklung richtig verstehen und leben. Hanser ebooks.

Baum HG, Coenenberg AG, Günther T (2013). Strategisches Controlling. 5. Aufl. Schäffer Poeschel, Stuttgart.

Beck K, Beedle M, van Bennekum A, Cockburn A, Cunningham W, Fowler M, Grenning J, Highsmith J, Hunt A, Jeffries R, Kern J, Marick B, Martin RC, Mellor S, Schwaber K, Sutherland J, Thomas D (2001). Manifesto for Agile Software Development. https://agilemanifesto.org. Zugegriffen: 07.06.2022.

Bello MJG (2018). Software Engineering in Globally Distributed Teams. Computer Science & Information Technology 1–16.

Bredt O (1939). Der endgültige Ansatz der Planung (II). Technik und Wirtschaft (32): 261.

Chaouch S, Mejrib A, Ayachi Ghannouchi S (2019). A framework for risk management in Scrum development process. Procedia Computer Science (164): 187–192.

Clocksin WF, Mellish CS (2003). Programming in Prolog. Using the ISO Standard. 5. Aufl. Springer, Berlin.

Concha M, Visconti M, Astudillo H (2007). Agile commitments, Enhancing business risk management in agile development projects. XP.

Daum T (2020). Agiler Kapitalismus. Das Leben als Projekt. Edition Nautilus, Hamburg.

Del Cano A, de la Cruz MP (2002). Integrated methodology for project risk management. Journal of construction Engineering and Management (128): 473–485.

Fowler M, Highsmith J (2001). The agile manifesto. Softw. Dev. 9 (8): 28–35.

Fuchs C, Barthel P, Winter K, Hess T (2019). Agile Methoden in der digitalen Transformation. Mehr als ein Konzept für die Softwareentwicklung. Wirtschaftsinformatik & Management (11): 196–207.

Ghazali SNH, Salim SS, Inayat I, Ab Hamid SH (2018). A Risk Poker Based Testing Model For Scrum. COMPUTER SYSTEMS SCIENCE AND ENGINEERING (33): 169–185.

Grenning J (2002). Planning Poker or How to avoid Analysis Paralysis while Release Planning. https://mail.renaissancesoftware.net/files/articles/PlanningPoker-v1.1.pdf. Zugegriffen: 07.06.2022.

Gutenberg E (1983). Grundlagen der Betriebswirtschaftslehre. Erster Band Die Produktion. 24. Aufl. Springer, Berlin u.a.

Hammad M, Inayat I (2018). Integrating Risk Management in Scrum Framework. International Conference on Frontiers of Information Technology (FIT), IEEE, S. 158–163.

Hartmann J, Fontoura LM, Price RT (2005). Using Risk Analysis and Patterns to Tailor Software Processes. XIX Simpósio Brasiliero de Engenharia de Software, Uberlândia.

Hauck JCR, Vieira M (2021). Towards a Guide for Risk Management Integration in Agile Software Projects. In Yilmaz M, Clarke P, Messnarz R, Reiner M (Hrsg) Systems, Software and Service Process Improvement. 28th European Conference EuroSPI 2021 73 87

Hodgson D, Briand L (2013). Controlling the uncontrollable. 'Agile' teams and illusions of autonomy in creative work. Work, Employment & Society: A Journal of the British Sociological Association (27).

Hoffmann K (2008). Projektmanagement heute. HMD Praxis der Wirtschaftsinformatik (45): 5–16.

Horney N, Pasmore B, O'Shea T (2010). Leadership Agility. A Business Imperative for a VUCA World. People & Strategy (33): 32–38.

Horváth P (1978). Entwicklung und Stand einer Konzeption zur Lösung der Adaptions- und Koordinationsprobleme der Führung. Zeitschrift für Betriebswirtschaft (48): 194–208.

Horváth P (2011). Controlling. 12. Aufl. Vahlen Verlag, München.

Kendall DG (1953). Stochastic process occurring in the theory of queues and their analysis by the method of the imbedded Markov chain. The Annals of Mathematical Statistics by the Institute of Mathematical Statistics (24): 338–354.4

March ST, Smith GF (1995). Design and natural science research on information technology. Decision Support Systems (15): 251–266.

McConnell S (1998). Software project survival guide. How to be sure your first important project isn't your last. Microsoft Press, Washington.

Microsoft Corporation (o. J.). „Microsoft® Visio® Plan 2 MSO". Version 2202.

Odzaly E, Greer D, Stewart D (2014). Lightweight Risk Management in Agile Projects. In 26th International Conference on Software Engineering & Knowledge Engineering (SEKE 2014). Vancouver, Canada, 1–3 July 2014, S. 576–581.

Patzak G, Rattay G (2018). PROJEKTMANAGEMENT. Projekte, Projektportfolios, Programme und projektorientierte Unternehmen. 7. Aufl. Linde Verlag, Wien.

Peffers K, Tuununen T, Rothenberger MA, Chatterjee S (2008). A Design Science Research Methodology for Information Systems Research. Journal of Management Information Systems (24): 45–77.

Petersen K, Wohlin C (2010). The effect of moving from a plan-driven to an incremental software development approach with agile practices. Empir. Software Eng (2010): 654–693.

Romeike F, Hager P (2013). Erfolgsfaktor Risk Management 3.0. Methoden, Beispiele, Checklisten. Praxishandbuch für Industrie und Handel. 3. Aufl. Springer, Wiesbaden.

Romeike F (2018). Risikomanagement. Springer Gabler, Wiesbaden.

Saltmarsh TJ, Browne PS (1983). Data Processing. Risk Assessment. In Wofsey MM (Hrsg) Advances in Computer Security Management (2): 93–116.

Sauer S (2021). Projektarbeit. Potenziale und Risiken der „schönen neuen Arbeitswelt". Berliner Debatte Initial (32): 19–30.

Sauter R, Sauter W, Wolfig R (2018). Agile Werte- und Kompetenzentwicklung. Wege in eine neue Arbeitswelt. Springer Gabler, Berlin.

Schäffer U, Weber J (2019). Zehn Thesen zur Entwicklung des Controllings. Controlling & Management Review (63): 46–49.

Schwaber K, Sutherland J (2020). The Scrum Guide. The Definitive Guide to Scrum. The Rules of the Game. November 2020. https://scrumguides.org/docs/scrumguide/v2020/2020-Scrum-Guide-US.pdf, Zugegriffen: 07.06.2022.

Siponen M, Baskerville R, Kuivalainena T (2005). Integrating Security into Agile Development Methods. In Proceedings of the 38th Annual Hawaii International Conference on System Sciences, (HICSS 05), IEEE.

Sommerville I (2016). Software Engineering. 10. Aufl. Pearson Education Limited, Harlow.

SWI Prolog (2021). „SWI-Prolog". Version 8.4.1. https://www.swi-prolog.org/download/stable, Zugegriffen: 14.12.2021.

Takeuchi H, Nonaka I (1986). The New Product Development Game. Harvard Business Review (64): 137–146.

Timinger H (2017). Modernes Projektmanagement. Mit traditionellem, agilem und hybridem Vorgehen zum Erfolg. Wiley-VCH, Weinheim.

Tomanek M, Juricek J (2015). Project Risk Management Model Based on PRINCE2 and Scrum Frameworks. International Journal of Software Engineering & Applications (6): 81–88.

Uikey N, Suman U (2015). Risk Based Scrum Method. A Conceptual Framework. In Proceedings of the 9th INDIACom, 11th–13th March 2015 Bharati Vidyapeeth's Institute of Computer Applications and Management (BVICAM), New Delhi (INDIA). IEEE Conference ID: 35071.

Wanderlay M, Menezes J, Gusmão C, Lima F (2015). Proposal of risk management metrics for multiple project software development. Procedia Computer Science (64): 1001–1009.

Weber J, Schäffer U (2020). Einführung in das Controlling. 16. Aufl. Schäffer Poeschel, Stuttgart.

Chancen und Risiken für Remote-Audits durch die digitale Transformation

4

Vitali Altholz, Sylke Behrends und Thor Möller

Zusammenfassung

Die Digitalisierung verändert viele Unternehmensbereiche fundamental, so auch die Controlling-Praxis. Persönliche Begegnungen sind häufig nicht mehr erforderlich, Daten und Dokumentationen können bereits ausschließlich digital gespeichert und verarbeitet werden. Es entstehen kontinuierlich neue digitale Tools sowie Instrumente, die den Aufgabenbereichen im Controlling neue Dimensionen eröffnen, dazu gehört auch die Durchführung von Remote-Audits. Wie sich die Vorgehensweise von Remote-Audits durch die Digitalisierung verändert und welche Perspektiven sich daraus für die Praxis ergeben, wird im folgenden Beitrag präsentiert.

V. Altholz (✉) · S. Behrends
IU Internationale Hochschule, Bremen, Deutschland
E-Mail: vitali.altholz@iu.org

S. Behrends
E-Mail: sylke.behrends@iu.org

T. Möller
Con-thor Unternehmensgruppe, Ganderkesee, Deutschland
E-Mail: thor.moeller@pm-experten.de

© Der/die Autor(en), exklusiv lizenziert an Springer Fachmedien Wiesbaden GmbH, ein Teil von Springer Nature 2022
J. Hastenteufel et al. (Hrsg.), *Digitale Transformation im Controlling*, https://doi.org/10.1007/978-3-658-38225-4_4

4.1 Einleitung

Im Mittelpunkt dieses Beitrags stehen digitale Audits als Remote-Audits und die damit verbundenen Anforderungen sowie Herausforderungen vor dem Hintergrund der digitalen Transformation.

Eine praktische Vorlage dafür bieten Auditprogramme im Rahmen der integrierten Managementsysteme auf der Grundlage des Qualitätsmanagements von DIN EN ISO 9001:2015 und DIN EN ISO 19011:2018–10 „Leitfaden zur Auditierung von Managementsystemen". Seit der Revision der DIN EN ISO 19011:2018–10 gehört der Remote-Ansatz zu den Neuerungen und ist ein weiterer Schritt zur Berücksichtigung der digitalen Transformation in den Unternehmen und Organisationen. Situationsabhängig wird der Praxisbezug um weitere Normen und notwendige Standards ergänzt.

Aufgrund der Corona-Pandemie und ihrer Folgen hat die Remote-Arbeit eine erhebliche Steigerung erfahren (Eulerich 2020). Es ist davon auszugehen, dass auch nach der Pandemie der Anteil an Remote-Arbeit auf einem wesentlich höheren Niveau als zuvor sein wird. Dies gilt selbstverständlich auch für Remote-Audits.

Zunächst stellt der vorliegende Beitrag die Remote Audits in ihrer Abgrenzung zu Vorort-Audits vor. Auf dieser Basis werden in einem zweiten Schritt verschiedene praktische Anwendungen aufgezeigt, die sich durch digitale Remote-Audits ergeben. Abschließend erfolgt eine Darstellung der Chancen sowie der Risiken von Remote-Audits.

4.2 Von Vorort-Audits zu Remote-Audits

Der allgemeine Auditbegriff leitet sich von dem lateinischen Wort „audire" ab und bedeutet hören, zuhören, anhören, erfahren. In der englischen Begriffsbestimmung wird Audit synonym mit Überprüfung beziehungsweise Rechnungsprüfung in einer engeren Wortbestimmung genutzt.

Eine konkrete Definition für Audits ist in der DIN EN ISO 19011 enthalten. Ein Audit ist demnach ein „… systematischer, unabhängiger und dokumentierter Prozess zum Erlangen von objektiven Nachweisen und zu deren objektiver Auswertung, um zu bestimmen, inwieweit Auditkriterien erfüllt sind" (DIN-Deutsches Institut für Normung 2018, S. 11).

Ein Auditierungsprozess beinhaltet die Auswahl der geeigneten

- Auditform und Auditart,
- Auditmethode,
- Auditplanung,
- Auditprogrammkonzipierung und
- Auditor:innen.

vor dem Hintergrund der jeweiligen Zielsetzung.

Das Analyseverfahren „Audit" bildet eine wesentliche Grundlage für die Qualitätssicherung innerhalb des Qualitätsmanagements und für das Controlling. Im Einzelnen soll durch ein Audit im Rahmen des Controllings überprüft werden, ob

- die Unternehmens- beziehungsweise Organisationsziele der Unternehmensstrategie erreicht worden sind,
- die Organisation qualitativ optimal funktioniert,
- die gesetzlichen Vorschriften eingehalten werden,
- die dokumentierten Verfahren angewandt werden,
- die einzelnen Verfahrensmaßnahmen umgesetzt werden und
- welche Handlungsempfehlungen zur kontinuierlichen Verbesserung des Wertschöpfungsprozesses vor dem Hintergrund der Aufbau- und Ablauforganisation formuliert werden können.

Durch die digitale Transformation haben sich zu den Vorort-Audits zunehmend auch Remote-Audits etabliert, die zusätzlich durch die Covid 19-Pandemie forciert worden sind. In dem Leitfaden zur Auditierung von Managementsystemen zählen Remote-Audits ebenso zu den validen Auditmethoden. „Audits können vor Ort, aus der Ferne oder in einer Kombination aus beidem durchgeführt werden. Der Einsatz dieser Methoden sollte angemessen ausgewogen sein, unter anderem auf der Grundlage der Berücksichtigung der damit verbundenen Risiken und Chancen" (DIN EN ISO19011:2018, S. 34).

Die Vorgehensweisen zwischen Vorort-Audits und Remote-Audits unterscheiden sich häufig nicht oder nur marginal voneinander, wenn zum Beispiel Proben vor Ort entnommen werden müssen, wäre das bei Remote-Audits nicht so einfach durchzuführen. Allerdings sind für Remote-Audits neben der generellen Bereitschaft der Teilnahme aller Beteiligten bestimmte Voraussetzungen erforderlich (Vorest AG 2022):

- rechtliche: Berücksichtigung gesetzlicher Grundlagen,
- technische: notwendige IT-Ausstattung mit einer leistungsfähigen stabilen Netzwerktechnologie, die abhörsicher ist und Geheimhaltungsgewährleistung mit Datensicherheit bietet, und
- persönliche: fundierte Hard- und Softwarekenntnisse aller Beteiligten.

Sind diese Voraussetzungen gegeben, können Remote-Audits mit vielen Vorteilen verbunden sein, die sich in einer generellen Flexibilitätserhöhung durch die Beseitigung starrer Vor-Ort-Strukturen zeigen, wie (Eulerich 2020, S. 4; Vorest AG 2022):

- Effizienzsteigerung durch Zeit- und Kostenersparnis,
- Verringerung der Umweltbelastung,
- schnelle Reaktion auf und Anpassung an unerwartete Situationen,
- flexible Einbindung von Fachexpert:innen,

- Reduzierung der zeitlichen Diskrepanz zwischen Datenerhebung und -auswertung sowie
- Impulsgeber für Digitalisierung.

Diesen möglichen Vorteilen stehen jedoch auch verschiedene Nachteile gegenüber, wie (Eulerich 2020; Vorest AG 2022):

- die Existenz unterschiedlicher Zeitzonen,
- reduzierte Möglichkeit einer umfassenden Analyse von Mimik und Körpersprache als nonverbale Reaktionen sowie
- geringere informelle Kommunikationsmöglichkeiten.

4.3 Remote-Audits in der Praxis

Welche Möglichkeiten die digitale Transformation hinsichtlich von Audits und deren Umstellung auf Remote-Audits bieten, zeigt eine Vielzahl von Beispielen aus der Praxis, insbesondere seit Ausbruch der Covid 19-Pandemie. Neben den naheliegenden Zeit- und Kostenvorteilen bestehen auch verfahrenstechnische und inhaltliche Vorteile, denen auch entsprechende Nachteile und Risiken gegenüberstehen. Dieser Abschnitt beinhaltet nach einführenden Überlegungen zwei Fallbeispiele aus der Praxis sowie mobile IT-Lösungen für Remote-Audits.

4.3.1 Innovationsprozesse für Remote-Audits

Dienstreisen sind zeitaufwendig und teuer, insbesondere bei internationalen Einsätzen. Für ein drei- bis vierstündiges Meeting muss häufig ein ganzer Arbeitstag oder noch mehr eingeplant werden. Die Reisekosten können hier bereits ohne Übernachtung bei weit über 100 € pro Person liegen. Internationale Treffen erfordern manchmal zusätzlich Reisetage, weshalb nicht selten Reisekosten im vierstelligen Bereich pro Person verursacht werden. Dennoch wurden Dienstreisen selten hinterfragt, weil einerseits persönliche Kontakte besonders wichtig für die Beziehungen sind und andererseits Dienstreisen ebenso mit einem gewissen Prestige, Image und Erlebnis verbunden sind. In der Praxis gilt häufig der Grundsatz „Wer viel reist, ist wichtig". Bei Audits und allen weiteren Formen von Prüfungen kommt hinzu, dass eine Sichtung und Kontrolle vor Ort oftmals erheblich wirksamer erscheinen.

Seit Jahrzehnten gibt es zwar Bestrebungen zum Ersatz von Dienstreisen durch Remote-Arbeit. Begriffe, wie virtuelle Führung, virtuelle Kommunikation und virtuelle Teams sind bereits vor langer Zeit entstanden und umfangreich analysiert und diskutiert worden. Aus verschiedenen Gründen fanden diese virtuellen Ansätze allerdings nur marginale beziehungsweise langsam wachsende Bedeutung. Die technischen Möglichkeiten von virtuellen Treffen mit Online-Software und Kollaborationstools waren noch eingeschränkt und es fehlte an kräftigen Auslösern für diese Innovationsprozesse.

Dies änderte sich kurzfristig mit der Covid 19-Pandemie und den damit verbundenen Lockdowns und Homeoffice-Verordnungen sowie den damit einhergehenden erheblichen und teils langwierigen Reisebeschränkungen. Innerhalb kürzester Zeit mussten betriebliche Systeme, Dienstleistungen und Projekte auf Remote-Arbeit umgestellt werden. Es entwickelte sich ein regelrechter Boom der Remote-Arbeit, der auch nach der Covid 19-Pandemie aufgrund der Erfahrungen hinsichtlich der Kosten- und Zeiteinsparungen anhalten wird. Online-Software und Kollaborationstools haben große Entwicklungssprünge gemacht und erheblich an Akzeptanz gewonnen.

Ein weiterer Auslöser für die erforderlichen Innovationsprozesse zur Remote-Arbeit ist der zunehmende Druck auf Unternehmen hinsichtlich der Einhaltung der ESG-Kriterien. Jede verhinderte Dienstreise führt zu einer Reduzierung von CO_2-Emissionen.

Diese Entwicklung zeigt, dass die Unternehmen – aufgrund der Alternativlosigkeit – eher auf externe Auslöser reagieren, anstatt proaktiv zu agieren und sie hat bewiesen, dass Unternehmen innerhalb kürzester Zeit in der Lage waren, betriebliche Systeme, Dienstleistungen und Projekte wie zum Beispiel die Prüfungs- und Auditierungsprozesse auf Remote-Arbeit umzustellen.

Zwei Fallbeispiele aus der Deutschen Gesellschaft für Projektmanagement e. V. (GPM) verdeutlichen diese Entwicklungen. Zum einen hat die GPM bereits vor über 20 Jahren im Rahmen des Internationalen Project Excellence Awards Prozesse zur virtuellen Zusammenarbeit von internationalen Assessor:innen entwickelt und praktiziert. Zum anderen hat die GPM mit Start der Lockdowns durch die Covid 19-Pandemie ihre umfassenden Prüfungen für die Zertifizierung von Projektpersonal mit dem Projekt „Web Based Prüfungen" auf online umgestellt und wurde dafür sogar mit dem eLearning AWARD 2021 ausgezeichnet. Diese beiden Fallbeispiele werden im Folgenden kurz erläutert.

4.3.2 Fallbeispiele

4.3.2.1 Fallbeispiel IPMA Award

Die GPM hat 1995 den Deutschen Project Excellence Awards entwickelt und etabliert. In diesem Rahmen mussten jeweils fünf ehrenamtlich tätige Assessor:innen ein Projekt in mehreren Stufen zunächst individuell und anschließend gemeinsam auditieren. Die erforderlichen Reisekosten und -zeiten innerhalb Deutschlands mussten die Assessor:innen im Wesentlichen selbst tragen. Im Rahmen der Internationalisierung im Jahr 2000 stieß dieses Modell auf Probleme. Es war nicht zumutbar, dass Assessor:innen die entfallende Arbeitszeit und die Kosten für internationale und insbesondere interkontinentale Reisen selbst tragen sollten, deshalb wurden die Treffen virtuell abgehalten. Die internationalen Team-Konferenzen wurden Anfang der 2000er

Jahre mit dem IT-Werkzeug „Skype", das zu dieser Zeit noch keine Videofunktion, aber eine Chat-Funktion hatte, durchgeführt. Weiterhin gab es noch keine Smartphones oder Tablets, sodass die Arbeit nur am PC oder Notebook erfolgen konnte. Unterstützt und dokumentiert wurden diese Prozesse mit Templates von Office-Anwendungen (insbesondere Excel, Word, PowerPoint), allerdings ohne Bildschirmteilung, sodass jeder die Dateien bei sich lokal geöffnet haben musste, sowie als Logbuch mit der Chat-Funktion in Skype. Derartige Konferenzen haben bis zu zehn Stunden gedauert und brachten die Assessor:innen teils an ihre psychischen und physischen Grenzen. Dennoch waren sie akzeptiert, weil sie zu erheblichen Zeit- und Kosteneinsparungen führten, auch wenn das Internet zu dieser Zeit noch sehr langsam über Modems lief und im Minutentakt abgerechnet wurde. Die International Project Management Association (IPMA) hat diese Prozesse seinerzeit übernommen und im Laufe der Jahre derart optimiert, dass bereits lange vor der Covid 19-Pandemie valide Bewertungsprozesse remote erfolgen konnten. Ein wesentlicher Faktor der Optimierungen waren selbstverständlich die Wachstumssprünge in der IT-Technologie gepaart mit der damit enorm gestiegenen virtuellen Kommunikationskompetenz. Heute werden die Prozesse und Dokumentationen durch ein individuell entwickeltes IT-Tool weitestgehend gesichert und komfortabel unterstützt (GPM o. J.).

4.3.2.2 Fallbeispiel PM-ZERT

Die GPM hat Ende der 1980er Jahre als weltweit erste Institution ein Zertifizierungskonzept für Projektmanager entwickelt. Auch dieses Modell wurde internationalisiert und wird heute über die Landesmitglieder:innen der IPMA weltweit mit großem Erfolg angeboten. Es ist neben den in den letzten Jahrzehnten entstandenen Wettbewerbern der Projektmanagement-Personenzertifizierungen das mit Abstand anspruchsvollste Modell und durch höchste Seriosität gekennzeichnet. Während sich bei einzelnen Wettbewerbern ein Zertifikat mit leichten Tricks sogar erschummeln lässt, weil zum Beispiel nicht die Identität des Kandidat:innen geprüft wird, sind in diesem System ausreichend Sicherheitsüberprüfungen vorhanden, um die Einhaltung der Regularien weitestgehend zu gewährleisten (IPMA o. J.).

Die GPM hostet dieses Zertifizierungsmodell nach wie vor in und für Deutschland. Die Prüfungen für die Projektmanagement-Zertifikate werden über die Zertifizierungsstelle PM-ZERT gesteuert. Die PM-ZERT gehört zu 100 % zur GPM und ist von der Deutschen Akkreditierungsstelle (DAkkS) nach DIN EN ISO/IEC 17024:2012 akkreditiert. Die Prüfungen für die Personenzertifizierungen beinhalten je nach Zertifizierungsgrad Klausuren, mündliche Prüfungen, Fallstudienarbeiten und Gruppenarbeiten in den unterschiedlichsten Kombinationen.

Jahrelange Überlegungen und Anstöße zur Virtualisierung einzelner Prozesse fanden auch in diesem Fallbeispiel aufgrund der fehlenden Notwendigkeit kaum Umsetzung. Dies änderte sich im Zuge der Covid 19-Pandemie.

Die PM-ZERT musste innerhalb kürzester Zeit eine webbasierte Möglichkeit zur Zertifizierung entwickeln. Dies sollte auf einer unabhängigen Plattform geschehen, die stabil läuft, sicher und zukunftsfähig ist. Über diese Plattform sollten über 1000 Präsenzprüfungen pro Jahr mit über 10.000 Teilnehmer:innen erfolgen. Dabei mussten die Ansprüche von den drei wichtigsten Stakeholdern berücksichtigt werden (IPMA o. J.):

- die Prüflinge, um diesen eine faire und sichere Prüfung zu gewährleisten,
- die Assessor:innen, um deren Prüfungsprozesse optimal zu unterstützen, sowie
- die PM-ZERT, um alle Anforderungen hinsichtlich der Koordination, Dokumentation, Sicherheit etc. zu erfüllen.

Neben den Prüfungsdurchführungen mit ihren besonderen Anforderungen hat die PM-ZERT eine komplett digitale Prozessbegleitung, unter anderem mit dem IT-Tool „Moodle", geschaffen. Das Projekt wurde vom eLearning Journal mit dem eLearning AWARD 2021 in der Kategorie „eTesting" ausgezeichnet (eLearning Journal o. J.).

Beide Beispiele zeigen Möglichkeiten und die Bedeutung von Remote-Audits auf. Sie belegen, dass Remote-Audits keine Zukunftsvision sind, sondern bereits vor der Covid 19-Pandemie Anwendung fanden und durch sie nochmals an Bedeutung gewonnen haben. Allerdings besteht bei den Remote-Audits auch noch ein erhebliches Entwicklungspotenzial, um diese sicherer und komfortabler zu machen und dauerhaft für die Zukunft als Status Quo zu etablieren.

4.3.3 Mobile IT-Lösungen für Remote-Audits

Die Realisierung von Remote-Audits erfordert modernes technisches Equipment. Ohne Berücksichtigung bestimmter komplexer technischer Zusammenhänge, wie zum Beispiel einer stabilen und schnellen Internetverbindung, kompatiblen Endgeräten, größeren Datenspeichern und schnellen Kommunikationswegen, wäre ein Remote-Audit kaum möglich.

Die Komplexität der technischen Realisierung eines Remote-Audits wird bereits im verbindlichen IAF-Dokument zur Verwendung von Informations- und Kommunikationstechnologien für Audit- beziehungsweise Begutachtungszwecke (IAF MD 4:2021) deutlich: „Examples of the use of ICT during audits/assessments may include but are not limited to:

- meetings by means of teleconference facilities, including audio, video and data sharing
- audit/assessment of documents and records by means of remote access, either synchronously (in real time) or asynchronously (when applicable)
- recording of information and evidence by means of still video, video or audio recordings
- providing visual/audio access to remote or potentially hazardous locations" (International Accreditation Forum 2021, S. 5).

Mit anderen Worten: Um Remote-Audits durchführen zu können, benötigt man heutzutage moderne Technologien, die in der Abwesenheit der Auditor:innen vor Ort die Kommunikation und Datensammlung möglichst effizient unterstützt. So können die verschiedenen informationstechnischen Lösungen in folgende Kategorien aufgeteilt werden:

1. Endgeräte: Desktop-Rechner, Notebook, Tablet, Smartphone;
2. Software: speziell programmierte Anwendungen für Remote-Audits, Konferenz-Dienste;
3. Hilfsgeräte: Mikrofon, Kamera, Kopfhörer, Headset, Datenbrille.

Neben den oben genannten technischen Lösungen entstehen im Zuge der zunehmenden Digitalisierung verschiedene online-basierte Anwendungen, die mit eigenen integrierten Analysetools einen effizienten Audit-Prozess ermöglichen. Zu diesen „all-in-one"-Anwendungen gehören mobile Applikationen beziehungsweise Apps – d. h. IT-Programme, die eher wenig Speicherplatz verwenden und speziell für mobile Endgeräte, wie Smartphones und Tablets, entwickelt wurden.

Mithilfe der Daten von App-Plattformen wie „Google Play", „App Store" sowie „GetApp" konnten folgende Informationen bzgl. Audit-Apps gewonnen werden. Zu Beginn des Jahres 2022 gibt es insgesamt 76 verschiedene mobile Applikationen, die seit 2012 für Remote-Audit-Zwecke entwickelt wurden.

Anhand der allgemeinen Beschreibung der einzelnen Applikationen sowie ihrer Metadaten, die bei den App-Plattformen zur Verfügung stehen (Betriebssystem, Jahr der Entwicklung beziehungsweise Überarbeitung, Größe (in MB) und Sprache), konnten folgende Informationen gewonnen werden:

- über 80 % der Apps sind in englischer Sprache verfügbar, es gibt nur wenige multilinguale und deutschsprachige Apps – ihr Anteil liegt jeweils unter 10 %;
- fast alle Apps wurden für das Betriebssystem Android entwickelt.

Im Jahr 2021 gab es einen überproportionalen Anstieg bei der Anzahl der Audit-Apps im Vergleich zu den Jahren davor. So wurden über 60 % aller verfügbaren Remote-Audit-Apps der beiden App-Plattformen „Google Play" und „App Store" im Jahre 2021 entwickelt oder grundlegend überarbeitet.

Die funktionalen Möglichkeiten der einzelnen Apps sind sehr vielfältig. So unterstützt beispielsweise die Mehrheit der Apps eine cloudbasierte Anwendung. Eine Reihe von modernen technischen Elementen begleitet das Dokumentenmanagement bei der Mehrheit der Applikationen: „360°View", elektronische Signaturen, automatische Korrekturmaßnahmen, (Gruppen-)Chat mit Dokumentenaustausch, Vorlagensammlungen, Punktebewertung der Leistung etc. Allerdings handelt es sich bei allen Applikationen für Remote-Audit zurzeit um verschiedene Produkte, bei denen die Perspektive einer Produktstandardisierung derzeit noch nicht erkennbar ist.

4.4 Remote-Audits in der digitalen Transformation: Chancen und Risiken

Wie die Praxismöglichkeiten aufgezeigt haben, gibt es bereits gute Prüfungs- und Auditierungsleistungen, die digital unterstützt und durchgeführt werden. Remote-Audits sind mit den bestehenden Möglichkeiten solide realisierbar, wenn die entsprechenden Voraussetzungen gegeben sind und die vorhandenen Chancen genutzt werden.

Zu diesen Voraussetzungen gehören die in Abschn. 4.2 erwähnten rechtlichen, technischen und persönlichen Kriterien sowie die Rahmenbedingungen, insbesondere die Umsetzung von komplexen technischen Anforderungen und eine entsprechende Einführung der Akteure im Umgang mit den digitalen Angeboten. Die Chancen, dass sich Remote-Audits dauerhaft zum Status Quo etablieren, steigen, wenn es gelingt, ihren Herausforderungen adäquat zu begegnen. Bei den Herausforderungen stellt sich die Frage, wie viel Digitalisierung Audits benötigen und wie viel Digitalisierung umgesetzt werden kann. Wichtig ist, das Interesse an Remote-Audits von Unternehmen, bei denen externe Audits eine große Rolle spielen, zu wecken, die Akzeptanz dieser Audit-Form zu fördern, Vertrauen hierin zu schaffen beziehungsweise auszubauen und Remote-Auditbarrieren sukzessive abzubauen.

Als generelle Handlungsempfehlung ergibt sich die Umsetzung und Einführung in professioneller Projektform um die Nachteile, Herausforderungen und damit verbundene Risiken zu reduzieren und im Idealfall zu beseitigen sowie die Voraussetzungen zu optimieren. Unterstützend sind dazu auch komplexe IT-Lösungen mit mobilen Applikationen erforderlich, die sich derzeit zum Teil noch in der Entwicklung befinden.

Konkrete Handlungsempfehlungen werden zum Beispiel von der Deutschen Gesellschaft zur Zertifizierung von Managementsystemen (dqs) gegeben. Als wichtige Eckpunkte wurden die folgenden Aspekte identifiziert (Deutsche Gesellschaft zur Zertifizierung von Managementsystemen 2022, S. 3):

- Remote-Audits sollten angemessen ausgewogen sein, d. h. die möglichen Chancen und Risiken von Remote-Audits sollen berücksichtigt werden;
- Informations- und Kommunikationssysteme beziehungsweise -techniken sollten Remote-Audit-konform sein;
- Remote-Audits und Vor-Ort-Audits können je nach konkreter Situation gemeinsam genutzt und miteinander kombiniert werden;
- alle Auditziele und alle gesetzlichen Anforderungen müssen erreichbar sein und eingehalten werden können;
- die Kompetenz der Auditor:innen für Remote-Audits muss vorhanden sein.

Ergänzt werden diese Eckpunkte durch die Notwendigkeit von Vertrauen und Akzeptanz im Unternehmen für die Remote-Audit-Methode durch alle Beteiligten in Verbindung mit technischen und kommunikativen Kompetenzen. (Deutsche Gesellschaft zur Zertifizierung von Managementsystemen 2022, S. 4).

Konkret können Remote-Audits durchgeführt werden, wenn (Deutsche Gesellschaft zur Zertifizierung von Managementsystemen 2022, S. 4):

- leistungsfähige auditkonforme Informations- und Kommunikationssysteme vorhanden sind (inklusive Datensicherheit und Medienverfügbarkeit),
- alle Daten durch ein systematisches Managementsystem jederzeit von jedem Ort aus bereitstehen und
- der Auditor mit Remote-Audits vertraut ist.

Risiken für Remote-Audits ergeben sich jedoch vor allem dann, wenn (Deutsche Gesellschaft zur Zertifizierung von Managementsystemen 2022, S. 4–5)

- der zu auditierende Bereich beziehungsweise das Managementsystem unbekannt sind,
- Sicherheitsstandards nicht eingehalten werden können,
- der formale Rahmen nicht eingehalten werden kann (zum Beispiel fehlende IT-Systeme, fehlende oder unzureichende fachliche Kompetenz aller Remote-Audit-Beteiligten) und/oder
- die ISO/IEC 17021–1-Norm für die Arbeit von akkreditierten Zertifizierungsstellen nicht eingehalten werden kann.

Trotz aller Risiken bleibt an dieser Stelle jedoch festzuhalten, dass Remote-Audits in der Controllingpraxis zunehmen und die digitale Transformation der Unternehmen sowie Organisationen zunehmend forcieren werden. Dabei ergibt sich als ständige Herausforderung eine Anpassung der Handlungsempfehlungen an die jeweils aktuelle Entwicklung von Remote-Audits im Controllingprozess.

Literatur

Deutsche Gesellschaft zur Zertifizierung von Managementsystemen (2022). Remote Audit. Auditeren aus der Ferne. https://blog.dgq.de/remote-audit-auditieren-aus-der-ferne/. Zugegriffen: 07.06.2022.
DIN Deutsches Institut für Normung (2018). Leitfaden zur Auditierung von Managementsystemen (ISO 19011:2018). Berlin.
eLearning Journal (o.J.). Kategorie eTesting. https://www.elearning-journal.com/2021/02/03/kategorie-etesting-2/. Zugegriffen: 07.06.2022.
Eulerich M (2020). Remote-Auditing. Chancen und Herausforderungen in der Durchführung von Remote-Audits. DIIR – Deutsches Institute für Interne Revision e.V. https://www.diir.de/fileadmin/fachwissen/diir_veroeffentlichungen/Fachbeitrag_Nr._3_Remote-Audits.pdf. Zugegriffen: 07.06.2022.
GPM (o.J.). Zertifizierung im Projektmanagement. https://www.gpm-ipma.de/zertifizierung.html. Zugegriffen: 07.06.2022.

International Accreditation Forum (2021). IAF MANDATORY DOCUMENT FOR THE USE OF INFORMATION AND COMMUNICATION TECHNOLOGY (ICT) FOR AUDITING/ASSESSMENT PURPOSES. https://iaf.nu/iaf_system/uploads/documents/IAF_MD4_Issue_2_Version_2_03082021.pdf. Zugegriffen: 07.06.2022.

IPMA (o.J.). Is your Project or Programme in good Shape?. https://www.ipma.world/projects/. Zugegriffen: 07.06.2022.

Vorest AG (2022). Was ist ein Remote Audit und welche Vorteile bietet das Fernaudit? https://www.Vorest.AG.com/Qualitaetsmanagement-ISO-9001/Wissen/Was-Ist-Ein-Remote-Audit-Und-Welche-Vorteile-Bietet-Das-Fernaudit.

Die Digitalisierung des Purchase-to-Pay-Prozesses – Ein fiktives Fallbeispiel

5

Jessica Kanal, Jessica Hastenteufel und Susanne Weber

Zusammenfassung

Die Themen „Einkauf" und „Beschaffung" sind in den meisten Unternehmen allgegenwärtig. Dieser bisweilen manuelle Prozess kann – je nach Unternehmensstruktur – mitunter sehr komplex und langwierig und somit ineffizient sein. Er bindet teils erhebliche personelle Ressourcen und verhindert durch seine Komplexität und Dauer oftmals die Realisierung von Skontoerträgen. Daher stellt sich die Frage, wie dieser Prozess vereinfacht und effizient gestaltet werden kann. Durch die Digitalisierung ergeben sich in diesem Kontext zahlreiche Möglichkeiten, vor allem repetitive und transaktionale Vorgänge im Purchase-to-Pay-Prozess zu automatisieren und so Effizienzgewinne zu realisieren. Dieser Beitrag zeigt anhand eines fiktiven Fallbeispiels, welche Ertrags- und Einsparpotenziale durch die Digitalisierung des Purchase-to-Pay-Prozesses gehoben werden können.

J. Kanal
IU Internationale Hochschule, Meersburg, Deutschland
E-Mail: kanal.jessica@web.de

J. Hastenteufel (✉)
IU Internationale Hochschule, Bad Reichenhall, Deutschland
E-Mail: jessica.hastenteufel@iu.org

S. Weber
IU Internationale Hochschule, München, Deutschland
E-Mail: susanne.weber@iu.org

© Der/die Autor(en), exklusiv lizenziert an Springer Fachmedien Wiesbaden GmbH, ein Teil von Springer Nature 2022
J. Hastenteufel et al. (Hrsg.), *Digitale Transformation im Controlling*,
https://doi.org/10.1007/978-3-658-38225-4_5

5.1 Einführender Überblick

Der Purchase-to-Pay-Prozess umfasst die Bestellung bei den Lieferant:innen, den Wareneingang bis zur Verbuchung und die anschließende Begleichung der Rechnungssumme durch das Unternehmen (Jain und Woodcock 2017; Schulze et al. 2021, S. 648). Da der Aufwand hinter diesem Prozess relativ hoch ist, ist das Interesse nach einer vollständigen oder teilweisen Automatisierung ebenfalls entsprechend hoch. Allerdings sind beispielsweise die Verarbeitung und die Verbuchung unterschiedlichster Belege im Finanzbereich nicht immer ohne Weiteres standardisierbar. Die Herausforderung beginnt bereits zu Beginn der Prozesskette mit den Eingangsrechnungen. Diese sollen einen einheitlichen Weg in die Finanzbuchhaltung finden. Denn neben dem Erhalt per E-Mail im PDF-Format werden Eingangsrechnungen auch heute oftmals noch in Papierform über den Postweg zugestellt (Vlk und Demelius 2018, S. 22).

Im Verlauf der Verarbeitung von Rechnungen kommen in der Regel noch weitere Ineffizienzen zum Vorschein. Neben der Einholung des Nachweises über die Prüfung und die Freigabe der Rechnung muss diese ebenfalls anhand der Rechnungsdaten manuell im ERP-System verbucht werden. Diese wiederkehrenden Aufgaben binden operative Kapazitäten im manuellen Prozessablauf. Eine Automatisierung des Gesamtprozesses würde die darin gebundenen Kapazitäten freisetzen und die Durchlaufzeiten erheblich verkürzen. Aufgrund der beschriebenen Digitalisierungspotenziale innerhalb des Purchase-to-Pay-Prozesses wird dieser End-to-End-Prozess anhand eines fiktiven Fallbeispiels näher betrachtet, um Prozessschwächen zu identifizieren und basierend darauf einen neuen digitalen Zielprozess zu definieren.

Das fiktive Beispielunternehmen hat die nachfolgende Digitalisierungsstrategie als Corporate Strategy definiert:

- Das Unternehmen ist in End-to-End-Prozesse und nicht in Funktionsbereiche strukturiert.
- Digitalisierungen sind nachhaltig, wenn der Prozess für alle beteiligten Bereiche einen Mehrwert und Effizienz geschaffen hat.
- Vor der Digitalisierung von Prozessen sind diese in ihrer aktuellen Durchführung zu analysieren.
- Das auszuarbeitende Zielbild zeigt einen Prozess mit einem maximalen Digitalisierungsgrad für das Gesamtunternehmen.
- Sollten Prozessänderungen dennoch manuelle Schritte für Beteiligte im Rahmen des End-to-End-Prozesses erzeugen, müssen diese ihr Veto vor dem Projektstart im sogenannten Lenkungsausschuss des Unternehmens anbringen und eine automatisierte Lösung selbst aktiv einfordern.
- Mitarbeiter:innen betrachten den gesamten Prozesserfolg gleichwertig zum Erfolg der eigenen Abteilung.

- Die Digitalisierung gewährleistet die Zukunftsfähigkeit und damit den Fortbestand des gesamten Unternehmens.
- Der Fokus aller Mitarbeiter:innen liegt auf der Erzielung des maximalen Digitalisierungsgrades der Arbeitsabläufe.

5.2 Der Ist-Prozess

5.2.1 Prozessablauf und Identifizierung von Prozessschwächen

Nachfolgend wird der Purchase-to-Pay-Ist-Prozess als Ausgangsbasis dargestellt (Abb. 5.1). Zu Beginn wird der erste Teilablauf (Schritt 1 bis 5) von der Bestellung durch die Einkäufer:innen bis hin zum Eingang der Lieferantenrechnung im Finanzbereich betrachtet. Im zweiten Schritt (Schritt 6 bis 12) wird der Prozessablauf für die Verbuchung der Rechnung bis hin zu deren Archivierung aufgezeigt. Auf den Teilschritt des Wareneinganges wird in der Darstellung aus Gründen der Übersichtlichkeit bewusst verzichtet. Begründet wird dies damit, dass der Fokus auf diejenigen Tätigkeiten gelegt wird, die im Ablauf den Finanzbereich tangieren.

Warum der Prozess weitestgehend durch Automatisierung digitalisiert werden sollte, um damit einen effizienten Bestell- und Rechnungsprozess zu ermöglichen, wird nachfolgend näher erläutert. Aus Sicht der Finanzfunktion gilt es, neben einer maximalen Automatisierungslösung die Compliance-Anforderungen jederzeit gewährleisten zu können.

Die erste Diskrepanz ergibt sich bereits zu Beginn des Prozesses mit der manuellen Verbuchung und Kontierung. Wie im Prozessablauf dargestellt, werden die Rechnungen des direkten Einkaufs (mit Bestellbezug) in der Beschaffung verbucht. Rechnungen ohne Bestellbezug werden direkt in der Finanzbuchhaltung berücksichtigt. In beiden Fällen werden einzelne Rechnungsdaten im ERP-System manuell erfasst. Bei Rechnungen ohne Bestellbezug ist ebenfalls eine manuelle Kontierung (Zuordnung von Kostenart und Kostenstelle) notwendig. Der Vorgang der Rechnungsfreigabe erfolgt dann durch das manuelle Abzeichnen der Rechnung, anschließend wird diese zur Unterschrifteneinholung an die entsprechenden Personen innerhalb der Fachbereiche des Unternehmens versandt.

Bei der Prüfung der Rechnungen für die Erstellung des maschinellen Zahlungslaufes muss die unterzeichnete Rechnung wiederum durch die zuständigen Mitarbeiter:innen im Finanzbereich kontrolliert werden. Die handschriftliche Freigabe wird zum einen auf ihre Existenz geprüft, zum anderen muss sichergestellt werden, dass die freigebende Person befugt ist, den vorliegenden Rechnungsbetrag in der jeweiligen Höhe abzuzeichnen.

Bei der Nutzung eines maschinellen Zahlungslaufes werden systemseitig alle fälligen Rechnungen reguliert und in den Zahlungsträger zur Zahlung der Rechnungssumme übertragen. Das System überprüft in diesem Schritt lediglich die Fälligkeit der

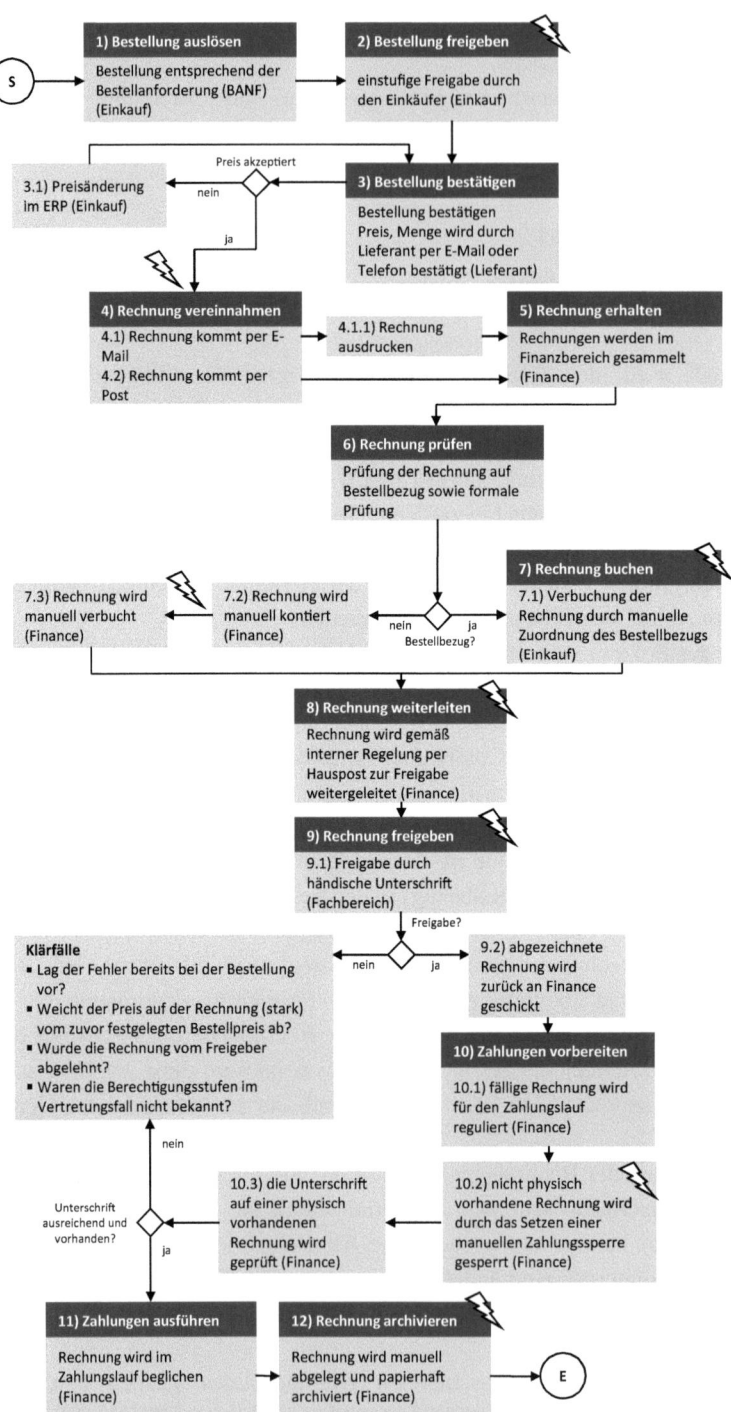

Abb. 5.1 Der Ist-Prozess (Eigene Darstellung)

Rechnung. Dem System ist weder die Information über das physische Vorliegen noch über den Freigabestatus der Rechnung bekannt, da dieser Workflow außerhalb des Systems stattfindet. Die Mitarbeiter:innen des Finanzbereichs müssen zudem diejenigen Rechnungen mit einer manuellen Zahlsperre im System versehen, die dem Finanzbereich noch nicht in physischer Form mit der erforderlichen Freigabe vorliegen.

5.2.2 Analyse der Prozessschwächen

Die Aufzählung der folgenden Prozessschwächen richtet sich nach der Nummerierung der entsprechenden Vorgänge innerhalb des in Abb. 5.1 dargestellten Purchase-to-Pay-Ist-Prozesses.

- *Schritt 2 „einstufige Freigabe der Bestellung":* Die Freigabe der Bestellung erfolgt im ERP-System durch die Einkäufer:innen selbst. Es findet kein Vier-Augen-Prinzip und damit auch keine kollektive Kontrolle der Bestellung statt. Die Compliance-Anforderungen werden damit nicht in ausreichendem Maße erfüllt.
- *Schritt 4 „physische Vereinnahmung der Rechnung":* Die Rechnungen gehen im dargelegten Prozess postalisch in Papierform und/oder im PDF-Format per E-Mail ein. Die Rechnungen, die in digitaler Form im PDF-Format eingesendet werden, müssen jedoch für die Weiterverarbeitung ausgedruckt werden, da sich die Verarbeitung in Papierform über den Gesamtprozess hinweg zieht. Dies führt zu einer signifikanten Steigerung der Bearbeitungszeiten, weshalb unter Umständen sogar mögliche Skonti nicht in Anspruch genommen werden können. Für die Verarbeitung der Rechnungen, die per Post eingehen, und für das Drucken der im PDF-Format eingehenden Rechnungen wird nach konservativer Schätzung rund eine Minute pro Rechnung an Arbeitszeit unterstellt.
- *Schritt 7 „manuelle Verbuchung der Rechnung":* Die Rechnung wird manuell verbucht. Das bedeutet, dass im Finanzbereich und im Einkauf für jede Eingangsrechnung die Verbuchungstransaktion im ERP-System aufgerufen werden muss. In dieser werden die folgenden Daten eingetragen: Kreditor, Rechnungsreferenz, Betrag, Währung, Steuerschlüssel, Buchungs- und Belegdatum. Für Rechnungen mit Bestellbezug muss die manuelle Zuordnung zur Bestellung hergestellt werden. Für Rechnungen, die keinen Bestellbezug aufweisen, müssen die Finanzmitarbeiter:innen die Kontierung ermitteln (Kostenart und Kostenstelle). Dieses manuelle Vorgehen bindet Arbeitszeit, was zu hohen Personalkosten führt. Der Gesamtprozess wird durch den manuellen Aufwand und die zu verbuchende Menge an Rechnungen entschleunigt. Die negativen Folgen sind, dass die Prozesskomplexität durch diese repetitiven Schritte zunimmt und potenzielle Skontoerträge verloren gehen können. Für diesen manuellen Verbuchungsschritt werden fünf Minuten Arbeitszeit pro Rechnung veranschlagt.
- *Schritt 8 „Weiterleitung der Rechnung in Papierform":* Die Rechnung wird per Hauspost an die freigebenden Mitarbeiter:innen in den entsprechenden Fachabteilungen

weitergeleitet. Dies setzt voraus, dass die Mitarbeiter:innen, die im Finanzbereich für den Rechnungsprozess verantwortlich sind, die einzuholenden Unterschriften der freigebenden Personen visuell kennen. Darüber hinaus müssen die internen Berechtigungsstufen der freigebenden Personen bekannt sein, um die Rechnung je nach Höhe des Betrags an die befugten Personen weiterleiten zu können. Ein Risiko in diesem Prozessschritt liegt daher unter anderem in der personellen Fluktuation sowohl seitens der Rechnungsfreigebenden als auch seitens der zuständigen Finanzfunktion. Sollten die Freigebenden aufgrund personeller Umstrukturierungen nicht länger befugt sein, die bisherige Rechnungshöhe freizugeben, kann es passieren, dass die Finanzfunktion hierüber nicht direkt Kenntnis erlangt. Daher könnten die Rechnungen weiterhin an diese Personen versandt werden, die jedoch nicht länger befugt sind, diese abzuzeichnen. Die Zuordnung der freigebenden Mitarbeiter:innen für jede Rechnung bindet ebenfalls Kapazitäten. Dies entspricht einem manuellen Vorgehen und der zeitliche Aufwand steigt, sofern die Verantwortlichkeiten der bearbeitenden Personen nicht unmittelbar bekannt sind. Fluktuationen in der Finanzfunktion stellen ebenfalls ein Risiko dar und können zu einer Verlangsamung des Prozesses führen. Bei personellen Wechseln steigt somit die Gefahr der falschen Rechnungszuordnung. Auch die Durchlaufzeit der internen Verteilung der Rechnungen und ihrer Zuweisung nimmt zu. Für den Arbeitsschritt der Rechnungszuordnung an die Freigebenden wird ein Schätzwert von zwei Minuten pro Rechnung ermittelt. Sollten die Personen mit dem Ablauf noch nicht vertraut sein, steigt dieser Aufwand pro Rechnung.

- *Schritt 9.1 „Freigabe der Rechnung durch handschriftliches Abzeichnen"*: Die Abzeichnung durch die Freigebenden erfolgt durch deren Unterschriften auf den Rechnungen. Dies birgt analog zu Schritt 8 einige Probleme, da die Unterschrift bekannt sein und von der Finanzfunktion bestätigt werden muss. Die ebenfalls in Schritt 8 genannten Risiken hinsichtlich personeller Wechsel gelten daher hier analog. Des Weiteren erfordert die handschriftliche Freigabe, dass sich die Freigebenden zum Zeitpunkt der Abzeichnung zwingend vor Ort befinden. Dies widerspricht jeglichem Ansatz eines digitalen und flexiblen Arbeitsplatzes. Die fehlende Präsenz vor Ort kann dazu führen, dass eine Stellvertretung die Rechnung abzeichnen muss. Hierbei besteht jedoch die Gefahr, dass diese die Rechnung womöglich inhaltlich nicht plausibilisieren kann oder im Einzelfall gegebenenfalls nicht über alle notwendigen Kompetenzen und Berechtigungen verfügt.
- *Schritt 10.2 „manuelles Sperren physisch nicht vorhandener Rechnungen"*: Da der Rechnungsverbleib im ERP-System nicht bekannt ist, werden bei der Erstellung des maschinellen Zahlungslaufs alle fällig werdenden Rechnungen zur Zahlung reguliert. Um sicher zu gehen, dass keine Rechnung ohne Freigabe beglichen wird, muss geprüft werden, ob die regulierten Rechnungen physisch mit einer gültigen Abzeichnung vorliegen. Für die Rechnungen, die aus unterschiedlichen Gründen noch nicht im Finanzbereich angekommen sind, muss im ERP-System individuell eine Zahlsperre erfasst werden. Diese Rechnungen könnten sich beispielsweise noch bei den Freigebenden befinden oder sie könnten auf dem Postweg in den Finanz-

bereich oder gar in der Hauspost verloren gegangen sein. In jedem Fall bedarf es einer manuellen Prüfung der Rechnungen sowie dem manuellen Setzen der Zahlsperren im ERP-System. Ein Compliance-seitiges Risiko besteht hier vor allem darin, dass diese Prüfung auf der Sorgfalt einer einzelnen Person beruht, da es keine systemseitige Kontrolle dafür gibt. Die Prüfung der vorliegenden Abzeichnungen der Rechnungen durch die Finanzmitarbeiter:innen wird dabei auf zwei Minuten pro Rechnung geschätzt; das Setzen der Zahlsperren auf je 1,5 min pro Rechnung.
- *Schritt 12 „manuelle und physische Archivierung":* Aufgrund der gesetzlichen Aufbewahrungsfristen müssen Rechnungen nach ihrer Begleichung im Archiv abgelegt werden. Für das Sortieren und Ablegen im Archiv wird eine Arbeitszeit von zwei Minuten pro Rechnung veranschlagt.

Es sei an dieser Stelle explizit angemerkt, dass die zeitlichen Einsparpotenziale sehr konservativ geschätzt wurden und sich im vorliegenden Fallbeispiel auf 13,5 min pro Rechnung belaufen.

5.3 Der Ziel-Prozess

Um den Zielprozess zu definieren und zu digitalisieren, werden zunächst die in Abschn. 5.2.2 analysierten Prozessschwächen optimiert. Gemäß der vorgegebenen Digitalisierungsstrategie des fiktiven Beispielunternehmens sollen dabei nicht nur die einzelnen Arbeitsschritte isoliert voneinander betrachtet werden. Es geht vielmehr darum, einen in der Summe möglichst effizienten und möglichst digitalen End-to-End-Prozessablauf für alle involvierten Unternehmensbereiche sicherzustellen.

5.3.1 Optimierung der Prozessschwächen und Ziel-Prozess

Analog zu den Ausführungen in Abschn. 5.2.2 richtet sich die Aufzählung der Prozessschwächen nach der Nummerierung der entsprechenden Vorgänge innerhalb des Purchase-to-Pay-Ist-Prozessablaufs (Abb. 5.1).

- *Schritt 2 „einstufige Freigabe der Bestellung":* Die bislang fehlende kollektive Kontrolle wird durch einen Freigabeworkflow im ERP-System an mindestens eine zweite prüfende Person im Prozess implementiert. Diese Kontrolle findet automatisiert im ERP-System statt und ist damit vollständig systemgestützt und digitalisiert.
- *Schritt 4 „physische Vereinnahmung der Rechnung":* Die Lieferant:innen sollen künftig alle Bestellungen und Verhandlungen sowie Rechnungen in einem Supply-Chain-Management (SCM)-Tool koordinieren. Zwischen dem SCM-Tool und dem Enterprise-Content-Management (ECM)-System existiert eine digitale Schnittstelle, sodass die Rechnungen im PDF-Format problemlos aus dem SCM- in das ECM-

System zur digitalen Dokumentenverarbeitung übertragen werden können. Aufgrund der Unternehmensgröße und diverser anderer Gründe können zunächst nicht alle Lieferant:innen zur Zusammenarbeit auf dieser Plattform integriert werden. Daher wird alternativ weiterhin der Erhalt von Rechnungen per E-Mail und per Post ermöglicht. Rechnungen, die per E-Mail bereits digital im PDF-Format eingehen, sollen im Ziel-Prozess sofort direkt digital weiterverarbeitet werden. Zu diesem Zweck werden die Lieferant:innen dazu angehalten, alle Rechnungen an eine nicht-personalisierte E-Mail-Adresse für Eingangsrechnungen (zum Beispiel rechnung@unternehmen.de) zu schicken. Alle Rechnungen im Postfach werden dann regelmäßig mittels einer automatischen Schnittstelle vom ECM-System geprüft und automatisch in dieses transportiert.

Bis zur Abschaffung der postalischen Rechnungszustellung muss jedoch eine Lösung für die papierhaften Rechnungen gefunden werden. Als Zwischenlösung werden diese mit einem elektronischen Barcode versehen und im Finanzbereich eingescannt. Der Scan wird in einem speziell dafür vorgesehenen Ordner auf dem Laufwerk abgelegt, der mit dem ECM-System verknüpft ist. Dieses prüft automatisch die dort eingehenden Dokumente in regelmäßigen Abständen und legt sie in einem eigenen System zur weiteren Verarbeitung im Rechnungsverarbeitungsworkflow ab. Dort werden alle eingegangenen Rechnungen auf die gleiche Weise weiterverarbeitet.

- *Schritt 7 „manuelle Verbuchung der Rechnung":* Der im ECM-System integrierte Original-Character-Recognition (OCR)-Scanner liest Rechnungsdaten maschinell aus. Anhand der Rechnungsadresse kann er den entsprechenden Buchungskreis der Gesellschaft im ERP-System zuordnen. Der OCR-Scanner liest zudem die folgenden Daten aus, um die Verbuchungstransaktion im ERP-System entsprechend zu ermöglichen: Kreditor, Währung, Rechnungsreferenz, Rechnungsbetrag, Steuerschlüssel und Buchungsdatum.
  Die Kontierung wird dann durch ein Robotic Process Automation (RPA)-Tool teilautomatisiert. Der Roboter erkennt gleichbleibende Kontierungen und schlüsselt diese automatisch der entsprechenden Kostenart und Kostenstelle zu. Beispielsweise erlernt das System Rechnungen für alle Logistikkreditoren jeweils immer auf die Kostenart „Logistikdienstleistung" und auf die Kostenstelle „Logistik" zu verbuchen. Die Kontierung durch die Finanzbereichsmitarbeiter:innen entfällt somit für einen Großteil der Rechnungen. Die manuelle Kontierung beschränkt sich nur noch auf nicht-repetitive Sonderfälle sowie auf Kreditoren mit unterschiedlichen Kostenstellen- und Kostenartenzuordnungen, die keiner gleichlautenden Regel folgen. Mit der Hinterlegung der automatischen Kontierung durch das System wird das Ziel verfolgt, dass mindestens 70 % der Eingangsrechnungen automatisch kontiert werden können.
- *Schritt 8 „Weiterleitung der Rechnung in Papierform":* Die Rechnung wird nicht mehr in Papierform, sondern in Form eines digitalen Workflows weiterverarbeitet. Jeder Schritt kann im Belegfluss der Rechnung im ERP-System eingesehen und nachverfolgt werden. Eine manuelle Zuweisung der freigebenden Personen erfolgt nicht mehr. Eine Schnittstelle zum ERP-Human-Resource(HR)-Modul meldet für jede personelle Veränderung die entsprechende Kostenstellenverantwortung. Wird beispielsweise die Stelle des Head

of Marketing im Unternehmen neu besetzt, versorgt das ERP-HR-Modul das ECM-System über die Schnittstelle mit der Information, dass die Freigabegrenze des Head of Marketing für die Marketingkostenstellen vergeben wird. Damit sind die Hierarchien im System immer auf dem aktuellen Stand und sie müssen nicht mehr manuell überprüft werden. Zudem sinkt das Compliance-Risiko aufgrund der automatischen systemseitigen Zuordnung. Durch die Schnittstelle sind jeweils die aktuellen kostenstellenverantwortlichen Personen hinterlegt. Kontiert die Buchhaltung beispielsweise eine Rechnung auf die Kostenstelle „Logistik", wird die Rechnung automatisch zur Freigabe an die Person geschickt, die im ERP-HR-Modul als Leiter:in der Logistikabteilung und damit als kostenstellenverantwortliche Person hinterlegt ist. Kommt es zu einem personellen Wechsel in dieser Funktion, wird diese Änderung anhand der Verbindung zu den Personenstammdaten im ERP-HR-Modul in der Zuweisung des Workflows angepasst. Die Durchlaufzeit des Prozesses ist somit nicht mehr davon abhängig, wie vertraut die Mitarbeiter:innen des Finanzbereichs mit den Freigebenden und deren Freigabestufen sind. Dieser Vorgang geschieht vollständig automatisiert und systemgestützt.

- **Schritt 9.1 „Freigabe der Rechnung durch handschriftliches Abzeichnen":** Die Unterschrift des Freigebenden wird durch die elektronische Bestätigung ersetzt. Für jede benötigte Freigabe schickt das System eine Aufforderungs-E-Mail mit einem entsprechenden Link, worüber der Freigebende direkt auf die Freigabemaske der entsprechenden Applikation gelangt. Die Rechnung kann nun digital eingesehen werden, es werden die vom OCR-Scanner ausgelesenen Rechnungsdaten und der Kontierungsvorschlag angezeigt. Die Freigebenden können über die Applikation die Rechnungen ortsunabhängig auf allen Endgeräten einsehen und freigeben. Bei Bedarf kann die vorgeschlagene Kontierung in der Benutzeroberfläche angepasst werden. Alle Anpassungen werden in einem Änderungsprotokoll im Hintergrund festgehalten und im Belegfluss im ERP-System archiviert. Die Freigebenden können im System bei Abwesenheiten jeweils eine Stellvertretung für den gewünschten Zeitraum hinterlegen. Diese muss aufgrund der Freigabegrenzen aber mindestens auf der gleichen Hierarchiestufe oder höher angesiedelt sein, da es technisch aus Compliance-Gründen nicht möglich ist, eine Person über eine Stellvertretungsregelung mit höheren Freigabeberechtigungen auszustatten, als es ihre eigentliche Funktion vorsieht.
- **Schritt 10.2 „manuelles Sperren physisch nicht vorhandener Rechnungen":** Das manuelle Setzen von Zahlungssperren entfällt, da eine Zahlung im ERP-System nur dann reguliert wird, wenn sie final freigegeben wurde. Diese Informationen müssen also nicht mehr manuell geprüft und gepflegt werden.
- **Schritt 12 „manuelle und physische Archivierung":** Da das ECM-System auf Revisionssicherheit geprüft ist, entfällt eine physische Archivierung der Rechnungen. Diese werden somit ausschließlich digital archiviert und müssen nicht mehr zusätzlich in Papierform aufbewahrt werden.

Basierend auf den dargestellten Optimierungen und nach allen Digitalisierungs- und Automatisierungsmaßnahmen kann der digitale Purchase-to-Pay-Ziel-Prozess wie in Abb. 5.2 dargestellt werden.

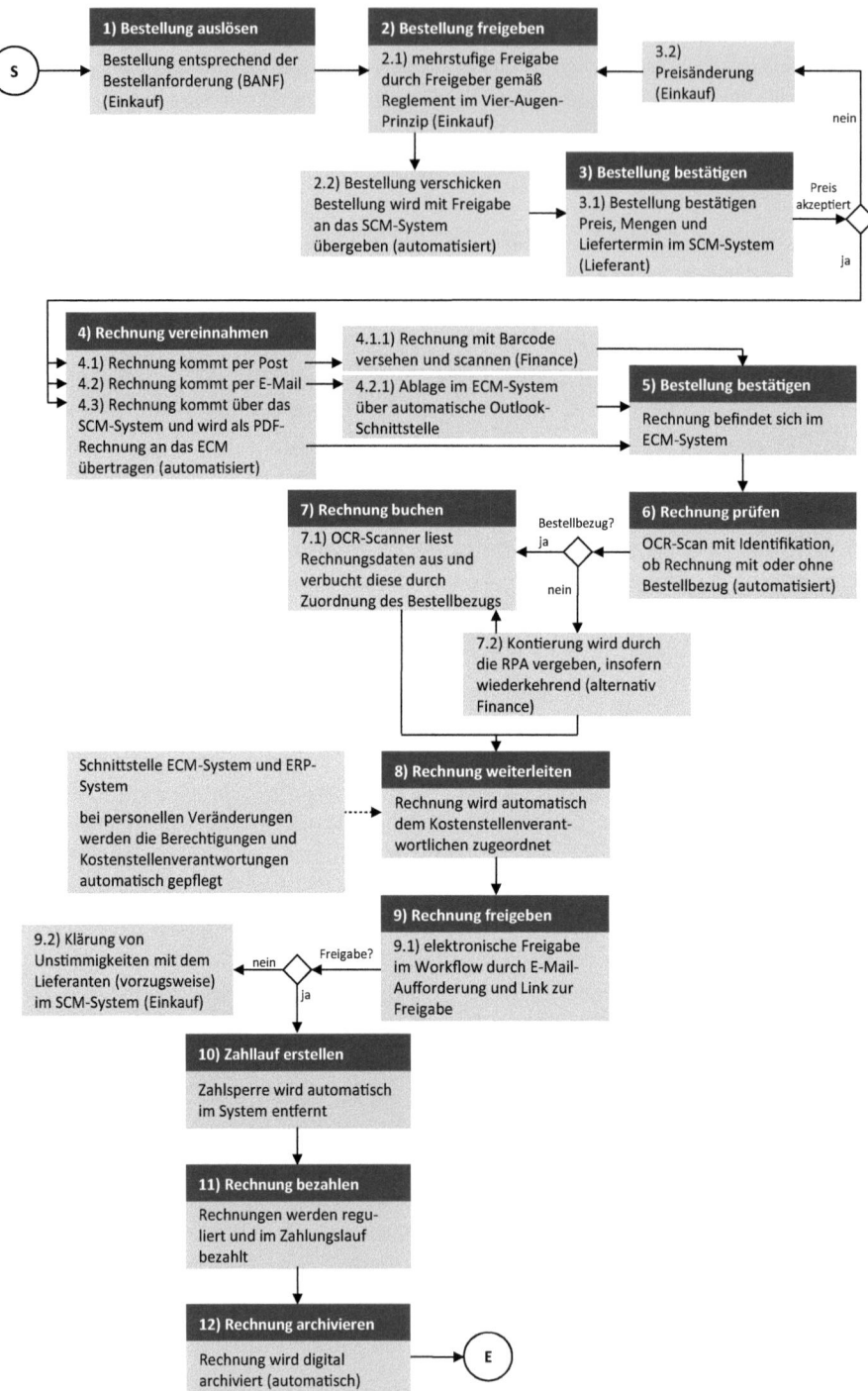

Abb. 5.2 Der Ziel-Prozess (Eigene Darstellung)

Der Ziel-Prozess umfasst zwar nach wie vor zwölf Prozessschritte, von denen jedoch ein Großteil voll automatisiert abläuft. Die sich hieraus ergebenden Vorteile werden nachfolgend in Abschn. 5.3.2 anhand einer Nutzenanalyse im Ansatz exemplarisch aufgezeigt.

5.3.2 Nutzenanalyse

Die Abb. 5.3 und 5.4 zeigen beispielhaft das geschätzte Einsparpotenzial, das sich als Nutzen der Digitalisierung des Purchase-to-Pay-Prozesses ergibt. Es setzt sich insbesondere aus der Einsparung von Personalkosten durch die Verschlankung und Automatisierung des Prozesses, aus der Fehlerreduktion manueller Tätigkeiten und aus der Maximierung von Skontoerträgen zusammen. Diese Potenziale werden nachfolgend in zwei separaten Berechnungen aufgezeigt. Die zugrunde gelegten Werte sind fiktiv und wurden bereits in Abschn. 5.2.2 eher vorsichtig geschätzt.

Die Reduzierung der Personalkosten bezieht sich auf eine Einsparung von zwölf Minuten pro Rechnung. Bei 30.000 Rechnungen pro Jahr und einem Personalkostenfaktor pro Minute von 0,60 EUR ergibt sich eine Ersparnis von insgesamt 216.000 EUR pro Jahr. Bei rund 10 % der Rechnungen werden noch manuelle Zahlungssperren gesetzt, da diese beim Bezahlvorgang noch nicht im System vorliegen. Der Aufwand für das Setzen einer Zahlungssperre im ERP-System liegt bei 1,5 min pro Rechnung. Ausgehend von 3000 Zahlungssperren pro Jahr beläuft sich die Ersparnis hieraus auf 4500 EUR. In der Summe ergibt sich somit ein Einsparpotenzial bei den jährlichen Personalkosten in Höhe von rund 218.700 EUR.

Anzahl Rechnungen p.a.	30.000
Anzahl Zahlsperren p.a.	3.000
Minutenfaktor Personalkosten in EUR	0,6
entfallende Arbeitsschritte in Minuten:	
Verarbeitung der Rechnung per Post eingehend, drucken des PDFs	1,0
Versand der Rechnung an Freigebende/Zuordnung des Freigebenden je nach Höhe der Rechnung	2,0
Verbuchung der Rechnung in der Transaktionsmaske im ERP-System	5,0
Kontrolle der Freigabe: Unterschriften und der Summe für jede Rechnung bei jedem Zahlungslauf kontrollieren	2,0
manuelles Setzen der Zahlsperre im ERP-System	1,5
Ablage der Rechnungen im Archiv	2,0
Einsparungspotenzial p.a. in Minuten	360.000
Einsparungspotenzial manuelles Setzen der Zahlsperre p.a. in Minuten	4.500
gesamtes Einsparpotenzial p.a. in Minuten	364.500
Einsparpotenzial p.a. in EUR	**218.700**

Abb. 5.3 Jährliche Personalkosteneinsparung durch die Prozessautomatisierung (Eigene Darstellung)

Beschaffungsvolumen p.a. in EUR		2.000.000
davon mit Skonti-Option in EUR		1.320.000
	Anzahl Rechnungen	Skontoverlust in EUR
Skontoverlust nach erster Fälligkeit	2.114	230.000
Skontoverlust nach zweiter Fälligkeit	1.118	150.000
nicht realisierte Skonti in % vom Beschaffungsvolumen		29%
Potenzial Skontoabzug p.a. in EUR*		**304.000**

* Annahme: durch die Automatisierung können künftig 80% der verlorenen Skonti realisiert werden.

Abb. 5.4 Jährlicher Zufluss durch die Maximierung der Skonti (Eigene Darstellung)

Neben der Reduzierung der Personalkosten ergeben sich auch Skontopotenziale, da sich die Durchlaufzeit erheblich verkürzt.

Aufgrund der verkürzten Dauer und der reduzierten Komplexität des Prozesses werden verlorene Skonti künftig wieder vermehrt einholbar sein. Es wird im vorliegenden Fall davon ausgegangen, dass 80 % der bisher uneinbringlichen Skontoerträge, dank der im Prozess gewonnenen Zeit, realisiert werden können.

Der gesamte Skontoverlust beläuft sich im Ist-Prozess anhand der Berechnungen auf 380.000 EUR (230.000 EUR bisheriger Verlust nach der ersten Fälligkeit und 150.000 EUR nach der zweiten Fälligkeit). Die Annahme, dass künftig 80 % der Skonti nicht mehr verloren gehen, entspricht in diesem Fall einer Kostenreduktion von rund 304.000 EUR pro Jahr.

5.4 Ergebnisse und Empfehlungen

Die Gesamteinsparungen der Digitalisierung des Purchase-to-Pay-Prozesses ergeben sich aus der Summe der Personaleinsparung und der besseren Ausnutzung von Skonti und belaufen sich brutto vor der Gegenüberstellung von Kosten auf insgesamt 522.700 EUR pro Jahr. In einer barwertigen Betrachtung soll die Wirtschaftlichkeit der Automatisierung unter Berücksichtigung der anfallenden Kosten ermittelt werden. Da das Projekt keine limitierte Laufzeit aufweist, wird die Berechnung unter Berücksichtigung der ewigen Rente durchgeführt. Für die Berechnung wurde der Abzinsungsfaktor der Deutschen Bundesbank mit einer Restlaufzeit von 10 Jahren (= 1,46 % p.a.) (Deutsche Bundesbank 2022) zugrunde gelegt (Abb. 5.5).

Da der Kapitalwert der Digitalisierung des Purchase-to-Pay-Prozesses im vorliegenden Fallbeispiel positiv ist, sollte die Umsetzung in jedem Fall forciert werden.

Einsparpotenzial Personalkosten p.a. in EUR	218.700
Potenzial Skontoabzug p.a. in EUR	304.000
Kosten für Lizenten ECM-System p.a. in EUR (10 Lizenzen à 2.000 EUR)	20.000
Kosten für Lizenten SCM-System p.a. in EUR (15 Lizenzen à 1.500 EUR)	22.500
verbleibender Überschuss p.a. in EUR	**480.200**
Zinssatz p.a. (basiert auf 10 Jahre Restlaufzeit der deutschen Bundesbank)	1,46%
Anfangsinvestition ECM-System in EUR (Implementierung durch Dienstleister)	250.000
Anfangsinvestition SCM-System in EUR (Implementierung durch Dienstleister)	200.000
Anfangsinvestition RPA in EUR (Implementierung durch Dienstleister)	200.000
einmalige Anschaffungskosten in EUR	650.000
Kapitalwert in EUR	**3.787.892,00**

Abb. 5.5 Kapitalwert des Digitalisierungsprojektes (Eigene Darstellung)

Nachfolgend wird abschließend eine Kategorisierung der Digitalisierung des Purchase-to-Pay-Prozesses mithilfe einer Entscheidungsmatrix vorgenommen (Abb. 5.6), die als zusätzliche Entscheidungsunterstützung herangezogen werden kann.

Die Assessment-Matrix unterstützt Unternehmen bei der Abwägung der Entscheidung für oder gegen ein Projektvorhaben. Dabei wird die Rentabilität der Verbesserung durch die Kategorisierung des Vorhabens in die beiden Bereiche „Vorteile" und „Komplexität" eingeordnet. Die Digitalisierung des Purchase-to-Pay-Prozesses bringt komplexe

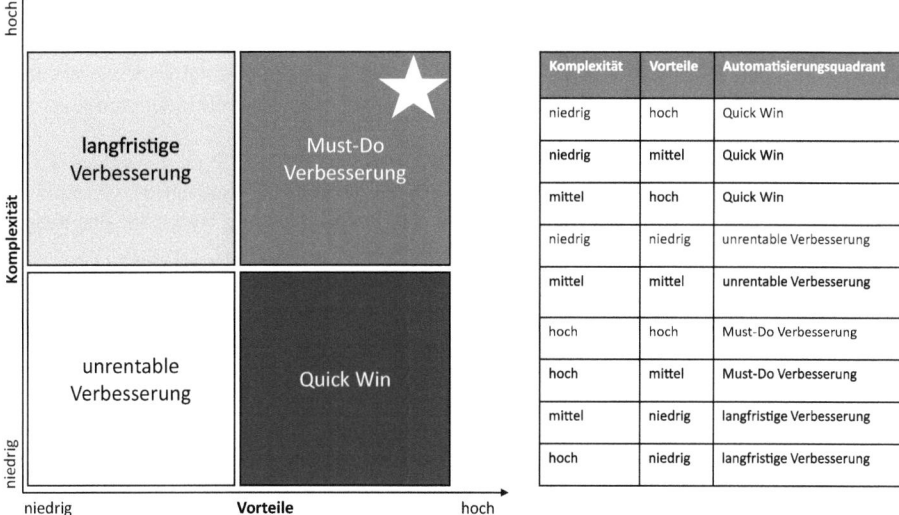

Abb. 5.6 Kategorisierung der Projektumsetzung in einer Assessment-Matrix (Eigene Darstellung)

Veränderungen mit sich. Neben der Implementierung eines ECM-Systems wird ebenfalls ein Supply-Chain-Tool eingeführt. Deswegen müssen neben den Mitarbeiter:innen auch die Lieferant:innen geschult werden, sowie die notwendigen Schnittstellen eingerichtet beziehungsweise soweit bereits vorhanden modifiziert werden (beispielsweise mit Schulungen zu Microsoft-Outlook, um alle E-Mails zu prüfen, sowie eine Schnittstelle zum HR-Modul des ERP-Systems einzurichten). Die Teilautomatisierung der bisher manuellen Kontierung der Lieferantenrechnungen erfolgt durch die Einbindung von RPA. Aufgrund dessen wird die Komplexität des Projektes als hoch beurteilt.

Es ist offensichtlich, dass die Vorteile und der Nutzen der Digitalisierung überwiegen. Aufgrund der erheblichen Beschleunigung der Prozesse werden wesentlich weniger personelle Kapazitäten für repetitive und transaktionale Vorgänge gebunden und können künftig für wertschöpfende Tätigkeiten im Unternehmen eingesetzt werden. Ebenso kann ein bisher aufgrund der langen Prozessdauer verlorener Skontoertrag zukünftig realisiert werden, deswegen wird das Projekt mit einem Kapitalwert von 3.787.892 EUR im Bereich eines besonderen Mehrwertes und damit großen Vorteils eingestuft.

Aufgrund dessen befindet sich das Projekt mit den genannten Vorteilen und mit der hohen Komplexität im Automatisierungsquadranten Must-do-Verbesserungen innerhalb der Assessment-Matrix. Diese Verbesserungen sollten aufgrund ihres Nutzens für das Unternehmen in jedem Fall umgesetzt werden. Die Digitalisierung des Purchase-to-Pay-Prozesses wird daher im vorliegenden Fallbeispiel empfohlen.

Literatur

Deutsche Bundesbank (2022). Abzinsungszinssätze gemäß § 253 Abs. 2 HGB/10-Jahresdurchschnitt. https://www.bundesbank.de/resource/blob/650678/845b8e320243209f81866225ff2c83b7/mL/abzinsungszinssaetze-10jahre-data.pdf. Zugegriffen: 07.06.2022.

Jain K, Woodcock E (2017). A road map for digitizing source-to-pay. https://www.mckinsey.com/business-functions/operations/our-insights/a-road-map-for-digitizing-source-to-pay. Zugegriffen: 07.06.2022.

Schulze M, Schröder M, Jilek C, Albers T, Maus H, Dengel A (2021). P2P-O. A Purchase-To-Pay Ontology for Enabling Semantic Invoices. In Verborgh R, Hose K, Paulheim H, Champin PA, Maleshkova M, Corcho O, Ristoski P, Alam M (Hrsg) The Semantic Web. 18th International Conference. ESWC 2021. Springer, Cham. S. 647–663.

Vlk G, Demelius K (2018). Automatisierung und Digitalisierung im Rechnungswesen. Eine Studie von Deloitte Österreich. https://www2.deloitte.com/content/dam/Deloitte/at/Documents/Tax/BPS/deloitte-automatisierung-und-digitalisierung-im-rechnungswesen-2018.pdf. Zugegriffen: 07.06.2022.

Optimierung des Workforce Managements durch den Einsatz von People Analytics

6

Maik Günther, Michaela Moser und Katharina-Maria Rehfeld

Zusammenfassung

Klassisches Personalcontrolling ist ein wichtiges Element des bedarfsorientierten Workforce Managements und liefert die Entscheidungsgrundlage für einen optimierten Personaleinsatz. Aufgrund zunehmender Umweltdynamiken gelangt das Personalcontrolling aktuell aber vermehrt an seine Grenzen, da es eher vergangenheitsorientiert ausgerichtet ist und wichtige Analysen durch Big Data unberücksichtigt lässt. An dieser Stelle setzt People Analytics als Erweiterung des klassischen Personalcontrollings an und sorgt mit einem evidenzbasierten Vorgehen für datengetriebene, digitale Analysen und Lösungen. Der Einsatz von People Analytics im Workforce Management verspricht signifikante Nutzen- und Optimierungspotenziale – von der Kapazitätsplanung über die Personalbedarfsplanung bis hin zur Arbeitszeitmodellerstellung und Personaleinsatzplanung. Wenngleich es für diese Potenziale bereits zahlreiche Belege in der Praxis gibt, werden die Relevanz und der Mehrwert fortgeschrittener Analysen von Big Data im Workforce Management noch immer unterschätzt. Vor diesem Hintergrund greift dieser Beitrag die Möglichkeiten zur Optimierung des Workforce Managements durch den Einsatz von People Analytics auf und stellt die Bedeutung für das Unternehmenscontrolling heraus.

M. Günther (✉) · M. Moser · K.-M. Rehfeld
IU Internationale Hochschule, Bad Reichenhall, Deutschland
E-Mail: maik.guenther@iu.org

M. Moser
E-Mail: michaela.moser@iu.org

K.-M. Rehfeld
E-Mail: katharina-maria.rehfeld@iu.org

© Der/die Autor(en), exklusiv lizenziert an Springer Fachmedien Wiesbaden GmbH, ein Teil von Springer Nature 2022
J. Hastenteufel et al. (Hrsg.), *Digitale Transformation im Controlling*,
https://doi.org/10.1007/978-3-658-38225-4_6

6.1 Einleitung

Die zunehmende Dynamik und kontinuierliche Veränderung der Märkte erfordern agile Unternehmen, die sich flexibel und schnell an volatile Personalbedarfe anpassen. Die Notwendigkeit einer schnellen Anpassung als Reaktion auf eine veränderte Auftragssituation hat nicht zuletzt die Corona-Pandemie eindrucksvoll gezeigt: Sie führte zu Umsatzrückgängen etwa in der Luftfahrtindustrie und damit zu Entlassungen und Kurzarbeit, geänderten Arbeitsabläufen durch die Verlagerung der Arbeitsplätze ins Homeoffice oder zu Produktionsausfällen bei Zulieferern und damit in der gesamten Supply Chain. Solche unerwartet auftretenden Umweltdynamiken erfordern eine flexible und effektive Planung und Steuerung der Ressource „Personal", um Volatilitäten des Geschäfts und der variierenden Auftragslage betriebswirtschaftlich angemessen und schnell begegnen zu können. Nur so kann vermieden werden, dass Mitarbeiter:innen während ihrer Arbeitszeit unproduktiv sind und Kosten verursachen, ohne einen wertschöpfenden Gegenwert zu erbringen. Im Zuge dessen sind der Erfolg und die Wettbewerbsfähigkeit von Unternehmen einem Flexibilisierungsgedanken unterworfen, der an die auftragsbezogene, freie Gestaltung der internen und externen Personalressourcen anknüpft.

Dieser Flexibilisierungsgedanke der Ressource „Personal" erfordert ein intelligentes Workforce Management (WFM) zur Vermeidung eines suboptimalen Personaleinsatzes, der Werte vernichtet, anstatt sie zu schaffen. WFM ist ein ganzheitlicher Prozess mit dem Ziel, Mitarbeiter:innen mit den notwendigen Kompetenzen in der richtigen Anzahl zur richtigen Zeit am richtigen Ort einzusetzen. In diesem Kontext können funktional ausgereifte Technologien wie People Analytics (PA) einen signifikanten Wertbeitrag leisten (Kels und Vormbusch 2020, S. 70).

6.2 Begriff und Phasen des Workforce Managements

Der Begriff „Workforce Management" ist bisher nicht einheitlich definiert. In einer sehr engen Fassung wird er als Synonym zum deutschen Begriff der Personaleinsatzplanung verwendet. In einer weiter ausgelegten Definition beinhaltet WFM neben der Personaleinsatzplanung auch die Kapazitätsplanung, die Personalbedarfsplanung, die Arbeitszeitmodellerstellung, das Arbeitszeitmanagement und nicht zuletzt das Personalcontrolling sowie PA als integrale Bestandteile. Einige Autoren wie Feldmann (2006, S. 14) sehen darüber hinaus neben der Zeiterfassung auch die Zutrittskontrolle als Bestandteil von WFM. In diesem Fall können individuelle Zutrittsberechtigungen für Mitarbeiter:innen automatisch aufgrund von zugewiesenen Arbeitsplätzen und Arbeitszeiten vergeben werden. Denkbar ist auch, das Kostenstellenmanagement und die Projektzeiterfassung in das WFM einzubeziehen, was zur Gewinnung wertvoller Erkenntnisse im Personalcontrolling beiträgt. In der Praxis bietet es sich an, die Infrastruktur für Zeiterfassung und Zutrittskontrolle mitzubenutzen und von einer sehr weiten Begriffsdefinition auszugehen, sodass WFM wie folgt definiert werden kann: WFM ist ein ganzheitlicher Prozess, um die richtigen Mitarbeiter:innen in der richtigen Anzahl zur richtigen Zeit am richtigen Ort beziehungsweise Arbeitsplatz einzusetzen, sodass die anstehenden Arbeiten bzgl. der festgelegten Ziele wie Kosten, Servicelevel und Zufriedenheit der Mitarbeiter:innen ausgeführt werden.

In Abb. 6.1 ist der WFM-Prozess mit seinen vier Phasen dargestellt. Zudem sind flankierend unterstützende Aktivitäten aufgeführt. Hier sind unter anderem das Personalcontrolling sowie PA als dessen Erweiterung zu nennen. PA liefert wesentliche Erkenntnisse für alle vier Phasen des WFM sowie für alle anderen flankierend angeordneten Aktivitäten wie etwa das Arbeitszeitmanagement, wo unter anderem die Saldenstände der Mitarbeiter:innen bestimmt und Abwesenheiten geplant werden.

Kapazitätsplanung
In dieser Phase wird auf Basis der abzuarbeitenden Aufträge zunächst festgelegt, wann welche Arbeiten in welcher Reihenfolge an welchem Arbeitsplatz erledigt werden sollen und wie sich die Betriebszeiten gestalten. Beispielsweise wird festgehalten, wann idealerweise die Ärzt:innenvisite in einem Krankenhaus stattfindet oder wie die Öffnungszeiten einer Behörde ausgestaltet sein sollen – es geht beispielsweise auch um die Frage, ob am Wochenende oder in der Nacht gearbeitet werden soll.

Personalbedarfsplanung
Ausgehend von den Vorgaben der Kapazitätsplanung wird in dieser Phase ermittelt, wie viele Mitarbeiter:innen wann mit welcher Qualifikation auf welchem Arbeitsplatz bei welchem Auftrag beziehungsweise in welcher Funktion benötigt werden. Je nach Detaillierungsgrad kann als Zeitintervall für die Ermittlung des Personalbedarfs beispielsweise ein Tag, eine Schicht oder eine Stunde gewählt werden. Bei einer besonders starken Bedarfsorientierung im WFM, beispielsweise in der Intralogistik, betrachtet man sogar Viertelstunden-Intervalle und führt in dieser Granularität auch die spätere Personaleinsatzplanung durch. Ein effizientes WFM setzt demnach eine möglichst exakte Bestimmung des Personalbedarfs voraus, denn Fehler in dieser Phase können einer Studie von Miebach Consulting (2008, S. 4) zufolge im Durchschnitt bis zu 15 % höhere Personalkosten nach sich ziehen, die das Unternehmensergebnis enorm belasten können. In der Praxis dominiert nicht selten die einfache Schätzung des Personalbedarfs (Miebach Consulting 2008, S. 14–15). Vor dem Hintergrund der hohen Fehleranfälligkeit solcher Erfahrungswerte ist diese Form der Bedarfsermittlung häufig suboptimal. Moderne Lösungen ermöglichen es jedoch mit der Kennzahlenmethode beispielsweise in der Logistik, im Handel oder im Call Center das zu erwartende Arbeitsvolumen aufgrund von Vergangenheitsdaten zu prognostizieren und damit fundiertere Planungswerte anzubieten. Dabei können Werbeaktionen, kurzfristige Auftragsänderungen, Trends und sogar das Wetter Eingang in die Bedarfsermittlung finden. Eine andere Form der

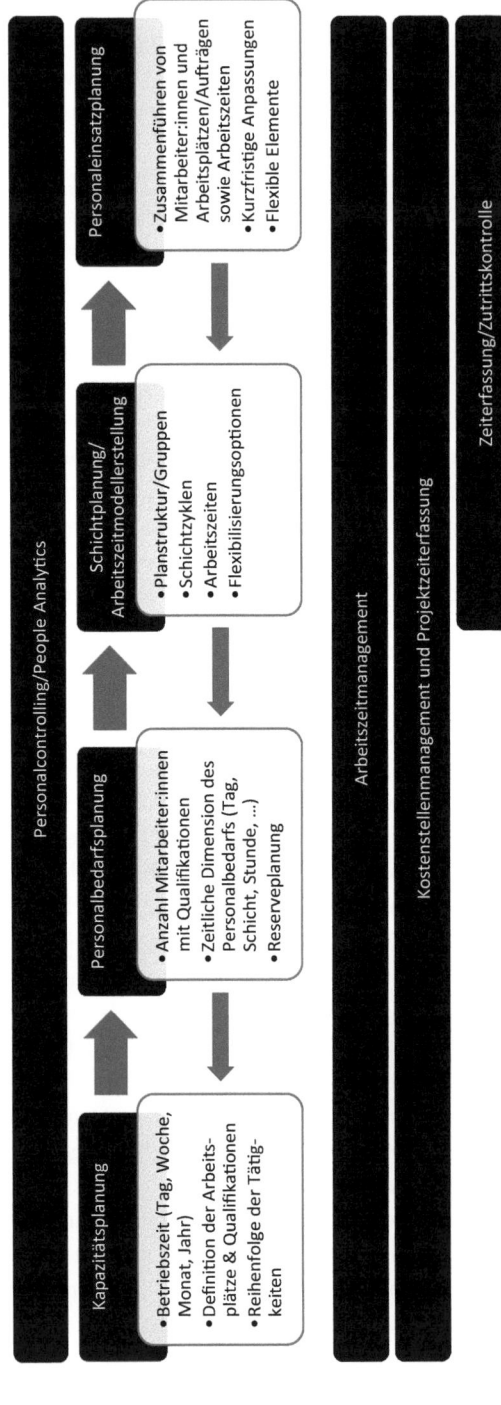

Abb. 6.1 Phasen im WFM-Prozess (Eigene Darstellung)

Bedarfsermittlung ist ereignisorientiert – so zum Beispiel das Eintreffen von LKWs oder Flugzeugen mit entsprechender Fracht zur Weiterverarbeitung. Mithilfe der Aggregat-Methode kann durch die Einplanung derartiger Ereignisse der Personalbedarf bestimmt werden. Zum Personalbedarf wird abschließend auch der Bedarf aus der Reserveplanung hinzugezählt (Hille und Tondorf 2019, S. 16–17), da gewöhnlich ein Teil der Mitarbeiter:innen geplant oder ungeplant abwesend ist.

Schichtplanung/Arbeitszeitmodellerstellung
In der dritten Phase des WFM-Prozesses werden die Arbeitszeitmodelle beziehungsweise Schichten sowie Flexibilitätsoptionen wie Gleitzeit festgelegt. Dabei werden im Rahmen der Schichtplanung auch häufig Schichtzyklen erstellt und Gruppengrößen ermittelt. Das Ziel ist es, Arbeitszeitmodelle und Schichten so zu definieren, dass der ermittelte Personalbedarf später bei der Personaleinsatzplanung bestmöglich abgedeckt werden kann. Der Aufwand für die Erstellung von Arbeitszeitmodellen, Schichten und gegebenenfalls Schichtzyklen ist meist sehr groß und teilweise sind Änderungen mitbestimmungspflichtig. Gewöhnlich werden Schicht- und Arbeitszeitmodelle daher nur selten angepasst, sodass Unternehmen eine notwendige Flexibilisierung ihrer Produktionsprozesse häufig vermissen lassen. Ein Negativbeispiel für eine sehr unflexible Planung bei starken Bedarfsschwankungen wäre das Festhalten an einem starren Arbeitszeitmodell (Arbeitsbeginn: 7 Uhr, Arbeitsende: 15 Uhr, feste Pause: 30 min, Gleitzeit: keine). Arbeiten alle Mitarbeiter:innen nach einem solchen Modell, können untertägige, wöchentliche oder auch saisonale Schwankungen im Personalbedarf nicht durch einen angepassten Personaleinsatz ausgeglichen werden. Unnötige Kosten durch Leerzeiten und Überstunden sowie ein schlechter Service und eine geringe Motivation der Mitarbeiter:innen wären nur einige der Folgen.

Personaleinsatzplanung
Die konkrete Zuweisung einzelner Mitarbeiter:innen zu Arbeitsplätzen oder Aufträgen sowie zu Arbeitszeiten, Schichten oder Schichtzyklen erfolgt in der Personaleinsatzplanung. Der Planungshorizont kann dabei unterschiedlich groß sein. Auch der Zeitpunkt, zu dem ein neuer Plan für die Mitarbeiter:innen einsehbar ist, kann variieren. Bei der Planung werden diverse Rahmenbedingungen berücksichtigt. Qualifikationen, Wünsche, Abwesenheiten, Saldenstände, gesetzliche/tarifliche Regelungen etc. fließen in die Planung ein. Auch kurzfristige Anpassungen, beispielsweise wegen ungeplanter Abwesenheiten einzelner Mitarbeiter:innen, werden in dieser Phase durchgeführt. Die Komplexität dieser Planungsphase ist nicht unerheblich, sodass excelbasierte Lösungen nur bei relativ einfachen Planungsproblemen verwendet werden sollten. Leistungsstarke Softwarelösungen ermöglichen hierbei eine vollautomatische Planvorschlagsgenerierung. Sogar die Erstellung von Planungsszenarien ist möglich. Ein kostenoptimaler Plan kann einer Planungsvariante mit höherem Servicegrad oder einem gegenüber Ausfällen robusteren Plan gegenübergestellt werden. Die Qualität dieser automatisch erstellten Planungsvorschläge hängt neben der funktionalen Tiefe und der

individuellen Parametrierung des Systems ganz entscheidend von den verwendeten Optimierungsalgorithmen ab (Günther 2010b, S. 17).

Der WFM-Prozess ist in Abb. 6.1 idealisiert dargestellt. In der Praxis wird es hiervon jedoch in der Regel Abweichungen geben. So können weitere Phasen hinzukommen. Beispielsweise wenn das WFM mit einer Tourenplanung oder einem System zur Produktionsplanung und Produktionssteuerung (PPS) gekoppelt ist. Zudem ist es in der Praxis teilweise üblich, Phasen zusammenzulegen. Im Handel werden beispielsweise für eine sehr bedarfsorientierte Planung die Phase der Arbeitszeitmodellerstellung und die Phase der Personaleinsatzplanung zusammengeführt. Arbeitszeitmodelle sind somit in der Phase der Personaleinsatzplanung nicht mehr fest vorgegeben, sondern lediglich die Rahmenbedingungen für ihre Erstellung. Im Zuge der Personaleinsatzplanung werden dann individuelle Arbeitszeiten für alle Mitarbeiter:innen und für jeden einzelnen Tag bestimmt, sodass der Personalbedarf sehr gut gedeckt wird. Es können aber auch einzelne Phasen übersprungen, zu jeweils vorgelagerten Phasen zurückgesprungen und so mehrere Phasen zyklisch durchlaufen werden (Günther 2010a, S. 14–17).

6.3 People Analytics und seine Entwicklungsstufen

Der Begriff „People Analytics" kann als „die zielgerichtete Nutzung von Daten und Datenanalysen zur Entscheidungsfindung im Personalmanagement" definiert werden (Mühlbauer et al. 2018, S. 108) und wird häufig mit Begriffen wie Workforce Analytics oder HR Analytics synonym verwendet (Tursunbayeva et al. 2018, S. 230; Kels und Vormbusch 2020, S. 71). Bei näherer Betrachtung weisen diese Begrifflichkeiten jedoch Abgrenzungsunterschiede auf. So fokussiert Workforce Analytics stärker als PA auf die operative und strategische Personalplanung, und bei HR Analytics stehen eher die Personalabteilung selbst und die Analyse ihrer Prozesse im Fokus. Im Rahmen dieses Beitrags dürfte damit die Gleichsetzung der Begriffe „People Analytics" und „Workforce Analytics" gerechtfertigt sein.

Je nach Reifegrad sind drei Entwicklungsstufen von PA zu unterscheiden, die in Abb. 6.2 dargestellt werden (Moser et al. 2021, S. 50) und als Weiterentwicklung des klassischen Personalcontrollings gelten.

Im Rahmen des deskriptivem PA als erster Entwicklungsstufe werden auf der Basis historischer Daten Sachverhalte dargestellt und analysiert – im Vordergrund steht demnach die Beantwortung der Frage „Was ist warum wann und wo geschehen?". Aufgrund ihrer Vergangenheitsorientierung weist diese Phase Ähnlichkeiten mit dem Personalcontrolling auf. Während man bei Letzterem jedoch lediglich Kennzahlen erstellt und versucht, Zusammenhänge zwischen Variablen zu entdecken, werden beim deskriptiven PA die Ursachen dieser Zusammenhänge ermittelt. Im Kontext von WFM sind dies unter anderem Fragestellungen zu den Gründen für eine bestimmte Krankheitsquote, Gründe für den Rückgang der Produktivität in einem Werk oder die Gründe für die Zunahme der Überstunden im letzten Quartal. Zum Teil werden in dieser Stufe

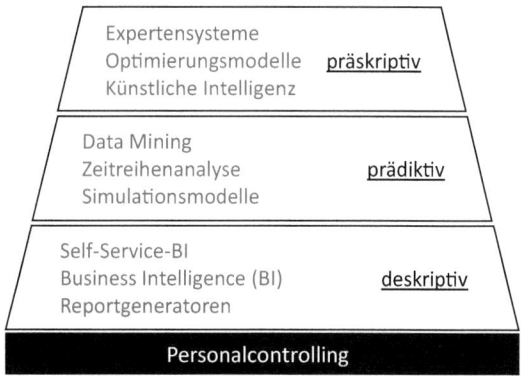

Abb. 6.2 Reifegrade und Technologien bei People Analytics (Eigene Darstellung)

noch Tabellenkalkulationen eingesetzt, sodass PA in dieser Phase meist durch aufwendige manuelle Tätigkeiten und Medienbrüche geprägt ist. Zielführender ist daher der Einsatz von sogenannten Reportgeneratoren. Mit ihnen können Layout und Inhalt der Berichte vorgeben werden, wobei sie über Schnittstellen auf relevante Datenquellen zugreifen – auch auf Systeme für das WFM. Berichte können dann im Idealfall zeitgesteuert aktualisiert und beispielsweise automatisch unter Beachtung eines Berechtigungskonzepts per E-Mail versendet werden. Bei einer Vielzahl an Daten mit zahlreichen Dimensionen nutzt man statt statischer Reports häufig Online Analytical Processing (OLAP) in Tools für Business Intelligence (BI). Bei OLAP werden die zu untersuchenden Daten in mehrdimensionalen Datenwürfeln gespeichert, um schnelle, dynamische Auswertungen zu ermöglichen. Beispielsweise können Nutzer:innen zur Analyse der für das WFM relevanten Krankheitsquote zunächst einzelne Standorte betrachten und dann weiter in die Daten der Unternehmensbereiche hineinzoomen. Ist ein Bereich auffällig, bietet sich die Detailanalyse der Krankheitsquote nach Wochentagen, Alterskohorten oder anderen Dimensionen an. Besonders nutzenstiftend ist in Unternehmen das Bereitstellen von Dashboards in Portalen, die über eine grafische Benutzeroberfläche zur Visualisierung von Daten verfügen. Berechtigte Nutzer:innen haben mithilfe der Dashboards die Möglichkeit, eigenständig Datenauswertungen vorzunehmen und sind dann nicht mehr von den Fachabteilungen abhängig.

Beim prädiktiven PA, der zweiten Entwicklungsstufe, werden statistische Zusammenhänge in Vergangenheitsdaten ermittelt, um auf Basis erkannter Muster Zukunftsprojektionen vornehmen zu können. So ist im Einzelhandel oder in der Eventbranche beispielsweise der statistische Zusammenhang zwischen dem Wetter und der Kundenzahl eine relevante Größe für die Prognose des Personalbedarfs. Zu diesem Zweck kommen meist Methoden des Data Minings zum Einsatz. Diese Methoden nutzen eine Vielzahl an Daten, die möglichst aufbereitet und in entsprechender Qualität in einem Data Warehouse oder einem Teildatenbestand eines Warehouse, einem Data Mart, liegen. Die ermittelten Zusammenhänge können dann in automatisierten Simulationsmodellen eingesetzt werden, um beispielsweise die Auswirkungen höherer Umsatzziele auf den

Personalbedarf zu quantifizieren. Die zugrunde liegenden Fragestellungen beim prädiktiven PA können sehr individuell sein. Standardsoftware ist daher nicht immer verfügbar oder beschränkt sich auf einzelne Aspekte wie beispielsweise die reine Simulation von Szenarien, ohne damit jedoch zuvor historische Daten analysieren zu können. Häufig kommen daher Eigenentwicklungen zum Einsatz, die aus mehreren Softwarekomponenten bestehen und sich individueller Analyseaufgaben annehmen.

Präskriptives PA ist die dritte Entwicklungsstufe von PA. In dieser Entwicklungsstufe besteht die Möglichkeit, digital unterstützte Handlungsempfehlungen zu entwickeln und somit die Qualität von Personalentscheidungen zu erhöhen. Zu diesem Zweck werden häufig Optimierungsmodelle sowie Expertensysteme und weitere Methoden der Künstlichen Intelligenz (KI) angewendet. Oft handelt es sich bei diesen Systemen ebenfalls um Eigenentwicklungen. Wenn ein Call Center beispielsweise die optimale Personalstruktur hinsichtlich der Teamzusammensetzung mit individuellen Soll-Arbeitszeiten und Qualifikationen ermitteln möchte, ist hierzu derzeit noch keine Standardsoftware am Markt verfügbar. Je nach Anwendungsfall können völlig unterschiedliche Werkzeuge sinnvoll sein. Die Palette reicht von GAMS und FICO Xpress über R, SAS, Python, Matlab bis hin zur Umsetzung in Java oder C#. Präskriptives PA stellt höchste Anforderungen an die Hardware, sodass derart anspruchsvolle Berechnungen zunehmend in der Cloud ausgeführt werden. Derartige Systeme produzieren über die Zeit eine Vielzahl an wertvollen Ergebnissen, die wiederum mit BI-Tools visualisiert und analysiert werden können.

6.4 Optimierung des Workforce Managements durch People Analytics

PA erweitert die Möglichkeiten des Personalcontrollings. Beide leisten einen signifikanten Wertbeitrag zur Optimierung des WFM. Geht man mit PA folglich über das klassische Personalcontrolling und über die Planung, Steuerung und Kontrolle mittels relativ einfach zu ermittelnder und teilweise wenig aussagekräftiger Kennzahlen hinaus, können weitere, signifikante Nutzenpotenziale für den Unternehmenserfolg im WFM gehoben werden. PA hilft dabei, sowohl die statistischen Wirkmechanismen innerhalb des WFM als auch zwischen WFM und anderen Unternehmensfunktionen stärker zu durchdringen und kann damit eine wichtige Grundlage für die Unterstützung des Unternehmenscontrollings sein. Zudem werden wesentliche Werttreiber innerhalb des WFM und deren Auswirkungen auf wichtige finanzielle Unternehmens- und Steuerungsgrößen eruiert.

6.4.1 Flexibilisierung des WFM

Das WFM ist insbesondere bei größeren Planungseinheiten ein äußerst komplexer Prozess, der durch viele Einflussfaktoren gekennzeichnet ist. Hierzu gehören beispielsweise gesetzliche und tarifliche Regelungen, Daten aus der Produktionsplanung oder der Tourenplanung, ungeplante Ausfälle, aber auch Verfügbarkeiten, Wünsche, Qualifikationen und Saldenstände der Mitarbeiter:innen. Prognose- und Planungsdaten des WFM werden häufig anhand von Trends der Vergangenheit ermittelt, indem etwa notwendige Kapazitäten und Personalbedarfe schlichtweg in prozentualer Abhängigkeit vom prognostizierten oder geplanten Umsatz des operativen Geschäfts in die Zukunft fortgeschrieben werden und damit eine reaktive Größe darstellen. Diese Trendextrapolation ist allerdings nur dann aussagekräftig, wenn die vergangene Geschäftsentwicklung stabil verlaufen ist und diese Stabilität auch für die Zukunft zutrifft. Dies dürfte infolge der VUCA-Welt und der damit verbundenen schnelllebigen Veränderung der Unternehmen und ihrer Umwelt aktuell allerdings immer weniger zutreffen und zu Fehlsteuerungen führen. An dieser Stelle kann PA einen wichtigen Mehrwert leisten, da es automatisiert die Wechselwirkungen der Einflussfaktoren schnell ermitteln und mittels Szenariotechnik Handlungsempfehlungen zur Optimierung des WFM liefern kann. Wenn beispielsweise in einem Call Center der Servicelevel an mehreren aufeinanderfolgenden Tagen schlecht war, dann steigt die Wahrscheinlichkeit einer erhöhten Anrufzahl in den Folgetagen. In dieser Situation ist es wichtig zu wissen, in welchen Stunden mit einem zusätzlichen Personalbedarf gerechnet werden muss und wie dieser bestmöglich zu decken ist. Mit PA kann aber auch bestimmt werden, wie die optimale Personalstruktur mit den entsprechenden Qualifikationen langfristig aussehen muss, um derartige Situationen von vornherein zu vermeiden.

Das Nutzenpotenzial von PA durch die Verzahnung von Daten aus allen Phasen und Aktivitäten im WFM-Prozess macht folgendes Beispiel deutlich: Ein:e Filialleiter:in im Einzelhandel oder ein:e Schichtführer:in in der Produktion erhält direkt in der Personaleinsatzplanung auf Basis aufbereiteter Daten sowie hinterlegter Regelungen einen Überblick über die Auswirkungen des eigenen Handelns und kann mithilfe von PA auch Simulationen zu den Auswirkungen unterschiedlicher Krankheitsquoten oder einer veränderten Auftragslage auf den Servicelevel beziehungsweise auf die Liefertreue durchführen – und das ohne Zeitverzug.

Der Einsatz von PA kann damit auch zur Flexibilisierung des Personalbestandes in Abhängigkeit von der Auftragslage führen. Die Auswirkungen von Steuerungsmaßnahmen wie Kurzarbeit oder Überstunden können mithilfe von Szenarien durchgespielt werden.

6.4.2 Beitrag zum Unternehmenserfolg durch digitales WFM

Beim WFM ist ein zunehmender Trend zur Digitalisierung der einzelnen Phasen und flankierenden Aktivitäten festzustellen (Wintzen et al. 2019, S. 17). Mit der Einführung leistungsfähiger WFM-Software kann ein signifikanter Beitrag zum Unternehmenserfolg geleistet werden. Dies wird unter anderem durch vermiedene Medienbrüche, Automatisierung, aber auch durch eine gestiegene Transparenz und datengetriebene Entscheidungen erreicht, wie die nachfolgenden Praxisbeispiele zeigen (Günther 2008, S. 137). Dabei hängt das Ausmaß des Nutzens von vielen Faktoren ab: Unternehmensgröße, -organisation und -kultur sowie das Geschäftsmodell und die bisherige Ausgestaltung des WFM. Aber auch die Fähigkeit des Unternehmens, Veränderungsprozesse erfolgreich umzusetzen und Instrumente zur Steigerung der WFM-Agilität einzuführen (wie beispielsweise PA), sind für den Grad der Zielerreichung ausschlaggebend.

- Thalia Bücher AG: Innerhalb von sieben Monaten wurden Überstunden um 75 % reduziert.
- EDEKA Minden-Hannover Holding GmbH: Einsparung von 200.000 EUR pro Jahr sowie Reduzierung von etwa 12.000 h pro Jahr an administrativer Tätigkeit.
- Max Bahr Holzhandlung GmbH & Co. KG: Reduktion der Mehrarbeit von 50.000 h auf 1000 h innerhalb eines Jahres.
- Telefónica O2 Germany GmbH & Co. OHG: Reduzierung der Überstunden in 18 Monaten um 50 % in den Shops.
- Logistikdienstleister im Ground-Handling eines Flughafens: Reduktion der Überdeckung im Personaleinsatzplan um 86 % und der Unterdeckung um 55 %, wobei 30 % weniger Vollzeitäquivalente benötigt werden.

6.4.3 Optimierung der Personalkosten

Infolge eines optimierten WFM und des folglich passgenauen Personaleinsatzes werden teure Überstunden sowie Leerzeiten reduziert. Voraussetzung für den optimalen Personaleinsatz im Rahmen der Personaleinsatzplanung ist ein Personalbedarf, der bestmöglich prognostiziert wird, wozu sich Methoden des prädiktiven PA eignen. Auch in der Arbeitszeitmodellerstellung findet PA Anwendung, um die Personalkosten zu optimieren. Geht man über die Erstellung klassischer Kennzahlen hinaus, und reichert Daten aus dem Arbeitszeitmanagement um weitere Unternehmensdaten an, bietet dies einen deutlichen Mehrwert. So wird mit deskriptivem PA zusätzlich zur Analyse der Arbeitszeiten auch der Aspekt der jeweils zugeordneten Lohn- und Gehaltsarten mit den entsprechenden Saldenständen einbezogen. Hieraus kann unter anderem abgeleitet werden, wann Zuschläge für Bereitschaftsdienste anfallen. Stellt sich beispielsweise heraus, dass Bereitschaftsdienste quasi als Verlängerung der eigentlichen Schicht dienen, würde sich die Einführung von Gleitzeitkonten mit Ampelphasen als kostengünstige Alternative anbieten, da für diese Zeiten keine Zuschläge anfallen.

6.4.4 Steuerung der Personalressource

Beim Personalcontrolling werden häufig relevante Kennzahlen wie Deckungsbeitrag, Produktivität, Auslastung, Auftragseingang, Krankheitsquote, Anzahl Arbeitsunfälle und Ausschussquote je Abteilung oder sogar Arbeitsplatz erhoben und analysiert. Im Rahmen von PA geht man einen Schritt weiter und bringt diese Kennzahlen mit weiteren Variablen wie beispielsweise den jeweiligen Arbeitszeiten oder den arbeitsergonomischen Aspekten von Schichtzyklen in Zusammenhang und generiert dadurch neues Wissen für eine wertschöpfende Steuerung der Personalressource. Sind beispielsweise die Produktivität und die Zufriedenheit der Mitarbeiter:innen in der Nachtschicht auffallend gering, wäre dies ein Anlass, mögliche Kapazitätsverschiebungen in die Tages- oder Spätschicht anzustoßen. In einem konkreten Beispiel zum Einsatz des deskriptiven PA hat ein Logistikdienstleister mit mehreren Verteilzentren Daten zur Krankheitsquote seiner Standorte analysiert. Gerade der Vergleich mehrerer Standorte mit ähnlichen Aufgaben und Strukturen liefert häufig wertvolle Erkenntnisse für das Controlling. So war die Krankheitsquote an einigen Standorten auffallend hoch, was an schlechten arbeitsergonomischen Abläufen lag, die bei den anderen Standorten so nicht auftraten. Mit diesem Wissen konnte der Logistikdienstleister seine Arbeitsabläufe in den auffälligen Standorten anpassen.

Für eine hohe Produktivität ist häufig auch die optimale Zusammensetzung von Teams entscheidend. Anhand von Informationen aus E-Mails, Stimmanalysen und Bewegungsprofilen hat beispielsweise das US-Unternehmen „Humanyze" Kollaborationsprofile erfolgreicher und weniger erfolgreicher Teams identifiziert. Anschließend konnten bei einem Pharmahersteller die Teamzusammensetzung und in einer Bank die Anordnung von Arbeitsplätzen optimiert werden (Humanyze 2022). Allerdings kann dieses Verfahren in Deutschland aufgrund von datenschutzrechtlichen Bestimmungen nur begrenzt eingesetzt werden.

PA ist in der Personalbedarfsplanung besonders nutzenstiftend, wenn mit einem prädiktiven Ansatz Szenarien simuliert werden. Dieses Vorgehen kann mit einem eher langfristigen Zeithorizont beispielsweise angewendet werden, um den Einfluss des demografischen Wandels sowie etwaiger Veränderungen des Produktportfolios und der Absatzmengen im Rahmen von Szenarien zu simulieren. Unter zusätzlicher Berücksichtigung der Fluktuation und ermittelter Karrierepfade mit Übergangswahrscheinlichkeiten kann dann der zukünftige Neueinstellungs- und Fortbildungsbedarf für einzelne Jobgruppen bestimmt werden. Aber auch bei einem kürzeren Simulationszeitraum von wenigen Tagen oder Wochen können wertvolle Erkenntnisse zu den Effekten einer schwankenden Auftragslage auf den Personalbedarf und zur Robustheit der eigenen Planung gewonnen werden.

6.4.5 Unterstützung des Unternehmenscontrollings

Insbesondere im VUCA-Kontext eignen sich vor allem das prädiktive und das präskriptive PA zur Verbesserung der Planungs- und Prognosequalität. Hat ein Unternehmen in seiner Strategie beispielsweise die Erschließung weiterer Absatzmärkte festgelegt, so hat dies Auswirkungen auf die Absatz-, Produktions-, Investitions- und Finanzplanung mit entsprechenden Implikationen auf das WFM. Da derartige Planungen weit in die Zukunft reichen und ihre konkrete Zielerreichung von zahlreichen Parametern abhängen, die einer Unsicherheit unterliegen, sind Simulationen von Szenarien hilfreich. Diese ermöglichen es, den Einfluss von Parametern besser zu verstehen und so robuste Entscheidungen zu treffen. Im Idealfall werden derartige Simulationen über alle vier Phasen des WFM-Prozesses ausgerollt.

6.5 Zusammenfassung und Ausblick

Ein klassisches Personalcontrolling ist für das WFM unverzichtbar. Da es jedoch vor allem vergangenheitsorientiert ist, stößt es in der VUCA-Welt an seine Grenzen. So führt die Vielzahl der sich schnell ändernden Rahmenbedingungen zu komplexen Fragestellungen im WFM, die manuell, durch Anwendung von vergangenheitsorientiertem Erfahrungswissen nicht mehr zufriedenstellend gelöst werden können. An dieser Stelle setzt PA an, welches als Erweiterung des klassischen Personalcontrollings zu verstehen ist und das Potenzial zur empirischen Validierung wichtiger Personal- und Managemententscheidungen mittels Technologisierung ausschöpft. Daher wird PA zusätzlich zum klassischen Personalcontrolling auch als unterstützende Aktivität im WFM-Prozess gesehen. Das Anwendungsspektrum von PA erstreckt sich dabei über alle Phasen des WFM-Prozesses und reicht von deskriptiven Analysen bis hin zu Simulationen mit einer Quantifizierung der Auswirkungen personalwirtschaftlichen Handelns.

Gleichwohl werden insbesondere im WFM die Relevanz und der Mehrwert fortgeschrittener datengetriebener Analysen noch immer unterschätzt – dabei können durch WFM Effizienz und Agilität beim bedarfsorientierten Personaleinsatz gesteigert werden, wodurch wiederum die Wettbewerbsfähigkeit von Unternehmen erhöht wird. Doch trotz der Notwendigkeit einer datengestützten Entscheidungsfindung sowie eines Controllings dieser Entscheidungen kommen beim WFM in der Praxis relativ häufig Erfahrungswerte und Tabellenkalkulationen zum Einsatz. Dabei verfügen leistungsfähige Softwarelösungen für WFM häufig bereits über Komponenten zur Nutzung von PA. Laut einer Studie der INFORM setzen jedoch nur 37 % der befragten Unternehmen eine Spezialsoftware für die Planung des Personaleinsatzes ein (INFORM, 2020, S. 13). Im Trendmonitor Workforce Management sind es 56 % der befragten Unternehmen, wobei Wintzen et al. (2019, S. 17) bereits eine Entwicklung weg von Erfahrungswerten und Tabellenkalkulationen hin zu leistungsfähiger Standardsoftware für WFM feststellen. Beschleunigt wird der Trend zur datengestützten Entscheidungsfindung zudem durch die Corona-Pandemie und dem Wunsch nach mehr Transparenz bzgl. Lieferketten, Kund:innen und Mitarbeiter:innen. Einer aktuellen Studie zufolge (BARC 2021, S. 6–7) wird sich dieser Trend auch nach dem Ende der Pandemie weiter fortsetzen.

Literatur

BARC (2021). BARC Guide. Data, BI & Analytics 2022.
Feldmann HW (2006). Workforce Productivity. Ganzheitliche Optimierungsstrategien für Human Resources. Hirschenverlag, Fürth.
Günther M (2008). A Practical Application for Demand Driven Workforce Management in Retailing. In 22. Workshop Planen, Scheduling und Konfigurieren, Entwerfen (PuK 2008), S. 135–141.
Günther M (2010a). Hochflexibles Workforce Management. Herausforderungen und Lösungsverfahren. Dissertation, TU Ilmenau.
Günther M (2010b). Workforce Management. Automatische Planerstellung auf Knopfdruck. HR-Performance (18): 13–17.
Hille S, Tondorf B (2019). Bedarfsgerechte Arbeitszeitsysteme in der Praxis. Reserveplanung. Umgang mit Ausfallzeiten der Beschäftigten in Schichtplänen. Institut für angewandte Arbeitswissenschaft, Düsseldorf. https://www.arbeitswissenschaft.net/fileadmin/Downloads/Angebote_und_Produkte/Broschueren/Broschu__re_Bedarfsgerechte_Arbeitszeitsysteme_Reserveplanung_web.pdf. Zugegriffen: 07.06.2022.
Humanyze (2022). Lösungen für die Arbeitsplatzstrategie. https://humanyze.com/de/solutions-workplace-strategy. Zugegriffen: 07.06.2022.
INFORM (2020). COVID-19. Herausforderungen für den Personaleinsatz. Studie zur Digitalisierung im Personaleinsatz und Infektionsschutz 2020. https://www.inform-software.de/workforcemanagement/studie. Zugegriffen: 07.06.2022.
Kels P, Vormbusch U (2020). People Analytics im Personalmanagement. Auf dem Weg zur automatisierten Entscheidungskultur? Industrielle Beziehungen (27): 69–88.
Miebach Consulting (2008). Personalbedarfsplanung. Personalplanungs- und Flexibilisierungsmethoden in der logistischen Praxis.
Moser M, Hänel S, Günther M, Hastenteufel J (2021). Bedeutung von People Analytics für das Unternehmenscontrolling. Controller Magazin (4): 49–53.
Mühlbauer D, Huff J, Süß J (2018). People Analytics und Arbeit. In Werther S, Bruckner L (Hrsg) Arbeit 4.0 aktiv gestalten. Die Zukunft der Arbeit zwischen Agilität, People Analytics und Digitalisierung. Springer, Berlin, S. 107–132.
Tursunbayeva A, Di Lauro S, Pagliari C (2018). People analytics. A scoping review of conceptual boundaries and value propositions. International Journal of Information Management (43): 224–247.
Wintzen J, Romeiser H, Lindroth H, Herbers J (2019). Trendmonitor Workforce Management. https://www.wintzen-consulting.de/files/download/wta-studie-2019-trendmonitor-wfm.pdf. Zugegriffen: 07.06.2022.

Reifegradmodell für den digitalen Wandel im Controlling eines Krankenhauses

Ein Ansatz für die systematische Erhöhung des digitalen Reifegrads

Claudia Hess, Anne-Lena Stierle und Susanne Weber

> **Zusammenfassung**
>
> Mithilfe von Reifegradmodellen für die digitale Transformation können Unternehmen systematisch ihren eigenen Ist-Zustand bezüglich der digitalen Transformation bestimmen. Durch die Betrachtung der verschiedenen Dimensionen entsteht ein ganzheitliches Bild hinsichtlich dessen, was für eine erfolgreiche digitale Transformation nötig ist. Dieser Beitrag stellt Reifegradmodelle vor, die speziell für das Controlling entwickelt wurden und zeigt die Anwendung eines solchen Reifegradmodells für das Controlling eines Klinikums in einer deutschen Großstadt. Auf Basis der Gegenüberstellung des Ist- und Ziel-Zustands wird ein konkreter Maßnahmenkatalog erarbeitet. Dieser kann Controllingabteilungen anderer Unternehmen als Inspiration dienen.

7.1 Einleitung

Die digitale Transformation verändert Unternehmen und deren Arbeitsweise elementar und betrifft alle Bereiche des Unternehmens, von der Produktion bis hin zu Supportfunktionen wie beispielsweise dem Controlling (Rasch und Koß 2015, S. 5). Durch die

C. Hess (✉) · A.-L. Stierle (✉)
IU Internationale Hochschule, München, Deutschland
E-Mail: claudia.hess@iu.org

A.-L. Stierle
E-Mail: anne-lena.stierle@iubh-fernstudium.de

S. Weber (✉)
München, Deutschland
E-Mail: susanne.weber@iu.org

Digitalisierung ergeben sich neue Chancen, aber auch Herausforderungen, denen sich jede Branche stellen muss.

Um Unternehmen den Einstieg in die digitale Transformation zu erleichtern und sich ihrer Potenziale bewusst zu werden, existieren bewährte und methodisch fundierte Reifegradmodelle, anhand derer der Reifegrad bezüglich der Digitalisierung eines gesamten Unternehmens oder eines Unternehmensbereichs, wie zum Beispiel des Controllings, bestimmt werden kann. Das Reifegradmodell hilft dabei, strukturiert einen Ist- und Ziel-Zustand der Digitalisierung zu bestimmen, um daraus Maßnahmen für die weitere digitale Transformation abzuleiten (Appelfeller und Feldmann 2018, 13–16). Aufgrund der zunehmenden Komplexität entstanden in den letzten Jahren Reifegradmodelle, die auf bestimmte Branchen oder Unternehmensbereiche spezialisiert sind, so auch für das Controlling.

Dieser Beitrag beschreibt, wie mithilfe eines solchen Reifegradmodells der Digitalisierungsgrad der Controllingabteilung eines Krankenhauses systematisch analysiert werden kann und darauf aufbauend ein Maßnahmenkatalog abgeleitet wird. Die dargestellte Fallstudie wurde in Zusammenarbeit mit der Controllingabteilung eines Klinikums in einer deutschen Großstadt durchgeführt, welches als Krankenhaus der Stufe Maximalversorgung fast alle gängigen medizinischen Disziplinen umfasst. Die Komplexität dieses umfassenden Leistungsangebots bringt besondere Herausforderungen für das Controlling mit sich. Dabei wurden nicht nur der Ist- und Ziel-Zustand analysiert, sondern auch kurz- und mittelfristig umsetzbare Handlungsempfehlungen mit der Controllingabteilung erarbeitet.

7.2 Reifegradmodelle für die digitale Transformation

7.2.1 Einsatzbereiche, Aufbau und Zweck von Reifegradmodellen

Reifegradmodelle haben ihren Ursprung im Qualitätsmanagement (Appelfeller und Feldmann 2018, S. 13). Ein sehr bekanntes und in der Praxis weitverbreitetes Reifegradmodell ist CMMI (Capability Maturity Model Improvement) (Appelfeller und Feldmann 2018, S. 13). Ziel dieses Modells ist es, Prozesse und Fähigkeiten eines Unternehmens zu analysieren, um sie zu verbessern. Das CMMI verfolgt den Grundgedanken, dass die Qualität eines Produktes wesentlich vom Prozess seiner Entstehung abhängt (Greb und Kneuper 2010). Das Reifegradmodell unterstützt dabei, ausgehend von einem Ist-Zustand den Prozess zur Erreichung des Ziel-Zustandes (Barsch 2019, S. 16). Für die Bewertung definiert CMMI die fünf Reifegrade – (1) Initial, (2) Geführt, (3) Definiert, (4) Quantitativ geführt und (5) Prozessoptimierung (Greb und Kneuper 2010).

Neben CMMI gibt es eine Vielzahl weiterer Reifegradmodelle für verschiedene Domänen wie zum Beispiel für das IT-Management, das Projektmanagement, die Software- und Systementwicklung oder auch für die digitale Transformation. Generell sind diese Reifegradmodelle ähnlich aufgebaut. Sie enthalten Merkmale oder Dimensionen, anhand derer der Reifegrad bestimmt wird (Stoffers et al. 2021, S. 8). Diese Dimensionen beschreiben den Untersuchungsbereich, der durch die Anwendung des Reifegradmodells analysiert werden soll (Egloffstein et al. 2019, S. 32). Zudem werden Reifegrade oder Stufen definiert, anhand derer die konkrete Einordnung erfolgt. Viele Reifegradmodelle beschreiben diese Stufen, indem sie zum Beispiel Anforderungen für das Erreichen der Stufe festlegen oder Charakteristika darstellen, die Unternehmen auf der jeweiligen Stufe typischerweise erfüllen. Hinsichtlich der Bewertung lassen sich zwei Ausprägungen unterscheiden (Egloffstein et al. 2019, S. 32). Die Einordnung in Reifegrade kann stufenweise erfolgen, sodass das nächste Level erst erreicht wird, wenn alle Anforderungen erfüllt sind (Stufenmodell). Bei den sogenannten kontinuierlichen Modellen hingegen können sich die Dimensionen in unterschiedlichen Reifegraden befinden (Egloffstein et al. 2019, S. 32).

Reifegradmodelle werden insbesondere mit dem Ziel der Leistungsbewertung, der Leistungssteigerung und des Leistungsvergleichs eingesetzt (Barsch 2019, S. 17). Unter der Leistungsbewertung wird verstanden, dass Unternehmen mithilfe von Reifegradmodellen ihren Ist-Zustand anhand von vordefinierten Bezugsgrößen als Ausgangspunkt ermitteln (Stoffers et al. 2021, S. 10). Unternehmen profitieren von Reifegradmodellen, da sie ein bewährtes, bereits von anderen Unternehmen erfolgreich eingesetztes Modell verwenden (Jacobs o. J.). Darauf aufbauend helfen Reifegradmodelle bei der Leistungssteigerung, indem sie das Bewusstsein und den Fokus auf die Bereiche im Unternehmen mit großem Verbesserungspotenzial lenken (Berhaus und Back 2016, S. 99). Dadurch können Handlungsbedarfe erkannt und Maßnahmen geplant werden (Schenk und Schneider 2019, S. 1). Bei einem Leistungsvergleich wird die Reife des Unternehmens mit der Reife anderer Unternehmen, insbesondere mit Wettbewerbern verglichen. Die Standardisierung der Reifegradmodelle gewährleistet die Vergleichbarkeit (Barsch 2019, S. 17). Nicht nur das Unternehmen selbst profitiert von dem Benchmarking. Auch gegenüber Kunden oder Auftraggebern kann die Reife nachgewiesen werden.

7.2.2 Überblick über Reifegradmodelle für die digitale Transformation

Je nach Anforderung existieren mittlerweile sehr differenzierte Reifegradmodelle für die digitale Transformation. Generische Reifegradmodelle wie das Referenzmodell für ein digitales Unternehmen nach Appelfeller und Feldmann können grundsätzlich in jedem Unternehmen, unabhängig von Größe oder Branche angewendet werden (2018). Andere Reifegradmodelle haben einen spezifischen Fokus wie zum Beispiel Industrie 4.0 (Jodlbauer und Schagerl 2016; Leyh et al. 2016; Schuh et al. 2020) oder sind auf bestimmte Unternehmensbereiche wie Einkauf (Kleemann und Glas 2017) oder Controlling (Koß 2016; Langmann 2019; Stoffers et al. 2021) angepasst. Außerdem finden sich online sogenannte Quick Checks zur Bestimmung des Reifegrads der digitalen Transformation. Da diese aber nur einer schnellen, ersten Orientierung dienen, werden sie im Folgenden nicht weiter betrachtet.

Die hier aufgeführten Reifegradmodelle für die digitale Transformation folgen dem in Abschn. 7.2.1 beschriebenen Aufbau. Sie definieren demnach mehrere Dimensionen anhand derer verschiedene Aspekte der Digitalisierung analysiert werden. Beispiele für häufig anzutreffende Dimensionen sind die Digitalisierung der Geschäftsprozesse, die digitale Anbindung der Lieferanten und Kunden, sowie die Qualität der IT-Unterstützung. Pro Dimension legen viele Reifegradmodelle der digitalen Transformation wiederum eine Reihe von Eigenschaften beziehungsweise Kriterien fest. Diese können sich in Abhängigkeit des Einsatzbereichs des Reifegradmodells wesentlich unterscheiden. Die einzelnen Kriterien werden schließlich anhand einer einheitlichen Skala, zum Beispiel von 1 bis 5 bewertet.

▶ Grundsätzlich besteht die Möglichkeit, ein Reifegradmodell an die unternehmensspezifischen Bedürfnisse anzupassen, indem zum Beispiel Kriterien modifiziert werden, weitere Kriterien ergänzt oder einzelne Kriterien aus der Bewertung ausgenommen werden.

7.2.3 Reifegradmodell von Langmann

Im Folgenden werden die für die Fallstudie in Frage kommenden Reifegradmodelle vorgestellt.

Das Reifegradmodell von Langmann enthält sechs Dimensionen, anhand derer die digitale Reife des Controllings eines Unternehmens bestimmt wird. Um die Selbsteinschätzung zu erleichtern, erläutert Langmann jede Dimension mit Beispielen (2019):

- **Rollenmodell:** Die Dimension „Rollenmodell" beschreibt, wie sich die Aufgaben und das Rollenverständnis des Controllings und der Mitarbeitenden mit einer zunehmenden Digitalisierung verändern. Dies führt zu einer neuen Rolle des Controllings, weg von dem reinen Reporting von Zahlen hin zur aktiven Unterstützung des Managements.
- **Organisation:** Die Dimension „Organisation" untersucht den Aufbau des Controllingbereichs und den Stellenwert der Data Science. Mit zunehmender Digitalisierung kann die Organisation so gestaltet werden, dass standardisierte Prozesse in Shared-Service-Centern (SSC) gebündelt werden. Dabei gibt es eine dezidierte Digitalisierungseinheit, die die Datenanalyse und Automatisierung vorantreibt.
- **Prozesse:** Die Dimension „Prozesse" untersucht den aktuellen Digitalisierungsgrad der zentralen Controllingprozesse. Der Fokus liegt dabei auf den Prozessen, die besonders viel Kapazität binden, denn hier bietet die Digitalisierung großes Potenzial zur Optimierung. Dazu zählen das Reporting, die operative Planung, das Forecasting und die Kostenrechnung (Kirchberg und Müller 2016). Kennzeichen eines hohen

Reifegrads sind die systematische Nutzung von Predictive Analytics und der Einsatz von Workflow-Systemen sowie spezieller Softwarelösungen für die Unternehmenssteuerung.

- **Governance:** Die expandierende Verfügbarkeit und Menge von Daten und die digitale Verarbeitung führen dazu, dass das Thema „Data Governance" an Relevanz gewinnt. Die Dimension „Governance" ermittelt, inwieweit ein solcher Ordnungsrahmen für das Datenmanagement existiert. Relevante Fragestellungen sind, ob zentrale Richtlinien zum Umgang mit Daten vorhanden sind, wer die Einhaltung dieser Richtlinien prüft und ob diese Verantwortung explizit im Controlling verankert ist. Das Controlling wird nur dann in der Lage sein, mit Hilfe neuer digitaler Technologien belastbare und korrekte Analysen und Prognosen zu liefern, wenn die Qualität der zugrunde liegenden Daten gesichert ist (Gillhuber und Tiedemann 2020, S. 8–9).
- **IT-Systeme:** Die Dimension „IT-Systeme" bewertet die Reife aus technischer Sicht – im Gegensatz zur Dimension Prozesse, die die Qualität der IT-Unterstützung der Prozesse betrachtet. Dabei sind Aspekte wie die Homogenität der Systemlandschaft, ein zentrales Datenmanagement und die gezielte Nutzung von Cloud-Lösungen von hoher Relevanz.
- **Personal & Kompetenzen:** Die Dimension „Personal & Kompetenzen" ist eng mit den Dimensionen „Rollenmodell" und „Organisation" verbunden. Veränderte Rollen und Organisationsstrukturen erfordern neue Kompetenzen (Keimer et al. 2017, S. 831). Daher beschäftigt sich diese Dimension mit der Personalauswahl und dem Auf- und Ausbau der zukünftig signifikanten Kompetenzen im Controlling.

Der Vorteil des Reifegradmodells von Langmann im Vergleich zu generischen Reifegradmodellen wie z.B. dem von Appelfeller und Feldmann besteht darin, dass es bereits auf den Unternehmensbereich „Controlling" zugeschnitten ist. Beschreibungen der Dimensionen verwenden zum Beispiel die im Controlling üblichen Begrifflichkeiten und geben Beispiele aus dem Arbeitsalltag von Controller:innen. Dieses Reifegradmodell wird daher auch in der in Abschn. 7.3 beschriebenen Fallstudie verwendet.

Die für das Controlling relevanten sechs Dimensionen sind: Rollenmodell, Organisation, Prozesse, Governance, IT-System und Personal & Kompetenzen. Die Selbsteinschätzung für jede Dimension erfolgt anhand einer Bewertungsskala von eins bis fünf, wobei eins für die niedrigste und fünf für die höchste Ausprägung steht. Durch Addition der auf der Bewertungsskala erreichten Punktzahl kann jede Dimension des Controllings in eine von drei Kategorien, welche die digitale Reife darstellen, eingeordnet werden. Alle Dimensionen zusammengefasst ergeben in der Summe die Zuordnung des gesamten Controllings in eine Kategorie. Die drei Kategorien sind

- Digital Newbie (6–12 Punkte),
- Digital Mainstream (13–24 Punkte) und
- Digital Pioneer (25–30 Punkte).

Dimension \ Einstufung	Digital Newbie (6-12 Punkte)	Digital Mainstream (13-24 Punkte)	Digital Pioneer (25-30 Punkte)	Summe
Rollenmodell				
Organisation				
Prozesse				
Governance				
IT-Systeme				
Personal & Kompetenz				
Summe				

Abb. 7.1 Übersicht über die Dimensionen und Kategorien des Reifegradmodells nach Langmann (Eigene Darstellung in Anlehnung an Langmann 2019, S. 50)

Abb. 7.1 zeigt die Bewertungsmatrix mit den Dimensionen und Kategorien, in welcher Unternehmen ihre digitale Reife erfassen können.

7.2.4 Reifegradmodell von Koß

Ein weiteres Reifegradmodell für die Digitalisierung des Controllings ist das Modell von Koß. Es basiert auf einem Modell der PricewaterhouseCoopers GmbH, welches vier Wellen zur Einstufung der Unternehmen beschreibt. In der ersten Welle geht es primär um die Absatzsteigerung durch die Nutzung digitaler Kanäle. In der zweiten Welle wird der Kunde in den Fokus gestellt, indem Kundendaten analysiert und so individuelle Angebote erstellt werden. Die dritte Welle bezieht den Kunden aktiv mitein, indem er seine Wünsche interaktiv und digital äußern kann. In der vierten Welle wird ein digitales Ökosystem entwickelt, welches sich um die Kunden zentriert. Koß adaptiert diese vier Wellen auf das Controlling. In der ersten Welle liegt der Fokus noch nicht beim Kunden, sondern auf der Datensammlung. Dabei existieren Insellösungen mit direkten Schnittstellen. Die Systemlandschaft ist heterogen. Die zweite Welle richtet die Aufmerksamkeit mehr auf den Kunden und die von ihm benötigten Analysen. In der dritten Welle ändert sich das Rollenverständnis des Controllings hin zum Berater der Unternehmensführung. Die letzte Welle markiert ein digitales Ökosystem, in dem das Controlling in Entscheidungen involviert ist und selbst Handlungsempfehlungen formuliert (Koß 2016, S. 36).

7.2.5 Reifegradmodell von Stoffers et al.

Das Reifegradmodell von Stoffers et al. (2021) konzentriert sich auf die Management-Reporting-Prozesse. Das Modell richtet sich vor allem an Einzelunternehmen, wobei der Fokus insbesondere auf KMU liegt. Es berücksichtigt bei KMU häufig anzutreffende Besonderheiten im Management-Reporting, sowie die aufgrund der Unternehmensgröße limitierten Ressourcen. Zur Ermittlung des Ist-Zustandes lässt sich das Modell bei der Erfüllung der Rahmenbedingungen auch auf größere Unternehmen projizieren. Die Reifegradbestimmung erfolgt als Selbstbewertung anhand eines Fragebogens. Dabei werden die vier Dimensionen Datenbereitstellung, Berichtserstellung und -validierung, Kommunikation und Umfeld analysiert. Jede dieser Dimensionen wird durch Subdimensionen ergänzt, welche eine differenzierte Bewertung zulassen. Auf dieser Basis werden Entwicklungspfade aufgezeigt, die entlang der vier aufsteigenden Kategorien verlaufen:

- keine Digitalisierung,
- fragmentierte Digitalisierung,
- ausgeprägte Digitalisierung und
- vollständige Digitalisierung.

7.3 Fallstudie: Anwendung des Reifegradmodells auf das Controlling im Klinikum Salus

7.3.1 Unternehmen

Zur besseren Lesbarkeit bekommt das analysierte Krankenhaus den fiktiven Namen „Klinikum Salus". Es befindet sich in einer deutschen Großstadt. Es kann als Maximalversorger eingestuft werden, weil es ein breites Behandlungsspektrum mit fast allen gängigen medizinischen Disziplinen anbietet. Jährlich werden circa 85.000 Patient:innen stationär von über 6500 Mitarbeiter:innen behandelt. Im Jahr 2019 hatte das Klinikum Umsatzerlöse in Höhe von 620 Mio. €. Das Klinikum ist in medizinische Zentren strukturiert, die von einer ärztlichen Person geleitet werden. Für jedes Zentrum sind ein oder mehrere Controller:innen, insgesamt 20 Personen, zuständig. Sie verantworten für ihr Zentrum alle controllingspezifischen Aufgaben, von der Planung der jährlichen Budgets über die unterjährige Steuerung bis hin zur Erstellung von Ad-hoc-Auswertungen. In regelmäßigen Meetings werden zentrumsübergreifend aktuelle Themen diskutiert, ansonsten arbeitet das Controlling der einzelnen Zentren unabhängig voneinander.

7.3.2 Methodik

Die Fallstudie wurde zwischen März und April 2021 durchgeführt. Begonnen wurde mit der Auswahl eines geeigneten Reifegradmodells. Am effektivsten ist es ein Reifegradmodell, das spezifisch auf die Bewertung des Controlling-Bereichs zugeschnitten ist, auszuwählen. Das Modell von Stoffers et al. war zum Zeitpunkt der Durchführung der Fallstudie noch nicht veröffentlicht. Zwischen den Reifegradmodellen von Langmann und von Koß fiel die Entscheidung auf das Modell von Langmann. Es arbeitet mit konkreten Dimensionen und Beispielen, sodass eine Anwendung in der Praxis leichter fällt als dies bei dem Modell von Koß der Fall ist.

Als nächstes wurde für die einzelnen Dimensionen des Reifegradmodells jeweils der Ist- und Ziel-Zustand bestimmt. Dabei können grundsätzlich qualitative und quantitative Methoden verwendet werden (Barsch 2019, S. 19). Zu den qualitativen Methoden zählen beispielsweise Interviews mit Expert:innen, zu den quantitativen Methoden die Arbeit mit Fragebögen (Appelfeller und Feldmann 2018, S. 15). In der vorliegenden Fallstudie kamen qualitative Methoden zum Einsatz. So wurde mithilfe von Interviews und einer Analyse der bestehenden Prozesse, IT-Lösungen und Rollen der Ist-Zustand bzgl. der Digitalisierung ermittelt. Gemeinsam mit Verantwortlichen und Führungskräften der Zentren wurde der angestrebte Ziel-Zustand diskutiert und fixiert.

Auf Grundlage eines Abgleichs von Ist- und Ziel-Zustand wurden Maßnahmen erarbeitet und mit Verantwortlichen und Betroffenen konkretisiert und abgestimmt, wobei insbesondere die Operationalisierung und Praxistauglichkeit kritisch reflektiert wurden.

7.3.3 Analyse des Ist-Zustands

Um von der bewährten Struktur des Reifegradmodells zu profitieren, ist es unbedingt erforderlich, die Analyse des Ist-Zustands systematisch entlang der Dimensionen des Reifegradmodells durchzuführen.

Rollenmodell

In der Controllingabteilung des Klinikums Salus dominiert aktuell noch die traditionelle Fokussierung auf Reporting und Datenanalyse. Beispielsweise sind die quartalsweise stattfindenden Gespräche der einzelnen Zentren mit der Geschäftsführung und dem Controlling retrospektiv ausgelegt. Es wird überwiegend die Zielerreichung im zurückliegenden Quartal reflektiert, anstatt die Planung und Prognose der künftigen Quartale zu besprechen. Das monatliche Reporting weist jedoch bereits neben den Ist- und Planzahlen auch prognostizierte Werte für das aktuelle Jahr aus. Dies impliziert, dass sich das Selbstverständnis des Controllings als Business Partner für das Management im Wandel befindet. Diese neue Rolle des Controllings ist allerdings noch ungenau definiert. Auf Basis dieser Bewertung erhält die Dimension „Rollenmodell" zwei von fünf möglichen

Punkten auf der Bewertungsskala und ist damit der Kategorie „Digital Newbie" zuzuordnen.

Organisation

Im Klinikum Salus ist das Controlling so organisiert, dass repetitive Aufgaben teilweise bei eine/r Mitarbeiter:in gebündelt werden, teilweise aber auch alle Mitarbeiter:innen für ihr jeweiliges Zentrum repetitive Aufgaben erfüllen. Beispielsweise ist die Anlage von Kostenstellen bei eine/r Mitarbeiter:in organisiert, die Auswertung von monatlichen Standardberichten hingegen auf mehrere Mitarbeiter:innen verteilt, was zu einem hohen Kommunikationsaufwand führt.

Aktuell gibt es keine Controller:innen, die für das Thema „Data Science" zuständig sind, lediglich bereits standardisierte Aufgaben sind bei einer Person gebündelt. Deswegen bekommt das Controlling des Klinikums Salus in der Kategorie „Organisation" zwei von fünf möglichen Punkten und wird damit ebenfalls der Kategorie „Digital Newbie" zugeordnet.

Prozesse

Um die Anonymisierung des Klinikums zu wahren, werden die Controllingprozesse im Folgenden entsprechend der International Group of Controlling bezeichnet. Im Fokus der Analyse stehen die Qualität der IT-Unterstützung für das Reporting, die operative Planung, das Forecasting, sowie die Kostenrechnung (Langmann 2019, S. 9–10). Bei der Analyse dieser Prozesse im Klinikum Salus wird festgestellt, dass die Digitalisierung vor allem bei den ersten Teilprozessen, der Datensammlung und -aufbereitung, fortgeschritten ist.

Das Klinikum Salus nutzt zusätzlich zu einem SAP-System diverse spezialisierte IT-Systeme, zum Beispiel für die hausinterne Apotheke oder den OP-Bereich. Für das Controlling erfolgte bereits eine Integration der verwendeten Systeme, sodass mit der Anwendung von Business Intelligence von SAP (BI) auf Daten verschiedener Systeme zurückgegriffen werden kann. Somit entfällt eine ressourcenintensive Datensammlung und -aufbereitung, die man aufgrund der heterogenen Systemlandschaft erwarten würde.

Die Erstellung von spezifischen Reports, den Forecast und das Budgeting ist dagegen noch sehr ineffizient, weil bestimmte Parameter, wie beispielsweise der Zeitraum oder die gewünschte Organisationseinheit, wiederholt manuell in die diversen Systeme eingegeben werden müssen. Ebenso ist die manuelle Konsolidierung sehr zeitaufwendig, da eine adäquate IT-Unterstützung fehlt.

In keinem dieser Prozesse kommen aktuell moderne Digitalisierungstechnologien, wie beispielsweise Big Data, Robotic Process Automation (RPA) oder Predictive Analytics zum Einsatz. Gegenwärtig sind nur Teilprozesse vollständig digitalisiert, weshalb das Controlling in der Dimension „Prozesse" mit drei von fünf Punkten bewertet und der Kategorie „Digital Mainstream" zugeordnet wird.

Governance
Innerhalb des Controllings des Klinikums Salus gibt es aktuell keine spezifische Governance-Verantwortung, jedoch verfügt das Klinikum über interne Datenschutzbeauftragte und eine Governanceabteilung, die für das gesamte Krankenhaus verantwortlich ist. Unternehmensspezifische Datenschutzrichtlinien und Berechtigungskonzepte regeln, welchen Personen man welche Daten überlassen darf und welchen Anonymisierungsgrad diese haben müssen. Weil im Controlling mit besonders sensiblen und schutzbedürftigen Patienten- und Behandlungsdaten gearbeitet wird, ist die Kenntnis und Einhaltung dieser Richtlinien von hoher Relevanz, so ist zum Beispiel die Weitergabe von Patientendaten explizit nur an Personen mit den entsprechenden Berechtigungen erlaubt. Zusätzlich gibt es begründete Ausnahmen, wenn zum Beispiel Informationen über durchgeführte Behandlungen für die Teilnahme an wissenschaftlichen Studien benötigt werden. Generell werden Daten so anonymisiert wie möglich weitergegeben, indem unter anderem keine Patientennamen, sondern nur spezifische Patientennummern verwendet werden.

Zusätzlich ist der Zugang zu den Daten strikt geregelt. Alle Mitarbeiter:innen aus dem Controlling müssen sich mit ihrem individuellen User und Passwort authentifizieren und so ihre Identität bestätigen. Die Datenzugänge werden generell nur in einem sehr streng regulierten Rahmen vergeben, um konsequent nachvollziehen zu können, wer welche Auswertungen erstellt hat.

Die aktuellen Governance-Richtlinien berücksichtigen die digitalen Möglichkeiten der Datensammlung und -analyse mithilfe der Methoden der Data Science bisher nur rudimentär. Daher werden in dieser Dimension drei von fünf möglichen Punkten erreicht. Somit befindet sich das Controlling ebenfalls in der Kategorie „Digital Mainstream".

IT-Systeme
Für die Arbeit des Controllings im Klinikum Salus sind die SAP-Systeme von hoher Relevanz. Diese sowie weitere Systeme sind für das Controlling größtenteils über ein Data Warehouse als zentrale Datenquelle miteinander verbunden. Die Daten werden einmal pro Tag (in diesem Fall nachts) in das Data Warehouse synchronisiert. Das führt dazu, dass immer mit dem Datenstand des vorangegangenen Tages gearbeitet wird. Derzeit dominieren noch On-Premise-Lösungen über Cloud-Lösungen. Dies ändert sich allerdings im Zuge der aktuell laufenden IT-Projekte, weil aktuell auf SAP S/4 HANA umgestellt wird.

Die Stammdatenpflege verantworten die Mitarbeiter:innen des Controllings. Das Anlegen und Ändern der Stammdaten erfolgt anhand vorab definierter Regeln, sodass eine einheitliche Struktur gewährleistet ist. Zusammenfassend erhält das Controlling in dieser Dimension drei von fünf möglichen Punkten und gehört in die Kategorie „Digital Mainstream". In Bezug auf das Datenmanagement ist das Controlling bereits weit entwickelt, bei dem Zugang zu IT-Anwendungen und neuen Technologien in ERP-Systemen besteht noch eine geringe Reife, dies ändert sich aber durch aktuell laufende IT-Projekte.

	Digital Newbie (6-12 Punkte)	Digital Mainstream (13-24 Punkte)	Digital Pioneer (25-30 Punkte)			
	Bewertungsskala					Summe
Dimension	1	2	3	4	5	
Rollenmodell		X				2
Organisation		X				2
Prozesse			X			3
Governance			X			3
IT-Systeme			X			3
Personal & Kompetenzen	X					1
Summe	1	4	9	0	0	**14**

Abb. 7.2 Ergebnis der Ist-Analyse (Eigene Darstellung)

Personal & Kompetenzen

Die Analyse der Stellenanzeigen des Klinikum Salus zeigt, dass bei der Personalauswahl weiterhin vor allem Kompetenzen im Bereich des traditionellen Controllings von Bedeutung sind. So werden beispielsweise ein gutes Zahlenverständnis, analytische Fähigkeiten und Erfahrung mit Produkten von Microsoft Office gefordert. Für die aktuell durchgeführten Auswertungen, die hauptsächlich auf den bereits in SAP erfassten Daten basieren, sind die Controller:innen gut ausgebildet. Sie qualifizieren sich laufend zu relevanten Themen, wie beispielsweise zu Änderungen in der Krankenhausfinanzierung, weiter. Allerdings ist zum Zeitpunkt der Fallstudie weder eine neue Position noch eine Qualifizierung in Bezug auf Data Science geplant, was für die Erstellung umfassender Auswertungen und Prognosen erforderlich wäre. Daher erhält das Controlling in dieser Dimension nur einen von fünf möglichen Punkten und gilt als Digital Newbie.

In der Summe wird das Controlling im Klinikum Salus mit 14 von 30 möglichen Punkten bewertet und fällt damit knapp in die Kategorie „Digital Mainstream". Abb. 7.2 stellt die Ergebnisse der Ist-Analyse im Überblick dar.

7.3.4 Festlegung des angestrebten Ziel-Zustands

Nun wird der mittelfristig angestrebte Ziel-Zustand – parallel zum Ist-Zustand – systematisch für alle sechs Dimensionen des Reifegradmodells erarbeitet. Als Basis für die Festlegung der Ziel-Werte dient die strategische Ausrichtung des Klinikums Salus und die darauf aufbauende Strategie der Controllingabteilung. Der mittelfristige, also in zwei bis drei Jahren erreichbare Ziel-Wert muss sich nicht notwendigerweise in jeder

Tab. 7.1 Mittelfristiger Ziel-Zustand für das Klinikum Salus

Dimension	Ist-Wert	Ziel-Wert	Erläuterung des Ziel-Werts für das Controlling im Klinikum Salus
Rollenmodell	2	4	Das Controlling nimmt eine deutlich aktivere Rolle als bisher ein, insbesondere bei der Gestaltung der Gesamtstrategie des Klinikums. Es erstellt auf Basis digitaler Methoden, wie zum Beispiel Predictive Analytics, Vorschläge zur Entscheidungsfindung für das Management. In dieser neuen Rolle als Business Partner:in diskutiert und kooperiert das Controlling mit der Geschäftsführung und der Leitung der medizinischen Zentren auf Augenhöhe
Organisation	2	3	Repetitive Aufgaben werden zukünftig bei einzelnen Personen gebündelt, sodass sich diese vorwiegend mit der Bearbeitung und der Digitalisierung dieser Aufgaben beschäftigen. Dadurch sind konkrete Ansprechpersonen mit ausgewiesener Expertise in dem jeweiligen Prozess definiert. Aufgrund der Größe der Controllingabteilung des Klinikums ist ein wie von Langmann angestrebter Aufbau eines SSC nicht erstrebenswert
Prozesse	3	4	Die Prozesse im Controlling sollen sukzessive digitalisiert werden, um manuelle Schnittstellen zu minimieren. Durch den gezielten Einsatz von digitalen Technologien soll die Erstellung von Prognosen und Planungen effizienter und spezifischer werden. Zum Beispiel kann die Analyse von Gesundheitsdaten zur Planung der Häufigkeit von medizinischen Eingriffen herangezogen werden
Governance	3	5	Im Ziel-Zustand der Dimension „Governance" verantwortet eine Person im Controlling die Einhaltung der Richtlinien. Ziel ist es, dass verständliche Richtlinien klare Vorgaben für den Umgang mit Daten geben. Außerdem sind Prozesse definiert, unter welchen Voraussetzungen Mitarbeiter:innen Zugang zu diesen Daten erhalten. Aktuell gibt es bereits ausgereifte Prüfmechanismen, die den Missbrauch der Daten verhindern sollen. Langfristig sind diese Richtlinien und Prüfmechanismen aufgrund der Einführung von neuen Technologien anzupassen

(Fortsetzung)

Tab. 7.1 (Fortsetzung)

Dimension	Ist-Wert	Ziel-Wert	Erläuterung des Ziel-Werts für das Controlling im Klinikum Salus
IT-Systeme	3	4	Zur Erreichung des Zielwerts führt die IT aktuell bereits verschiedene Maßnahmen wie die Einführung von SAP HANA, unter Beteiligung des Controllings, durch. Alle IT-Anwendungen werden in eine homogene Systemlandschaft integriert. Die Stammdatenpflege liegt in zentraler Verantwortung bei den Mitarbeiter:innen des Controllings. Bezüglich Lizenzen und Betrieb der IT-Anwendungen (On-Premise vs. Cloud-Lösungen) soll die jeweils optimale Ausgestaltung geprüft werden
Personal & Kompetenzen	1	3	Eine deutliche Kompetenzentwicklung ist nötig, damit der Reifegrad in allen Dimensionen erhöht werden kann. Dafür wird das vorhandene Wissen der Mitarbeiter:innen in Statistik, Datenanalyse und in Bezug auf die IT-Systeme ausgebaut. Soft-Skills sind so weiterentwickelt, dass Mitarbeiter:innen ihre Rolle als Business Partner:in wahrnehmen und ihre Vorschläge verständlich und überzeugend gegenüber dem Management vertreten können

Dimension vom Ist-Wert unterscheiden, da die aktuelle Ausprägung bereits ausreichen kann. Dies ist beim Klinikum Salus derzeit allerdings noch nicht der Fall.

Das Management des Klinikums Salus sieht einerseits die Möglichkeiten der Effizienzsteigerung in der Controllingabteilung durch Digitalisierung, andererseits die Potenziale für die Weiterentwicklung von medizinischen Abteilungen und der strategischen Ausrichtung des gesamten Klinikums mithilfe der Methoden der Data Science. Dies spiegelt sich in den Ziel-Werten, wie in Tab. 7.1 dargestellt, wider.

Ein Aspekt der Erhöhung des Reifegrads ist, dass das Controlling mehr Akzeptanz und Resonanz in den medizinischen Bereichen erlangt. Statt als Verwaltungs- und Kontrollinstanz wahrgenommen zu werden, soll das Controlling zukünftig als Business Partner:in zur Entwicklung der medizinischen Bereiche beitragen. Dafür stellt das Controlling unter anderem Daten bereit, welche Argumentationsgründe für die strategische Weiterentwicklung einer Abteilung sein können, wie zum Beispiel steigende Fallzahlen eines Krankheitsbildes oder Daten für medizinische Studien und Publikationen.

Die Abb. 7.3 stellt die Ist- und Zielwerte in Form einer Reifegradspinne dar.

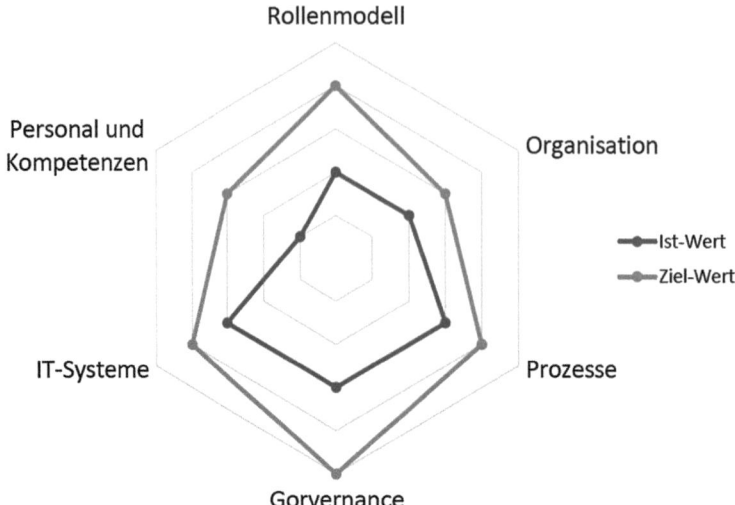

Abb. 7.3 Darstellung der Ist- und Zielwerte in einer Reifegradspinne (Eigene Darstellung)

7.3.5 Ableitung eines Maßnahmenkatalogs

Um die Lücken zwischen Ist- und Ziel-Zustand zu schließen, wurde ein Maßnahmenkatalog für das Klinikum Salus entwickelt. Die folgenden Maßnahmen konzentrieren sich auf die Controllingabteilung und ihre Mitarbeiter:innen. Einige der Maßnahmen erfordern allerdings eine Weiterentwicklung der Systemlandschaft. In diesem Maßnahmenkatalog wird jedoch nicht das IT-Projekt an sich aufgeführt – welches im Klinikum Salus in der Verantwortung der IT-Abteilung liegt – sondern es werden die Aufgaben und Mitwirkungspflichten der Controllingabteilung dargelegt.

Maßnahme 1: Entwicklung eines gemeinsamen Zielbilds für die Rolle „Controller:in"
Im Zielbild agiert das Controlling als aktiver Partner der Geschäftsführung und der Chefärzt:innen der medizinischen Zentren. Dafür muss das entsprechende Rollenverständnis inklusive der konkreten Aufgaben, Kompetenzen und Verantwortungen (AKVs) festgelegt werden. Eine Projektgruppe von Mitarbeiter:innen aus dem Controlling soll diese AKVs erarbeiten, sodass die Mitarbeiter:innen aktiv an der Veränderung beteiligt sind und ihre Erfahrungen und Lösungskompetenz einbringen können. Ansonsten kann es zu Ablehnungsreaktionen kommen, wenn sich das persönliche und vertraute Aufgabengebiet und Rollenverständnis ändert.

Die Kund:innen des Controllings sollten in diesen Entwicklungsprozess integriert werden, um ihre Wünsche und Anforderungen an das Controlling zu berücksichtigen. Dazu zählen zum Beispiel Anforderungen, in welchem Turnus Auswertungen erstellt und gemeinsam diskutiert werden, welche Daten für die Qualitätssicherung benötigt werden und in welcher Form Berichte versendet werden. Die Controller:innen sollten ihre neuen Unterstützungs- und Beratungsleistungen formulieren und an das Management kommunizieren, um als seriöse Business Partner:innen akzeptiert zu werden. Dies ist erforderlich, damit das Management die neue Rolle des Controllings akzeptiert und es tatsächlich mit den entsprechenden Kompetenzen und Befugnissen ausstattet.

Zu Beginn des Veränderungsprozesses ist es ratsam, nicht alle Controller:innen gleichzeitig dem Change Management zu unterziehen. Hier bietet es sich an, die vorhandene Zentrenstruktur des Klinikums zu nutzen. So könnten projekthaft – wie in Maßnahme 2 dargestellt – in einem Zentrum die neuen Aufgaben, die sich durch die Rollenänderung ergeben, implementiert werden und anschließend sukzessive auf die anderen Abteilungen ausgerollt werden.

Maßnahme 2: Pilotierung der Kooperation mit den Zentren
Innerhalb des Controllings sollte ein Projektteam gebildet werden, welches proaktiv Analysen, Vorhersagen und Handlungsempfehlungen entwirft. Diese werden dann mit den individuellen Kund:innen und Empfänger:innen diskutiert, um so die Bedürfnisse mit in die Optimierung des Berichtswesens einfließen zu lassen. Dies wird pilothaft in Kooperation mit der Leitung eines Zentrums durchgeführt. Bei Bedarf soll gezielt externe Unterstützung hinzugezogen werden, wobei berücksichtigt werden soll, dass erforderliches Fachwissen intern aufgebaut wird. Zur gemeinsamen Evaluation der Analysen und Ergebnisse mit der Zielgruppe kann das Konzept des Minimum Viable Product (MVP) eingesetzt werden. Das bedeutet, das Lösungen mit einem minimalen Funktionsumfang entwickelt werden, die gleichzeitig der Zielgruppe einen wahrnehmbaren Wert bieten.

Im Rahmen der Pilotierung ist auch der Einsatz geeigneter Analytics Software zu evaluieren. Nachdem das Klinikum bereits mit SAP arbeitet, ist die Nutzung von SAP Analytics Cloud eine Möglichkeit, das bereits bestehende IT-System zu erweitern, ohne dass neue Schnittstellen zwischen fremden Systemen entstehen. Generell ist es auch möglich, erste Analysen mithilfe von Excel durchzuführen, bevor es zum Einsatz einer neuen Software kommt (Langmann 2018).

Maßnahme 3: Benennung einer Ansprechperson im Controlling für Governance
Innerhalb des Controllings ist eine neue Position mit der Verantwortung für die Governance zu bilden und zu besetzen. Diese Person verantwortet die Erstellung von Richtlinien, gestaltet Prüfmechanismen und implementiert interne Kontrollsysteme, parallel dazu verfolgt sie die Einhaltung der Vorgaben. Dafür arbeitet sie eng mit der klinikweiten Governanceabteilung zusammen. Die klare Zuordnung der Verantwortlichkeit gewährleistet, dass die Einhaltung der Richtlinien bei der operativen Aufgabenroutine die erforderliche Aufmerksamkeit bekommt.

Die verantwortliche Person muss kontinuierlich zu neuen Technologien und aktuellen Änderungen bezüglich Corporate Governance geschult werden, um die internen Richtlinien und Prüfmechanismen fortwährend anzupassen.

Maßnahme 4: Prozessanalyse als Grundlage für die Prozessdigitalisierung
Um geeignete Digitalisierungslösungen auswählen zu können, sollten Potenziale zur Steigerung der Effizienz geprüft werden. Hierzu empfiehlt es sich, Mitarbeiter:innen nach konkreten Vorschlägen zu fragen, da sie täglich von zum Beispiel redundanten Schritten oder Medienbrüchen betroffen sind. Um die Kooperation der Mitarbeiter:innen zu unterstützen – insbesondere, wenn die Zusammenarbeit mit anderen Abteilungen oder Vorgesetzten davon betroffen ist – braucht es einen offenen, vertrauensvollen Umgang miteinander. Prozessoptimierungen sollten umgesetzt werden, bevor konkrete weitere IT-Tools eingeführt werden.

Im Rahmen der Prozessanalyse sollten auch gezielt die sich häufig wiederholenden und standardisierten Prozesse identifiziert werden, wie zum Beispiel die Erstellung tagesaktueller Berichte. Für diese Prozesse bietet sich gegebenenfalls eine Automatisierung mithilfe von RPA an, wodurch eine Entlastung der Mitarbeiter:innen von Routinetätigkeiten möglich wäre. Die tatsächliche Auswahl von IT-Tools und Digitalisierungslösungen sollte in enger Absprache mit dem IT-Bereich erfolgen, wofür das Controlling die fachlichen Anforderungen präzise formulieren sollte.

Maßnahme 5: Kompetenzentwicklung der Mitarbeitenden im Controlling
Damit die beschriebenen Maßnahmen umgesetzt werden können, benötigen die Mitarbeiter:innen die entsprechenden Kompetenzen zur operativen Umsetzung der Digitalisierung. Bereits beim Recruiting neuer Controller:innen sollte darauf geachtet werden, dass in den Stellenausschreibungen die erforderlichen digitalen Kompetenzen spezifisch formuliert sind.

Parallel dazu sollte das Wissen des bestehenden Personals in Bezug auf digitale Möglichkeiten erweitert werden. Basierend auf den individuellen Vorkenntnissen sollen entsprechende Trainings oder Schulungen geplant werden. Von hoher Priorität ist, dass sich die Kompetenzentwicklung an den digitalen Anforderungen des Klinikums orientiert. Zielführend wäre es, die Personalentwicklung des Klinikums in die Planung und Organisation der Weiterbildungsmaßnahmen mit einzubeziehen.

Durch diese Maßnahmen zur digitalen Transformation kann es gelingen, das Controlling des Klinikums Salus zu optimieren und effizienter zu organisieren. Die dadurch freiwerdenden Kapazitäten können für den weiteren Ausbau der Digitalisierung im Controlling genutzt werden. Zudem profitieren die Kund:innen des Controllings von dessen Unterstützungs- und Beratungsleistungen, für die aufgrund der Redundanz repetitiver Tätigkeiten mehr Zeit zur Verfügung steht. Die notwendigen Kompetenzen werden sowohl über Neueinstellungen als auch über den Ausbau der Fähigkeiten der vorhandenen Mitarbeiter:innen aufgebaut und das Controlling somit auf die Chancen und Herausforderungen der Digitalisierung vorbereitet.

7.4 Fazit

Reifegradmodelle für die digitale Transformation bieten Unternehmen ein Tool, um systematisch den aktuellen Stand bezüglich der digitalen Transformation zu bestimmen. Dabei werden auf Basis der Dimensionen des Reifegradmodells verschiedene Perspektiven eingenommen, wodurch ein ganzheitliches Bild entsteht. Anhand der gleichen Systematik wird der Ziel-Zustand definiert. Auf dieser Grundlage können Maßnahmen erarbeitet werden, um schrittweise den Ziel-Zustand zu erreichen. Um den Grad der Veränderung nachvollziehen zu können, empfiehlt es sich, die Reifegradbewertung wiederholt, zum Beispiel im Zwei-Jahres-Rhythmus, durchzuführen. Weitere Veränderungspotenziale können erkannt und priorisiert werden. Die systematische Anwendung des Reifegradmodells stellt dabei sicher, dass die Controllingabteilung in ihrer Gesamtheit betrachtet wird und verhindert, dass Digitalisierungsvorhaben nur als Insellösungen konzipiert werden.

Literatur

Appelfeller W, Feldmann C (2018). Die digitale Transformation des Unternehmens. Systematischer Leitfaden mit zehn Elementen zur Strukturierung und Reifegradmessung. Springer Gabler, Berlin.

Barsch T (2019). Stand der Digitalisierung im B2B-Neukundenvertrieb. Entwicklung von Beurteilungskriterien und Erstellung eines Reifegradmodells. Springer Fachmedien, Stuttgart.

Berhaus S, Back A (2016). Gestaltungsbereiche der Digitalen Transformation von Unternehmen. Entwicklung eines Reifegradmodells. Die Unternehmung (69): 98–123.

Egloffstein M, Heilig T, Ifenthaler T (2019). Entwicklung eines Reifegradmodells der Digitalisierung für Bildungsorganisationen. In Wittmann E, Frommberger D, Weyland U (Hrsg) Jahrbuch der berufs- und wirtschaftspädagogischen Forschung. Barbara Budrich, Berlin, S. 31–44.

Gillhuber A, Tiedemann M (2020). Einführung in Data Governance. Control Manag Rev (64): 8–13.

Greb T, Kneuper R (2010). Unternehmenszielorientierte Prozessverbesserung mit CMMI. HMD Praxis der Wirtschaftsinformatik (47): 97–106.

Jacobs S (o.J.). Reifegradmodelle. https://www.enzyklopaedie-der-wirtschaftsinformatik.de/lexikon/is-management/Systementwicklung/reifegradmodelle/index.html. Zugegriffen: 07.06.2022.

Jodlbauer H, Schagerl M (2016). Reifegradmodell Industrie 4.0. Ein Vorgehensmodell zur Identifikation von Industrie 4.0 Potenzialen. In Mayr HC, Pinzger M (Hrsg) Informatik, S. 1473–1487.

Keimer I, Zorn M, Gisler M, Fallegger M (2017). Dimensionen der Digitalisierung im Controlling. Grundlagen und Denkanstösse zur Selbstanalyse und Weiterentwicklung. Expert Focus.

Kirchberg A, Müller D (2016). Digitalisierung im Controlling. Einflussfaktoren, Standortbestimmung und Konsequenzen für die Controllerarbeit. In Gleich R, Grönke K, Kirchmann M, Leyk J (Hrsg) Konzerncontrolling 2020. Zukünftige Herausforderungen der Konzernsteuerung meistern. Haufe Gruppe, München, S. 79–98.

Kleemann FC, Glas AH (2017). Einkauf 4.0. Digitale Transformation der Beschaffung. Springer Gabler, Wiesbaden.

Koß R (2016). Ein Reifegradmodell für das digitale Controlling. Controlling & Management Review (60): 32–39.

Langmann C (2018). Predictive Analytics für Controller. Einfache Anwendungen mit MS Excel. Controller Magazin: 37–41.

Langmann C (2019). Digitalisierung im Controlling. Springer Gabler, Wiesbaden.

Leyh C, Schäffer T, Forstenhäusler S (2016). SIMMI 4.0. Vorschlag eines Reifegradmodells zur Klassifikation der unternehmensweiten Anwendungssystemlandschaft mit Fokus Industrie 4.0 Nissen. Multikonferenz Wirtschaftsinformatik MKWI 2016, S 981–992.

Rasch M, Koß R (2015). Digital Controlling. Digitale Transformation im Controlling. PricewaterhouseCoopers AG Wirtschaftsprüfungsgesellschaft. https://www.pwc.de/de/digitale-transformation/assets/pwc-studie-digitale-transformation-im-controlling.pdf. Zugegriffen: 07.06.2022.

Schenk B, Schneider C (2019). Mit dem digitalen Reifegradmodell zur digitalen Transformation der Verwaltung. Leitfaden für die Organisationsgestaltung auf dem Weg zur Smart City. Springer Gabler, Wiesbaden.

Schuh G, Anderl R, Dumitrescu R, Krüger A, ten Hompel M (2020). Industrie 4.0 Maturity Index. Die digitale Transformation von Unternehmen gestalten. UPDATE 2020. https://www.acatech.de/publikation/industrie-4-0-maturity-index-update-2020/. Zugegriffen: 07.06.2022.

Stoffers P, Karla J, Kaufmann J (2021). Digitalisierung von Management-Reporting-Prozessen. Ein technologieorientiertes Reifegradmodell zum Einsatz in KMU. HMD (Praxis der Wirtschaftsinformatik).

Digitalisierung als Enabler des Controllings in der Bauwirtschaft

Möglichkeiten und Grenzen am Beispiel eines Tiefbauunternehmens

Robert C. Schmidt, Boris Grünke und Thorsten Schatz

Zusammenfassung

Der Entwicklungsstand des Controllings in der Bauwirtschaft ist – verglichen mit dem der stationären Industrie – gering. Dies ist vor allem auf die Spezifika der Branche zurückführen: So erschwert die Unikatfertigung durch kleine Unternehmen an wechselnden Standorten den zeitnahen Rückfluss von Informationen und mithin die Durchführung der Planungs-, Kontroll- und Steuerungsaufgabe erheblich oder macht sie gar unmöglich. Doch die Digitalisierung schreitet auch in der Baubranche voran und bietet die Chance, diese Schwachstellen zu beheben. Die wichtigsten bauwirtschaftlichen Digitalisierungspotenziale – wie digitale Vermessung, Cloud-Lösungen, Echtzeitreportings etc. – zielen dabei vornehmlich auf die Verbesserung der Planung und (zeitnahen) Informationsversorgung von den Baustellen ab und schaffen damit quasi „nebenbei" die Basis, auch das Controlling deutlich effektiver gestalten zu können. Mithin schafft die Digitalisierung die Voraussetzungen dafür, das Controlling in der Baubranche auf den Stand der stationären Industrie heben zu können.

R. C. Schmidt (✉)
IU Internationale Hochschule, Bad Reichenhall, Deutschland
E-Mail: robert.schmidt@iu.org

B. Grünke
vitronet Gruppe, Essen, Deutschland
E-Mail: borisgruenke@gmx.de

T. Schatz
ISKA Schön GmbH, Holzkirchen, Deutschland

© Der/die Autor(en), exklusiv lizenziert an Springer Fachmedien Wiesbaden GmbH, ein Teil von Springer Nature 2022
J. Hastenteufel et al. (Hrsg.), *Digitale Transformation im Controlling,*
https://doi.org/10.1007/978-3-658-38225-4_8

8.1 Einleitung

Das Thema „Digitalisierung" ist mittlerweile aus der Controllingliteratur nicht mehr wegzudenken. Unzählige Arbeiten befassen sich aus verschiedenen Blickwinkeln mit der Digitalisierung – wobei eine deutliche Fokussierung auf die Auswirkungen auf Controller:innen beziehungsweise die Controllingprozesse festzustellen ist. In vielen Beiträgen werden die erforderlichen Veränderungen untersucht (zum Beispiel „Wie verändern sich die notwendigen Controllingkompetenzen?" oder „Wie verändert sich der Forecast- oder Reportingprozess?") – und damit explizit unterstellt, dass eine entsprechende Controllingstruktur bereits vorhanden ist. Diese Sichtweise mag für mittelgroße und große Unternehmen mit entsprechendem Professionalisierungsgrad des Controllings durchaus zutreffen und die Diskussion vermag dort auch einen Mehrwert zu liefern – sie vernachlässigt aber solche Unternehmen, bei denen bisher kein oder nur ein rudimentäres Controlling existiert. Denn während die Digitalisierung bei erstgenannten Unternehmen meist auf Funktionserweiterung, Automatisierung und Beschleunigung abzielt (Horváth et al. 2019, S. 469), ist sie bei kleineren Unternehmen oft erst die Voraussetzung, um ein adäquates Controlling überhaupt etablieren zu können.

Dieser Beitrag stellt die Potenziale vor, welche die Digitalisierung kleineren Unternehmen bieten und wie das Controlling damit grundsätzlich erst ermöglicht beziehungsweise verbessert werden kann. Als beispielhaftes Betrachtungsobjekt dienen hierfür Unternehmen des Kabelleitungstiefbaus, deren Struktur und Branche zunächst näher beschrieben werden. Sodann soll auf sachlich-analytischer Basis gezeigt werden, wie der Beitrag der Digitalisierung zum Controlling in solchen Unternehmen aussehen kann. Die Erkenntnisse werden abschließend von Branchenexperten mittels eines Interviews an der betrieblichen Praxis gespiegelt.

8.2 Status Quo: Digitalisierung und Controlling in der Tiefbaubranche

8.2.1 Der Tiefbau, der Kabelleitungstiefbau und dessen Struktur

Der Tiefbau ist ein Fachgebiet des Bauwesens und befasst sich mit Baumaßnahmen, die an oder unter der Erdoberfläche beziehungsweise unter Verkehrswegen stattfinden. Für die Fachbereiche des Tiefbaus lassen sich mannigfaltige Unterteilungen finden (zum Beispiel Straßen-, Erd-, Tunnel-, Eisenbahn- und Wasserbau, Kanalisation, sowie Bergbau unter Tage) – dieser Beitrag folgt der Klassifizierung der Wirtschaftszweige des

Statistischen Bundesamtes (Statistisches Bundesamt 2008, S. 104) wonach die folgenden Tiefbaubereiche genannt werden:

- 42 Tiefbau
  - 42.1 Bau von Straßen und Bahnverkehrsstrecken
    42.11 Bau von Straßen
    42.12 Bau von Bahnverkehrsstrecken
    42.13 Brücken- und Tunnelbau
  - 42.2 Leitungstiefbau und Kläranlagenbau
    42.21 Rohrleitungstiefbau, Brunnenbau und Kläranlagenbau
    42.22 Kabelnetzleitungstiefbau
  - 42.9 Sonstiger Tiefbau
    Wasserbau
    Sonstiger Tiefbau a.n.g.

Da sich die Aufgaben, Prozesse und Unternehmensstrukturen der Tiefbaubereiche teils sehr stark unterscheiden, wird in den folgenden Ausführungen eine weitere Eingrenzung auf die Unterklasse 42.22 Kabelnetzleitungstiefbau (im Folgenden „Kabelleitungstiefbau") vorgenommen. Diese Unterklasse „umfasst den Bau von Leitungen zur Verteilung von elektrischem Strom und von Fernmeldeleitungen sowie den Bau der damit untrennbar verbundenen Gebäude und Bauwerke" (Statistisches Bundesamt 2008, S. 351) – wobei im Folgenden der Bau von Gebäuden und Bauwerken (zum Beispiel Kraftwerken) nicht im Vordergrund steht.

Der Kabelleitungstiefbau erwirtschaftete im Jahr 2019 einen Umsatz von 3337 Mio. EUR. Dieser verteilt sich bundesweit auf 992 Betriebe mit insgesamt 24.216 tätigen Personen (Stand: Ende Juni 2020). Er zeichnet sich vor allem durch kleine dezentrale Baustellen aus, weswegen eine weitverzweigte regionale Präsenz der Unternehmen notwendig ist. Daher überrascht es nicht, dass der wesentliche Anteil der Betriebe (89 %) auf Kleinst- beziehungsweise Kleinunternehmen mit einer Mitarbeiteranzahl unter 50 entfallen (Statistisches Bundesamt 2021b, S. 12).

Der Bereich Kabelleitungstiefbau verzeichnete in den letzten Jahren ein starkes Wachstum: So hat sich die Anzahl der Betriebe sowie die Mitarbeiterzahl vom Jahr 2010 (494 Betriebe mit 11.754 Mitarbeitern) bis zum Jahr 2020 ungefähr verdoppelt, der Branchenumsatz stieg vom Jahr 2009 bis zum Jahr 2019 gar um 137 % (Statistisches Bundesamt 2021a, S. 4–9). Neben der allgemein gestiegenen Geschäftstätigkeit im Baugewerbe lässt sich dies insbesondere auf den Glasfasernetzausbau zurückführen, welcher in den letzten Jahren mit erheblichen Fördermitteln forciert wurde. Mit diesem gestiegenen Aktivitätsniveau geht aber auch eine höhere Komplexität der Unternehmenssteuerung einher – eine recht übliche Ausgangssituation für die Etablierung professioneller Strukturen und eines Unternehmenscontrollings (Horváth et al. 2019, S. 3–8).

8.2.2 Spezifika und Wertschöpfungsprozess

Die Spezifika der Bauwirtschaft gegenüber anderen Wirtschaftszweigen lassen sich folgendermaßen zusammenfassen (Dahms et al. 2008, S. 375–376):

- hohe Arbeitsintensität bei geringerer Anlagenintensität,
- Unikatfertigung an wechselnden Standorten (Baustellen),
- langfristige Auftragsdurchführung erfordert Bewertung unfertiger Bauleistungen,
- Auftragsabwicklung erfolgt teilweise in Kooperationen oder Arbeitsgemeinschaften (ARGE),
- hohe Produktions- und Beschäftigungsschwankung aufgrund Witterung und Saison,
- vergleichbare Bauleistungen mit geringen Alleinstellungsmerkmalen einzelner Anbieter bei vergleichsweise niedrigen Markteintrittsbarrieren,
- Wettbewerb ist geprägt von kleinen regionalen und lokalen Anbietern und
- Nachfrage ist unter anderem von politischen Einflüssen abhängig.

Wie im Bauhauptgewerbe üblich, finden die Bautätigkeiten an einem konkreten Bauwerk beziehungsweise an einer Baustelle – also projektbezogen – statt. Mithin gelten auch im Kabelleitungstiefbau die groben Projektphasen „Vorbereitung", „Planung", „Durchführung" und „Abschluss", allerdings lassen diese sich hier aufgrund der Branchenbesonderheiten noch etwas verfeinern. So handelt es sich bei Kabelleitungsprojekten oft um öffentliche Ausschreibungen – mindestens aber um zu verhandelnde Projektaufträge. Aus diesem Grund ist die Akquisitionsphase (von der Projektsuche bis zur Vertragsverhandlung) für die Unternehmen ebenfalls von wesentlicher Bedeutung, womit sich die in Abb. 8.1. dargestellten Hauptprozesse ergeben.

Der kostenintensivste Prozess ist dabei zweifelsohne die Durchführungsphase, in welcher die Bauausführung stattfindet. So entfallen beim Breitbandausbau beispielsweise ca. 80 % bis 90 % der gesamten Kosten auf die Tiefbauausführung – welche die Kosten für Personal, Maschinen und Material umfassen (Wernick et al. 2018, S. III).

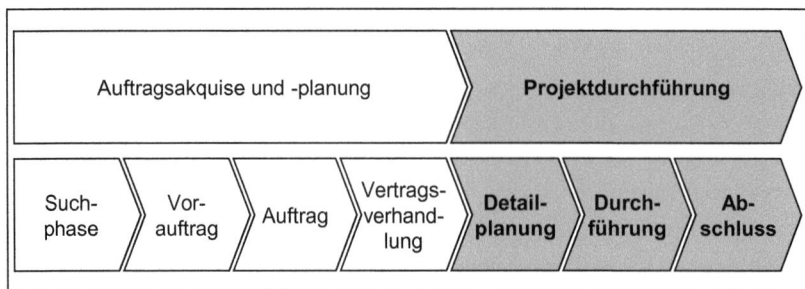

Abb. 8.1 Akquise und Projektdurchführung im Kabelleitungstiefbau (Eigene Darstellung)

8.2.3 Stand der Digitalisierung im Baugewerbe

Trotz der eher manuellen Tätigkeiten im Rahmen der Unikatfertigung macht die Digitalisierung auch vor dem Baugewerbe nicht halt. So gaben in einer Befragung aus dem Jahr 2016 93 % der befragten Unternehmen der Baubranche an, dass die Digitalisierung die Gesamtheit der Prozesse beeinflussen wird (Roland Berger 2016, S. 4). Nach einer Studie von PWC sind davon sowohl administrative Prozesse (zum Beispiel HR, Finanzen, Controlling), operative Prozesse (zum Beispiel Logistik, Einkauf, Bauausführung), Projektprozesse (zum Beispiel Planung, Kalkulation) als auch digitale Lösungen (zum Beispiel Laserscanning, Virtual Reality) betroffen (PWC 2021, S. 9), bei denen sich die Unternehmen vor allem eine bessere Zusammenarbeit und Kommunikation der Akteure, kürzere Projektphasen, effizientere Arbeitsabläufe sowie eine Reduzierung von Kosten erwarten (PWC 2021, S. 15). Aber auch ein positiver Einfluss auf die Wettbewerbsfähigkeit, den Unternehmenserfolg, die Innovationskraft und damit auch zusätzliche Leistungsangebote werden immer wieder mit der Digitalisierung verbunden (Bertschek et al. 2019, S. 57).

Dem steht gegenüber, dass die Baubranche im internationalen Vergleich und auch im Branchenvergleich beim Einsatz digitaler Technologien einen deutlichen Aufholbedarf zeigt (Bertschek et al. 2019, S. 9). So verdeutlicht auch der Digitalisierungsindex von 2020, dass das „sonstige produzierende Gewerbe" (zu welchem der Wirtschaftszweig Bauwirtschaft und mithin auch der Kabelleitungstiefbau gehört) mit einem Indexwert von 55,6 das Schlusslicht im Branchenvergleich bildet (Durchschnitt: 100) und dies vor allem auch für die wichtigen Teilbereiche „Prozesse" und „Geschäftsmodelle" gilt (Demary und Goecke 2021, S. 183–184). Auch im Digitalisierungsindex 2021 hat sich die Situation kaum verändert (Büchel und Engels 2021, S. 3–4) – immer noch hinken die Branche und dort vor allem die Kategorien „Digitale Vernetzung" und „Digitaler Reifegrad der Prozesse" deutlich hinterher (Büchel et al. 2021, S. 19–20). Als Hemmnisse der Digitalisierung werden dabei vor allem der hohe Investitions- und Zeitbedarf bei hohem regulativem Aufwand (Datenschutz, Standards etc.) (Bertschek et al. 2019, S. 61) sowie das Fehlen von Know-how, Fachkräften und Akzeptanz (PWC 2021, S. 13) angeführt – was aufgrund der Branchenstruktur mit vorrangig kleineren Unternehmen nachvollziehbar erscheint.

Das größte Potenzial – und zugleich der größte Nachholbedarf – der Digitalisierung wird dabei der digitalen Vermessung, Cloud-Technologien, Simulationen/Visualisierung und Echtzeitreporting beigemessen (PWC 2021, S. 11). Diesen Potenzialen ist gemein, dass sie maßgeblich auf die Planungs- und Kontrollfunktion abzielen (beispielsweise Verbesserung der Baustellenplanung, Aufmaßerstellung, Kalkulation und Abrechnung durch digitale Vermessung oder Baustellenreporting in Echtzeit mittels Cloud-Technologie) – was nicht nur einen wesentlichen Einfluss auf die Unternehmensprozesse, sondern auch auf das Controlling (als maßgeblichen Träger der Planungs- und Kontrollfunktion) haben wird.

8.2.4 Controlling im Baugewerbe

Die Aufgaben des Controllings in der Bauwirtschaft unterscheiden sich grundsätzlich nicht von denen anderer Branchen. Allerdings führen die in Abschn. 8.2.2 genannten Spezifika der Branche zu einigen Besonderheiten in der Ausgestaltung des Controllings.

Zum einen betrifft dies die Form des Outputs: Dieser lässt sich in der stationären Industrie üblicherweise einfach im Rahmen einer Fremdkontrolle messen (in Form produzierter Güter etc.) und so einem vorhergehenden Planwert gut und zeitnah gegenüberstellen. Dies ist bei Bauleistungen (insbesondere vor Abschluss des Projekts) nur eingeschränkt und in Form einer Selbstkontrolle möglich – zumal die eigentliche Bauleistung im Kabelleitungstiefbau nach Fertigstellung nicht mehr sichtbar ist. Demzufolge wird das Controlling in der Bauwirtschaft von Wirth (2015a, S. 1) als „die betriebswirtschaftliche Begleitung und Steuerung des bauausführenden Unternehmens im Sinne einer Selbststeuerung" angesehen.

Zum anderen unterscheidet sich der Ort der Leistungserbringung: Die eigentliche Wertschöpfung von Bauunternehmen findet an dezentralen Baustellen in Form einer Unikatfertigung statt. Im Mittelpunkt steht also weniger das klassische Unternehmenscontrolling, sondern vielmehr ein spezifisches Bauprojektcontrolling, dessen Aufgaben in Abb. 8.2 zusammengefasst sind.

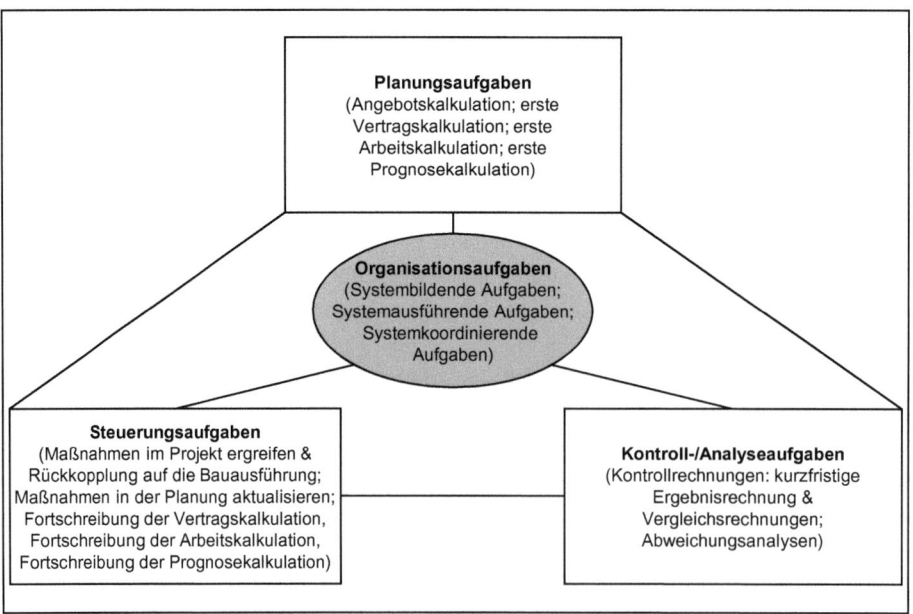

Abb. 8.2 Aufgaben des Bauprojektcontrollings (Eigene Darstellung in Anlehnung an Oepen und Keidel 2018, S. 525)

Einen besonderen Schwerpunkt bilden hierbei verschiedene Formen der Kalkulation über die Lebensphasen der Bauprojektrealisation hinweg (Oepen und Keidel 2018, S. 527–529):

- Angebotskalkulation vor Auftragserteilung,
- Vertragskalkulation bei Auftragserteilung,
- Arbeits- und Prognosekalkulation vor Baubeginn,
- baubegleitende Arbeits-, Prognose- und Vertragskalkulation während der Bauausführung,
- baubegleitende Nachtragskalkulation während und nach der Bauausführung sowie
- Nachkalkulation nach der Bauausführung.

Da die Kostenbeeinflussbarkeit (und damit auch der Einfluss auf den monetären Projekterfolg) vor und während der Bauausführungsphase am höchsten sind (Oepen und Keidel 2018, S. 526), liegt hier auch der Schwerpunkt des Controllings – nämlich auf der Planungsrechnung sowie auf der baubegleitenden Kalkulation. Letztere ist auch deswegen so bedeutend, da sie die Grundlage der Bewertung unfertiger Leistungen für das Rechnungswesen (und damit auch der Unternehmenserfolgsrechnung) ist und zudem etwaige Störgrößen zu Planabweichungen und damit auch zu einer Verringerung des (monetären) Projekt- beziehungsweise Unternehmenserfolgs führen können. Einen entsprechend hohen Stellenwert haben die Kontroll- beziehungsweise Steuerungsfunktion (Wirth 2015b, S. 278–280), deren Richtung in Abb. 8.3 dargestellt sind.

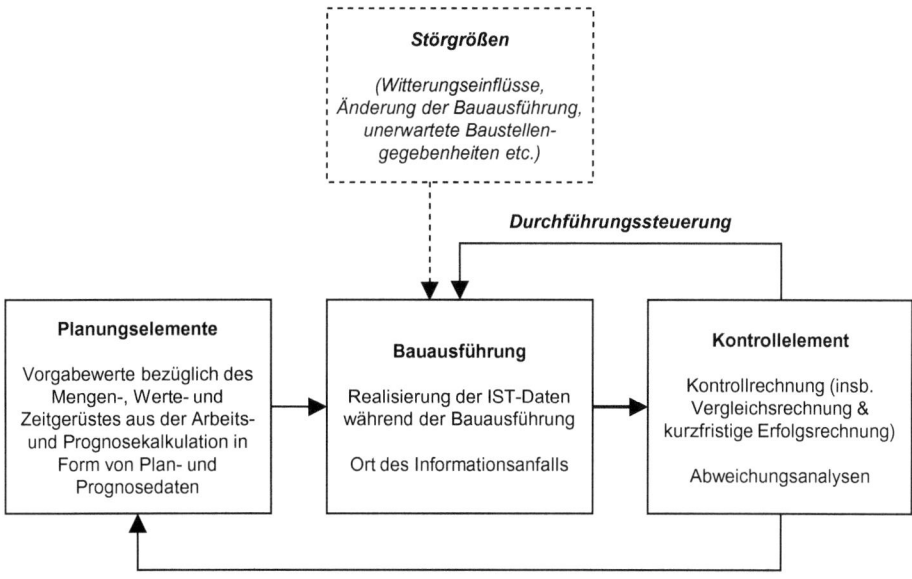

Abb. 8.3 Steuerungsrichtung des Bauprojektcontrollings (Eigene Darstellung in Anlehnung an Oepen und Keidel 2018, S. 531)

Aus diesen Ausführungen werden sogleich die Hemmnisse für ein Controlling in der Bauwirtschaft deutlich: Selbst wenn ein Unternehmen adäquate Controllinginstrumente und -systeme etabliert hat, was in der Regel bei kleineren Unternehmen nicht der Fall ist (Lavia López und Hiebl 2015, S. 110–111), so ist deren Güte und Durchführbarkeit entscheidend von den Inputinformationen für die Planung und Kontrolle abhängig. Dies wird aber durch die vorhandenen Gegebenheiten erschwert. So fehlt es kleineren Bauunternehmen des Kabelleitungstiefbaus oft an adäquaten Systemen, die eine umfassende und für das Controlling nutzbare Planung des Vorhabens oder den Rückfluss von zeitnahen und verarbeitungsfähigen Informationen von den Baustellen erlauben. Letzteres ist aber eine wesentliche Voraussetzung für eine wirtschaftliche Leistungsermittlung (Rudert 2015, S. 141–142) und mithin auch für ein effektives Controlling.

Daher verwundert es nicht, dass der Entwicklungsstand des Controllings in der Bauwirtschaft als eher gering eingeschätzt und eine Weiterentwicklung – auch mittels branchenspezifischer Softwarelösungen – als dringend notwendig erachtet wird (Dahms et al. 2008, S. 380).

8.3 Digitalisierung als Enabler des Controllings

8.3.1 Die kurzfristige Ergebnisrechnung und ihre Informationsanforderungen

Aus den vorherigen Ausführungen wird schnell ersichtlich, dass die Schwerpunkte der Digitalisierung (Abschn. 8.2.3), welche vor allem in der Verbesserung der Planungs- und Kontrollfunktion liegen, und die Hemmnisse des Controllings (Abschn. 8.2.4), nämlich die Informationsversorgung ebendieser Funktionen, kongruent sind. Daher lohnt eine genauere Betrachtung, wie und wo genau die Digitalisierung die Controllingprozesse in Bauunternehmen verbessern oder gar erst ermöglichen kann. Hierfür bietet es sich an, das für Bauunternehmen besonders relevante Bauprojektcontrolling als Betrachtungsobjekt heranzuziehen – wobei vor allem die hierfür notwendigen Informationsflüsse im Vordergrund stehen.

Ein Hauptinstrument der Kontroll- und Steuerungsfunktion im Bauprojektcontrolling ist die kurzfristige Ergebnisrechnung während der Bauausführung zu einem bestimmten Stichtag. In ihr werden die Bauleistungen zum Betrachtungszeitpunkt den ermittelten Plankosten der Arbeitskalkulation und den realisierten IST-Kosten gegenübergestellt. Daraus resultieren wichtige Steuerungsgrößen, die sich der Abb. 8.4 entnehmen lassen.

Mittels kurzfristiger Ergebnisrechnung können also nicht nur die Einhaltung der Plandaten, die Höhe von (Ergebnis-)Abweichungen sowie gegebenenfalls Korrekturmaßnahmen abgeleitet, sondern auch die notwendige Bewertung unfertiger Baustellen zu Zwecken des Monats- oder Jahresabschlusses ermöglicht werden. Damit die kurzfristige Erfolgsrechnung

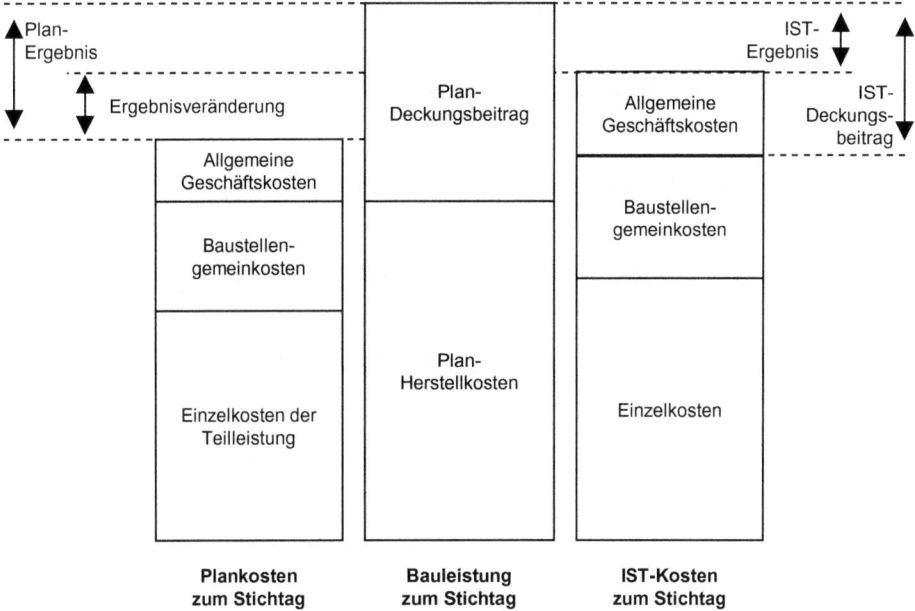

Abb. 8.4 Kurzfristige Ergebnisrechnung des Bauprojektcontrollings (Eigene Darstellung in Anlehnung an Oepen und Keidel 2018, S. 537)

durchgeführt werden kann, sind möglichst detaillierte und zeitnahe Informationsrückflüsse von der Baustelle notwendig, wovon die wichtigsten in Abb. 8.5 dargestellt sind.

Unzweifelhaft ist das Resultat der kurzfristigen Ergebnisrechnung aber nur so gut wie die Qualität und Verfügbarkeit ihrer Inputinformationen, wobei gilt: Je mehr (sinnvolle) Informationen vorhanden sind und je häufiger diese zurückfließen, desto effektiver kann die Kontroll- und Steuerungsfunktion ausgeübt werden. Und genau an diesen Stellen setzen die derzeitigen Digitalisierungsschwerpunkte an – was im Folgenden anhand der drei wichtigsten Informationsflüsse aus der Abb. 8.5 verdeutlicht wird.

8.3.2 Informationsversorgung zur Planerstellung

Die Kalkulationen vor Baubeginn haben durchweg planerischen Charakter und sind im Beispiel des Kabelleitungstiefbaus in großem Maße von den verfügbaren Informationen zur Baugrundbeschaffenheit beziehungsweise den Bodeninformationen entlang der Baustelle abhängig. Diese werden heutzutage häufig noch in Form einer Begehung gewonnen und basieren oft zusätzlich auf dem Erfahrungswissen des/der Planenden.

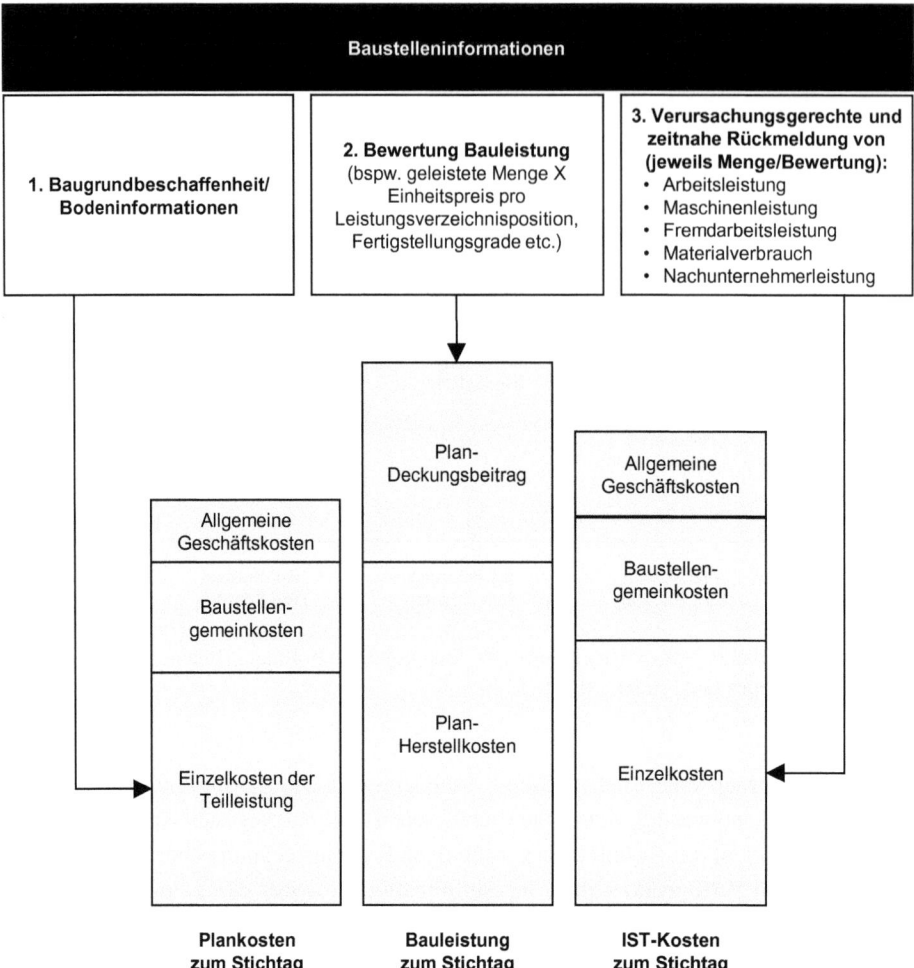

Abb. 8.5 Wesentliche Inputinformationen für die kurzfristige Ergebnisrechnung (Eigene Darstellung)

Hier setzen gleich mehrere Hebel der Digitalisierung an. So ermöglichen **digitale Vermessungsverfahren** (beispielsweise mittels Drohnen) eine digitale Aufnahme vorhandener Oberflächeninformationen bei einer gleichzeitigen Anreicherung von Zusatzinformationen (zum Beispiel GPS-Daten). Diese Daten – bestenfalls kombiniert mit vorhanden **digitalen Bodendaten** (zum Beispiel durch den/die Auftraggeber:in bereitgestellt) – lassen dann die digitale Abbildung der Baustelle im Rahmen eines **Building Information Modeling (BIM)** zu. BIM zählt zu den zentralen digitalen Zukunftsthemen der Bauwirtschaft und soll ein Bauprojekt mittels eines konsistenten, digitalen Modells über den gesamten Lebenszyklus entlang der gesamten Wertschöpfungskette hinweg abbilden. Zusammen mit den verbesserten Eingangsdaten ist zu erwarten, dass dieser digitale Zwilling eines Bauobjekts zu optimierten Prozessen rund um Planung, Ausführung und Betrieb führen wird.

8.3.3 Informationsversorgung zur Bauleistungsbewertung

Das BIM hat das Potenzial, auch die zeitnahe Bauleistungsbewertung erheblich zu verbessern. Hierfür sind grundsätzlich geeignete Ausführungsdaten (zum Beispiel in Form von Sensordaten, Stichwort: **Internet of Things (IoT)**) mit dem digitalen Modell zu vernetzen – aber bereits zeitnahe und modellbasierte Rückmeldungen von Bauleistungsinformationen mittels **mobiler Endgeräte** (Tablets, Smartphones etc.) in etwaige **Cloud-Lösungen** wären ein deutlicher Fortschritt gegenüber einer manuellen, sporadischen Rückmeldung (zum Beispiel in Papierform), wie sie heutzutage noch eher die Regel als die Ausnahme darstellt. Die rückgemeldeten Informationen würden damit in digitaler Form und **in Echtzeit** für alle relevanten Abteilungen (und somit auch für das Controlling) zur Verfügung stehen und die monetäre Bewertung der Bauleistung beziehungsweise des Baufortschritts entweder ermöglichen oder zumindest stark vereinfachen. Zudem erlauben sie eine modellbasierte Baufortschrittskontrolle (beziehungsweise -steuerung) in Echtzeit und erleichtern die spätere Dokumentation der Bauleistung erheblich.

8.3.4 Informationsversorgung zur verursachungsgerechten Kostenermittlung

Für die kurzfristige Ergebnisrechnung ist die verursachungsgerechte Kostenermittlung von zentraler Bedeutung – auf sie wird aber in der betrieblichen Praxis aufgrund des erheblichen Aufwands oft verzichtet. So bedingt die Zuordnung von Materialverbrauch sowie der internen Personal- oder Maschinenkosten die Allokation zu spezifischen Kostenträgern, was typischerweise mit einem erheblichen manuellen Dokumentationsaufwand verbunden ist. Zudem bedarf es einer Abschätzung und/oder Abgrenzung externer Kosten, sofern Teile der Bauleistungen durch Fremdarbeit oder Nachunternehmer erbracht wurden (Oepen und Keidel 2018, S. 538–540). Die bereits genannten Digitalisierungsschwerpunkte können auch hier einen erheblichen Beitrag leisten: So erlauben die durch **IoT** gewonnenen Informationen eine automatisierte Zuordnung von Maschinendaten und digitale Rückmeldungen von Bauleiter:innen oder Arbeitnehmer:innen mittels **mobiler Endgeräte** und können somit die Erfassung und Allokation von Arbeitszeiten deutlich erleichtern. Beides bedingt die Rückmeldung in **Cloud-Lösungen,** damit auch das Controlling auf diese Daten zugreifen kann. Cloud-Lösungen sind dabei nicht auf das interne Unternehmensnetzwerk beschränkt: So ist eine Datenanbindung aller beteiligten Akteure sinnvoll, um dadurch den rechtzeitigen

Informationsfluss bzgl. Leistungen und Kosten seitens Nachunternehmern etc. sicher zu stellen. Aufgrund der jederzeitigen und standardisierten Verfügbarkeit der Informationen wäre so – in Kombination mit der Leistungsstandrückmeldung – ein **Echtzeitreporting** der kurzfristigen Ergebnisrechnung möglich.

8.3.5 Möglichkeiten und Grenzen der Digitalisierung

Die Digitalisierung hat das Potenzial, die baubetrieblichen und bauwirtschaftlichen Prozesse gesamtheitlich zu verändern. Sie bildet mit der „Schaffung einer hochwertigen Datenbasis durch Echtzeit-Datenerfassung [..] die Grundlage für die Analyse, Dokumentation und Evaluation tradierter Prozesse" (Goger und Bisenberger 2020, S. 165). Zugleich wird damit genau die Form von Selbstkontrolle und -steuerung ermöglicht, die das Controlling von Bauunternehmen auszeichnet und die betriebswirtschaftliche Begleitung und Steuerung der Bauausführung durch das Controlling erst ermöglicht (Abschn. 8.2.4). Hofstadler et al. sehen damit gar die Voraussetzungen geschaffen, das Controlling der Baubranche auf den Stand der stationären Industrie heben zu können (Hofstadler et al. 2021, S. 671).

Dem mit der Digitalisierung einhergehenden Nutzen steht allerdings auch ein erheblicher Aufwand – vor allem für kleine Unternehmen – gegenüber. Dieser fällt nicht nur für die Anschaffung beziehungsweise Implementierung etwaiger Lösungen (Software, Cloud-Lösung, mobile Endgeräte etc.) an. Vielmehr stellt sich stets die Frage, ob der daraus resultierende Nutzen den höheren (Mitarbeiter:innen-)Aufwand der Datenerfassung und -verarbeitung tatsächlich rechtfertigt und letztlich zu einem Mehrwert für das Unternehmen in der betrieblichen Praxis führt. Der letztgenannten Fragestellung soll im Folgenden mittels eines Experteninterviews nachgegangen werden.

8.4 Die Sicht der Praxis: Experteninterview mit Boris Grünke und Thorsten Schatz

Während sich der Nutzen der Digitalisierung in der Tiefbaubranche theoretisch recht klar ableiten lässt, muss sich dies nicht zwangsläufig auch mit den Erfahrungen und Erwartungen aus der Praxis decken. Daher sollen die zunächst rein theoretischen Befunde im Folgenden in einem Interview mit zwei Unternehmensvertretern reflektiert werden.

Boris Grünke ist studierter Diplom-Kaufmann und kaufmännischer Leiter der vitronet Gruppe mit Sitz in Essen. Die vitronet Gruppe ist einer der führenden Dienstleister für Glasfaser- und Energieinfrastruktur in Deutschland und mit über 20 Tochterunternehmen beziehungsweise mehr als 2300 Mitarbeiter:innen vor allem in den Bereichen Planung, Tiefbauleistungen, Kabelzug, Montage sowie Wartungsarbeiten tätig.

Thorsten Schatz ist studierter Diplom-Ingenieur und hält einen Master of Business Administration. Er ist Geschäftsführer der ISKA Schön GmbH mit Sitz in Holzkirchen. Die ISKA Schön GmbH ist Teil der vitronet Gruppe und eine Spezialistin für Tiefbau. Mit über 200 Mitarbeiter:innen ist sie vor allem im Kanalbau, Spezialtiefbau, Kabeltiefbau sowie im Rohrleitungsbau aktiv.

Schmidt: Herr Grünke, Herr Schatz, was ist für Sie aus Sicht einer Unternehmensgruppe beziehungsweise für ein einzelnes Unternehmen im Leitungstiefbau für das Controlling beziehungsweise die Unternehmenssteuerung wichtig oder gar unverzichtbar?

Grünke: Aus der Perspektive einer Holding mit über 20 Tochtergesellschaften ist es vor allem von Bedeutung, jederzeit einen Überblick in Form valider Daten zu haben. Dies ist in erster Linie für eine aktive Unternehmenssteuerung unabdingbar – was die höchste Priorität genießt – aber auch für ein monatliches Reporting an unseren Eigenkapitalinvestor sowie die Fremdfinanzierungspartner. Um dem gerecht werden zu können, sind insbesondere Transparenz, Verlässlichkeit und Validität der Daten notwendig. Damit einher geht in unserem konkreten Fall die Leistungsbewertung für das Monatsreporting und die Transparenz bezüglich der wichtigsten Bauprojekte – was ein funktionierendes Bauprojektcontrolling unabdingbar macht.

Schatz: Grundvoraussetzung für ein sinnvolles Controlling und eine daraus abgeleitete Unternehmenssteuerung ist das Vorhandensein von verlässlichen und belastbaren Daten. Als Geschäftsführer ist es meine Aufgabe, diese zu interpretieren, einen guten Blick auf die Performance des laufenden Produktionsprozesses zu entwickeln und gegebenenfalls entsprechende, steuernde Maßnahmen einzuleiten. Hierfür liefert mein Accounting die notwendigen Zahlen in Form von verbuchten Geschäftsvorfällen. Zur Vervollständigung des Lagebilds muss die erbrachte Bauleistung durch die jeweils verantwortliche Projektleitung ermittelt und gemeldet werden – sofern diese zum Abgrenzungsstichtag noch nicht abgerechnet und somit vom Accounting erfasst werden konnte. Dies unterscheidet den Bau wesentlich von anderen Branchen. Anfänglich bedarf es für diese für die Projektleiter:innen zusätzliche, vermeintlich überflüssige Zusatzaufgabe der sogenannten Leistungsmeldung erhebliche Überzeugungsarbeit und möglicherweise auch zusätzlichen Ausbildungsbedarf.

Schmidt: Und wie würden Sie den Entwicklungsstand der Gruppenunternehmen beziehungsweise Ihres Unternehmens diesbezüglich einschätzen?

Grünke: Hier zeigt sich ein heterogenes Bild innerhalb unserer Unternehmensgruppe – allerdings mit einem sehr deutlichen Trend zu laufender Verbesserung insbesondere hinsichtlich Geschwindigkeit und Verlässlichkeit der Daten. Man muss dabei natürlich beachten, dass durch das starke, anorganische Wachstum der Unternehmensgruppe in den letzten beiden Jahren immer neue Tochterunternehmen hinzugekommen sind. In vielen oder sogar den meisten der Tochterunternehmen ist dann zunächst keine verlässliche kurzfristige Ergebnisrechnung (und damit auch kein Controlling) möglich. Das erschwert die Unternehmenssteuerung deutlich und es ist daher ein zentraler Ansatzpunkt, neue Tochterunternehmen sehr schnell in die Lage zu versetzen, diese Anforderungen zu erfüllen.

Schatz: Seit mehreren Jahren haben wir in der ISKA ein zuverlässiges und standardisiertes Controlling eingeführt. Dies soll aber nicht heißen, dass nicht noch Luft nach oben wäre. Insbesondere bei der Genauigkeit der Meldungen der Projektleiter:innen würde ich mir von Fall zu Fall noch etwas mehr „Treffsicherheit" wünschen. Aber auch hier gibt es häufig valide Gründe, weshalb die erbrachte Bauleistung monetär nicht immer auf den Punkt zu bewerten ist. Insbesondere im Rahmen von Nachträgen bedarf es nachgelagerter Abstimmungen und Verhandlungen, die erhebliche Auswirkungen auf die Schlussrechnungssumme haben können. Aber auch im Bereich von noch nicht im Accounting erfassten Aufwendungen sowie in exakteren Abgrenzungen sehe ich Verbesserungspotenzial im Controlling.

Schmidt: Herr Grünke, nun kann die Digitalisierung vielleicht einen Beitrag zur Lösung dieser Herausforderungen leisten. Wie ist denn der Stand der Digitalisierung bei Ihren Tochterunternehmen? Lassen sich hier Schwerpunkte identifizieren?

Grünke: Wenn man die Tochterunternehmen unserer Gruppe betrachtet, dann findet man ein breites Spektrum hinsichtlich der Digitalisierungsgrade vor, wobei allen Unternehmen gemein ist, in der Digitalisierung eine Erleichterung und Verbesserung bestehender Prozesse und Abläufe zu sehen. Daher wird dem Thema einhellig eine wachsende Bedeutung beigemessen – auch über das Thema „Controlling" hinaus. Aus Sicht der Holding liegt hier ein zentraler Ansatzpunkt zur Verbesserung und Vereinheitlichung von Prozessen. Die erwähnte Bandbreite im konkreten Bezug auf die Tochterunternehmen unserer Gruppe erstreckt sich von der Erfassung der Arbeitszeiten über die Erfassung der Bauleistungen bis hin zu einer digitalen Bauakte und variiert von Unternehmen zu Unternehmen. Gerade die digitalen Vermessungsverfahren und Bodendaten sowie der mögliche Einsatz von Drohnen (die bereits in einem unserer Tochterunternehmen eingesetzt werden) zur Aufnahme und Dokumentation werden als spannende Bereiche angesehen.

Schmidt: Und wie würden Sie den Effekt dieser Maßnahmen auf das Controlling beschreiben?

Grünke: Alles was dazu beiträgt, die angeführten Themen „Validität der Daten" und „weitere Erhöhung der Geschwindigkeit" voranzubringen, hat einen deutlich positiven Effekt auf das Controlling und damit auch auf die Unternehmenssteuerung. Insbesondere digitale Rückmeldungen mittels mobiler Endgeräte und Cloud-Lösungen sind hier relativ einfache Maßnahmen, welche die Qualität des Controllings signifikant nach vorne bringen. Aber auch Themen rund um die digitale Vermessung haben einen großen Effekt auf das Unternehmen insgesamt und durch eine höhere Qualität der Solldaten implizit auch auf das Controlling.

Schmidt: Herr Schatz, die Digitalisierung bietet ja einen sehr großen Blumenstrauß an Instrumenten. Welche sind denn für Sie zur Steuerung Ihres Unternehmens am erfolgversprechendsten und warum?

Schatz: Hier möchte ich explizit auf die Datengenese und die darauffolgende Leistungsfeststellung durch die Projektleiter:innen eingehen. Aus meiner Sicht gibt es inzwischen ausgereifte und leicht zu bedienende Vermessungsgeräte, die das Aufmessen der Baustelle über GPS-Daten erheblich erleichtern. Die dabei gewonnenen Daten können später in CAD-Programmen weiterverarbeitet werden. Ähnliche Systeme gibt es auch für Baumaschinen. Derartige Werkzeuge beschleunigen und präzisieren den Herstellungs- sowie Aufmaßprozess drastisch. Eine raschere und präzisere Leistungsermittlung für das nachgelagerte Controlling wird dadurch möglich. Aber auch die Verwendung von Tablets macht die Arbeit der Projektleitung auf der Baustelle leichter. Diese hat damit über eine Serveranbindung Zugriff auf alle relevanten Daten des Projekts. Zudem kann sie Daten und Fotos an die Unternehmenszentrale übersenden und damit zu einem effektiveren Datenerfassungs- und Datenübertragungsprozess beitragen. Durch die zunehmende Digitalisierung und Vernetzung der eingesetzten Systeme entsteht mehr Transparenz zur verbesserten Unternehmenssteuerung.

Schmidt: Kommen wir kurz zur Kehrseite der Medaille – denn all dies ist ja mit erheblichem (Implementierungs-)Aufwand verbunden. Wie gehen Sie damit um?

Schatz: Abgesehen vom monetären Aufwand, der zweifelsohne bei der Erstanschaffung der notwendigen Hard- und Software nicht zu unterschätzen ist, stellen neue Systeme viele Mitarbeiter:innen zunächst vor Herausforderungen. Damit muss man behutsam umgehen und den Komplexitätsgrad besonnen und schrittweise steigern, um niemanden auf dem Weg der Digitalisierung zu verlieren.

Schmidt: Und an welcher Stelle übersteigen die Kosten für Sie den resultierenden Nutzen?

Schatz: Spätestens ab dem Zeitpunkt, wenn die Bauleistung hiervon negativ beeinträchtigt wird und Daten nur noch um der Daten Willen generiert werden. Insbesondere auf der Baustelle muss hier ein vernünftiges Maß gefunden werden. In unserer Branche benötigen wir keine centgenaue Leistungserfassung oder -meldung zum Abgrenzungsstichtag. Der dahintersteckende Aufwand muss verhältnismäßig bleiben und darf die Projektleiter:innen nicht von ihrer eigentlichen Aufgabe – der Leistungserbringung – abhalten. Die finale Abrechnung nach Fertigstellung unserer Bauleistung erfolgt selbstverständlich dann centgenau und für unsere Auftraggeber:innen nachvollziehbar.

Schmidt: Lassen Sie uns noch einmal kurz zusammenfassen – welche Aspekte der Digitalisierung sind aus Ihrer Sicht besonders wertstiftend (also vergleichsweise geringer, mittlerer oder hoher Nutzen) und warum und wie schätzen Sie den Aufwand (also vergleichsweise geringer, mittlerer oder hoher Aufwand) hierfür ein?

Grünke: Wie bereits erwähnt, ist es sinnvoll, immer auch die Kosten-Nutzen-Perspektive im Blick zu haben. Daher sind für das Controlling aus Gruppensicht vor allem Cloud-Lösungen, Datenübermittlung mittels mobiler Endgeräte und Echtzeitreporting die Themenbereiche, mit denen man in relativ kurzer Zeit und moderatem Aufwand große Fortschritte erzielen und somit die Qualität des Controllings deutlich steigern kann. Digitale Vermessung und BIM haben durchaus Potenzial das Controlling zu beeinflussen, allerdings mit einem im Vergleich deutlich höheren Aufwand. Dem hingegen bietet der Themenbereich IoT nur geringes Potenzial für das Controlling, bringt aber einen erheblichen Aufwand mit sich.

Schatz: Zusammenfassend ist festzuhalten, dass Digitalisierung an der richtigen Stelle auch im Controlling eines Tiefbauunternehmens wertstiftend, sinnvoll und zukünftig unerlässlich ist. Im Wesentlichen werden hierdurch Tätigkeiten, die zuvor eher analog vollzogen wurden, beschleunigt. Zudem werden die erzeugten Daten bereits in geeigneten, weiterzuverarbeitenden Formaten bereitgestellt und müssen nicht über Zwischenschritte bearbeitbar gemacht werden. Dies trifft insbesondere in den Bereichen der digitalen Vermessung, dem Nutzen mobiler Endgeräte und deren Einbindung in Cloud-Lösungen zu. Dem überschaubaren Einführungs- und Betriebsaufwand dieser Lösungen stehen ein beachtlicher und lohnenswerter Nutzen für das Controlling gegenüber. Durchgängige und interoperable Systeme tragen darüber hinaus zur Minimierung von manuellen Fehlerquellen bei. IoT sowie BIM werden in unserem Unternehmen (noch) nicht eingesetzt, da wir bisher keinen wirklichen Mehrwert für die Unternehmenssteuerung erkennen konnten.

Schmidt: Vielen herzlichen Dank für diese Einschätzung, die wir gemeinsam in Tab. 8.1 auch noch einmal zusammenfassen konnten. Demnach teilen Sie aus Sicht der Praxis also die Einschätzung, dass die Digitalisierung ein erhebliches Potenzial zur Verbesserung des Controllings innehat. Dies gilt vor allem für die digitale Vermessung, die Rückmeldung mittels mobiler Endgeräte, Echtzeitreportings sowie Cloud-Lösungen, welche ein vielsprechendes Kosten-Nutzen-Profil aufweisen. Ich bedanke mich für das Interview!

Tab. 8.1 Zusammenfassende Einschätzung des Digitalisierungspotenzials für das Controlling (Eigene Darstellung)

Potenzial	Einschätzung für das Controlling aus Gruppensicht	Einschätzung für das Controlling aus Einzelunternehmenssicht	
	Nutzen	**Nutzen**	**Aufwand**
Digitale Vermessung	Mittel	Hoch	Gering
BIM	Mittel	Mittel	Mittel
Internet of Things	Gering	Gering	Hoch
Rückmeldung mittels mobiler Endgeräte	Hoch	Hoch	Mittel
Echtzeitreporting	Hoch	Mittel	Mittel
Cloud-Lösungen	Hoch	Hoch	Gering

8.5 Fazit

Die Digitalisierung wird die Prozesse der Bauwirtschaft tiefgreifend und ganzheitlich verändern. Neben der Leistungserstellung selbst wird dies vor allem auch die Planungsqualität und Informationsversorgung von den Baustellen positiv beeinflussen. Mit der durch die Digitalisierung verbesserten beziehungsweise geschaffenen Informationsbasis kann diese wesentliche Schwachstelle des bisherigen Controllings in Bauunternehmen behoben werden – und ein (Bauprojekt-)Controlling somit entweder deutlich verbessert oder gar erst ermöglicht werden. Damit werden die Voraussetzungen geschaffen, das Controlling in der Baubranche auf den Stand in der stationären Industrie zu heben.

Die größten Potenziale der Digitalisierung werden in der digitalen Vermessung, BIM, IoT, Rückmeldung mittels mobiler Endgeräte, Echtzeitreportings und Cloud-Lösungen gesehen – allerdings ist mit diesen Potenzialen ein jeweils unterschiedliches Kosten-Nutzen-Verhältnis aus Sicht des Controllings verbunden. Die Experten sehen hier vor allem bei der digitalen Vermessung, der Rückmeldung mittels mobiler Endgeräte, Echtzeitreportings sowie Cloud-Lösungen einen besonders hohen Nutzen für das Controlling bei vertretbarem Aufwand der Implementierung und Pflege.

Für die betroffenen Unternehmen lassen sich folglich zwei Empfehlungen ableiten:

Zum einen sollten die Potenziale der Digitalisierung ganzheitlich durchdacht werden – also explizit auch mit den Möglichkeiten, die sich hieraus für das Controlling beziehungsweise die Unternehmenssteuerung ergeben. So sollten die (zukünftigen) Controller:innen bei der Implementierung von digitalen Lösungen involviert sein, um so den Nutzen für das Controlling auch optimal ausschöpfen zu können.

Zum anderen stehen den Unternehmen – sofern die Unternehmenssteuerung selbst im Mittelpunkt des Interesses steht – mit den digitalen Lösungen nunmehr sehr wirkungsvolle Werkzeuge für eine Verbesserung des Controllings zur Verfügung. Hierbei sollten die zuvor genannten Lösungen bevorzugt werden, die einen hohen (und kurzfristigen) Nutzen für das Controlling bei vertretbarem Aufwand versprechen.

Literatur

Bertschek I, Niebel T, Ohnemus J (2019). Beitrag der Digitalisierung zur Produktivität in der Baubranche. ZEW – Leibniz-Zentrum für Europäische Wirtschaftsforschung GmbH. https://www.bbsr.bund.de/BBSR/DE/veroeffentlichungen/bbsr-online/2019/bbsr-online-19-2019.html. Zugegriffen: 07.06.2022.

Büchel J, Demary V, Goecke H, Rusche C (2021). Digitalisierung der Wirtschaft in Deutschland. Digitalisierungsindex 2020. Institut der deutschen Wirtschaft, IW Consult; ZEW – Leibniz-Zentrum für Europäische Wirtschaftsforschung, Forschungsinstitut für Rationalisierung (FIR) e. V. an der RWTH Aachen. https://www.de.digital/DIGITAL/Redaktion/DE/Digitalisierungsindex/Publikationen/publikation-download-Langfassung-digitalisierungsindex-2020.pdf?__blob=publicationFile&v=4. Zugegriffen: 07.06.2022.

Büchel J, Engels B (2021). Digitalisierung der Wirtschaft in Deutschland. Digitalisierungsindex 2021. Bundesministerium für Wirtschaft und Energie (BMWi). https://www.de.digital/DIGITAL/Redaktion/DE/Digitalisierungsindex/Publikationen/publikation-download-zusammenfassung-ergebnisse-digitalisierungsindex-2021.pdf?__blob=publicationFile&v=4. Zugegriffen: 07.06.2022.

Dahms S, Geyer A, Ruppert C (2008). Ausgestaltung der Controlling- und Steuerungssysteme in der Bauwirtschaft. Controlling – Zeitschrift für erfolgsorientierte Unternehmenssteuerung (20): 375–381.

Demary V, Goecke H (2021). Digitalisierung der Branchen in Deutschland. Eine empirische Erhebung. Wirtschaftsdienst (101): 181–185.

Goger G, Bisenberger T (2020). Digitalization in infrastructure construction. Developments in construction operations. Geomechanics and Tunnelling (13): 165–177.

Hofstadler C, Gogic S, Kleiner J, Weil P (2021). Ausgewählte Aspekte des zeitnahen Controllings von Bauprojekten. In Hofstadler C, Motzko C (Hrsg) Agile Digitalisierung im Baubetrieb. Springer, Wiesbaden, S. 659–674.

Horváth P, Gleich R, Seiter M (2019). Controlling. 14. Aufl. Vahlen Verlag, München.

Lavia López O, Hiebl MRW (2015). Management Accounting in Small and Medium-Sized Enterprises. Current Knowledge and Avenues for Further Research. Journal of Management Accounting Research (27): 81–119.

Oepen RP, Keidel C (2018). Controlling. In Jacob D, Müller C, Oehmichen M (Hrsg) Kalkulieren im Ingenieurbau. Strategie, Kalkulation, Controlling. Springer Vieweg, Wiesbaden, S. 523–571.

PWC (2021). Digitalisierung, Nachhaltigkeit und Corona in der Bauindustrie. Eine PwC-Studie zum Umgang der Branche mit den drei aktuellen Herausforderungen. https://www.pwc.de/de/digitale-transformation/pwc-herausforderungen-der-deutschen-bauindustrie-2021.pdf. Zugegriffen: 07.06.2022.

Roland Berger (2016). Digitalisierung der Bauwirtschaft. Der europäische Weg zu „Construction 4.0". https://www.rolandberger.com/publications/publication_pdf/roland_berger_digitalisierung_bauwirtschaft_final.pdf. Zugegriffen: 07.06.2022.

Rudert D (2015). Praktische Steuerung im Straßen- und Tiefbau. In Wirth V (Hrsg) Controlling in der Baupraxis. So sichern Sie Ihre Baustellengewinne. Bundesanzeiger Verlag, Köln, S. 133–160.

Statistisches Bundesamt (2008). Klassifikation der Wirtschaftszweige 2008. https://www.destatis.de/static/DE/dokumente/klassifikation-wz-2008-3100100089004.pdf. Zugegriffen: 07.06.2022.

Statistisches Bundesamt (2021a). Bauhauptgewerbe/Ausbaugewerbe/Bauträger; Lange Reihen der jährlichen Betriebserhebungen. https://www.destatis.de/DE/Themen/Branchen-Unternehmen/Bauen/Publikationen/Downloads-Baugewerbe-Struktur/lange-reihen-betriebserhebung-bauausbaugewerbe-pdf-5442001.pdf;jsessionid=D454C47F66EC427DF813B0336AD8FAB4. live731?__blob=publicationFile. Zugegriffen: 07.06.2022.

Statistisches Bundesamt (2021b). Produzierendes Gewerbe; Tätige Personen und Umsatz der Betriebe im Baugewerbe 2020. https://www.destatis.de/DE/Themen/Branchen-Unternehmen/Bauen/Publikationen/Downloads-Baugewerbe-Struktur/personen-umsatz-baugewerbe-2040510207004.pdf?__blob=publicationFile. Zugegriffen: 07.06.2022.

Wernick C, Tenbrock S, Gries C, Henseler-Unger I, Plückebaum T (2018). Tiefbaukapazitäten als Engpass für den FTTB/H-Ausbau? Empfehlungen zur Effizienzsteigerung und Kostensenkung für den Markt und die öffentliche Hand. WIK-Consult GmbH. https://www.wik.org/fileadmin/Studien/2018/WIK-Tiefbaustudie.pdf. Zugegriffen: 07.06.2022.

Wirth V (2015a). Erfolgsfaktoren des Controllings im Bau. In Wirth V (Hrsg) Controlling in der Baupraxis. So sichern Sie Ihre Baustellengewinne. Bundesanzeiger Verlag, Köln, S. 1–12.

Wirth V (2015b). Tagfertiges Controlling auf der Baustelle. In Wirth V (Hrsg) Controlling in der Baupraxis. So sichern Sie Ihre Baustellengewinne. Bundesanzeiger Verlag, Köln, S. 275–310.

Machine Learning in der Banksteuerung – Eine Analyse der marktzinsunabhängigen Ausübung von impliziten Optionen nach § 489 BGB

Marius Demary, Frank Lehrbass und Svend Reuse

> Die Ausführungen geben die persönliche Auffassung der Autoren wieder, die nicht notwendigerweise mit der des jeweiligen Arbeitgebers übereinstimmen muss.

Zusammenfassung

Risikomodelle in Banken galten lange Zeit als die fortschrittlichsten Modelle, die in der Praxis eingesetzt werden. Mit den Anforderungen des BCBS 239 an die Datenqualität und die zunehmende Komplexität, die die Digitalisierung ermöglicht, stellt sich die Frage, ob und wie Machine Learning und andere Trends der Digitalisierung Einfluss auf die Gesamtbanksteuerung und die Risikomodelle von Banken haben. Am Beispiel von impliziten Optionen wird in diesem Beitrag die Wirkungsweise von Machine Learning im Kontext aufsichtsrechtlicher Anforderungen analysiert. Als Ergebnis lässt sich einerseits festhalten, dass Machine Learning aufsichtsrechtlich nicht negiert wird. Andererseits kann mit den durchgeführten Analysen in R aufgezeigt werden, dass ein echter Mehrwert für die Banksteuerung durch den Einsatz von Machine Learning erreicht werden kann.

M. Demary
DataLab GmbH, Düsseldorf, Deutschland
E-Mail: mdemary@datalab-crm.de

F. Lehrbass
FOM Hochschule für Oekonomie und Management, Düsseldorf, Deutschland
E-Mail: frank.lehrbass@fom.de

S. Reuse (✉)
FOM Hochschule für Oekonomie und Management, Düsseldorf, Deutschland
E-Mail: svend.reuse@fom.de

9.1 Einführung

Die steigende Wettbewerbsintensität und das aktuell vorherrschende Niedrigzinsniveau üben Druck auf die adäquate Bemessung des Risikos und die daraus resultierende Risikokapitalallokation bei Banken aus. Dieser Beitrag fokussiert die Aktivseite einer Bank, speziell das festverzinsliche Wohnungsbaukreditgeschäft. Kund:innen können je nach Vertragsgestaltung oder Gesetzeslage ihre Baufinanzierungen früher kündigen, als es das eigentliche Festzinsbindungsende vorsieht. Die Bank ist hier in der Stillhalterposition und einem Risiko ausgesetzt. Die Kund:innen verfügen über eine sogenannte implizite Option (zur Erläuterung vgl. Abschn. 9.2.1), die sie nach eigenem Willen ausüben können. Aus der betriebswirtschaftlichen Perspektive fordern die beiden genannten Faktoren eine angemessene Einbindung der impliziten Optionen in die Kalkulation von Darlehenskonditionen, da sie eine steigende Bedeutung in der Produktgestaltung erfahren und eine risikoadjustierte Preisfindung unabdingbar ist, um der Bank eine angemessene Kompensation des entstehenden Risikos zu ermöglichen.

Das Ziel dieses Beitrags ist die Verknüpfung der beiden Handlungsfelder „Machine Learning (ML)" und „implizite Optionen" in der Banksteuerung, um die Möglichkeiten des Einsatzes von Machine Learning zur Analyse und Steuerung des BGB-Kündigungsrechtes bei Darlehen aufzuzeigen. Durch die Klassifikation optionsbehafteter Darlehen soll die Vorhersage einer marktzinsabhängigen („rationalen") beziehungsweise marktzinsunabhängigen („irrationalen") Kündigung von Darlehen durch die Kund:innen angestrebt werden. Indem die Ergebnisse der Machine Learning-Modelle in die Banksteuerung eingebunden werden, kann eine Verbesserung der bisherigen Steuerung der Risiken aus impliziten Kundenoptionen erzielt werden. Dieser Beitrag stellt die Anwendung von Machine Learning in der Bankrisikosteuerung und das Potenzial anhand eines konkreten Anwendungsbeispiels vor.

Damit ein Praxisbezug gewährleistet ist, erfolgt die Anwendung der Methoden auf Basis einer Stichprobe aus Kunden- und Geschäftsdaten einer anonymen, mittelgroßen regional tätigen Bank mit einer Bilanzsumme von ca. 2 Mrd. EUR. Die Zielsetzung dieses Beitrags ist darauf ausgerichtet, die Machbarkeit des Einsatzes von Machine Learning im Ansatz zu illustrieren.

Die Vorgehensweise und die Durchführung basieren auf dem CRISP-DM (Cross Industry Standard Process for Data Mining wie in Abb. 9.1 dargestellt.

Dieser Ansatz wurde von führenden Unternehmen aus der Praxis entwickelt und hat sich als ein Standardprozess etabliert (Wirth und Hipp 2000, S. 30). Er beschreibt die sechs Phasen des Datenanalyseprozesses: Geschäftsverständnis, Datenverständnis, Datenaufbereitung, Modellierung, Evaluation und Praxiseinsatz. Dabei ist der gesamte Prozess iterativ zu betrachten und Erkenntnisse einer späteren Phase können eine Rückkehr zu einer vorherigen Phase bewirken (Larose und Larose 2015, S. 6–8). Dieser Prozess wird, leicht adaptiert, auf den Fall der impliziten Optionen angewendet. Die Phasen der Evaluation und des Praxiseinsatzes werden aufgrund des akademischen Fokus' dieses Beitrags stark verkürzt in Abschn. 9.6 behandelt.

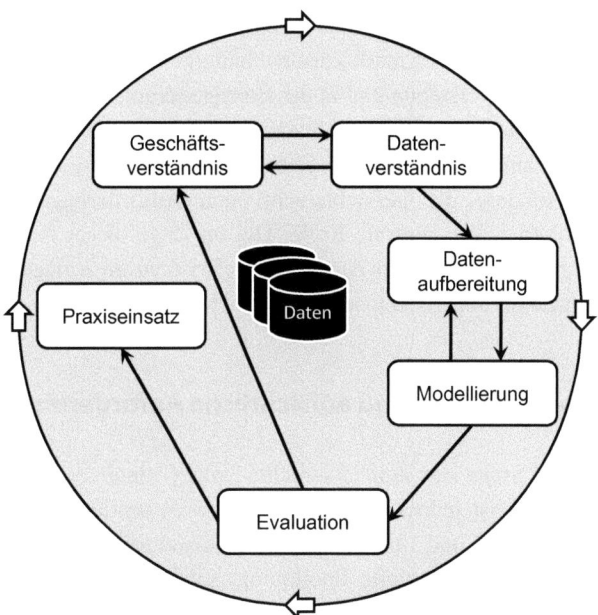

Abb. 9.1 CRISP-DM-Modell (Eigene Darstellung in Anlehnung an Wirth und Hipp 2000, S. 33)

9.2 Geschäftsverständnis

9.2.1 Definition und Ausprägung impliziter Optionen

Im Fokus dieses Beitrags steht das gesetzliche Kündigungsrecht nach § 489 Abs. 1 Nr. 3 BGB (nachfolgend BGB-Kündigungsrecht/-option genannt). Es findet Anwendung bei festverzinslichen Darlehen mit einer Zinsbindung von mehr als zehn Jahren, die unter keine andere Regelung zu entsprechenden Kündigungsrechten fallen (Grabbe 2015, S. 37–79). Durch die Kündigungssperrfrist von zehn Jahren und die Kündigungsfrist von sechs Monaten kann die Kündigung frühestens 10,5 Jahre nach Vollauszahlung des Darlehens wirksam werden (Staab und Staab 2014, S. 153–155). Durch § 489 Abs. 4 BGB kann dieses Kündigungsrecht vertraglich nicht ausgeschlossen werden. Da es nicht auf einer expliziten Vertragsklausel beruht, handelt es sich um eine implizite Option. Der Bank als Stillhalter steht keine Kompensation des entfallenen Gewinns zu, wie es zum Beispiel bei der außerordentlichen Kündigung nach § 490 Abs. 2 BGB durch die Vorfälligkeitsentschädigung der Fall ist.

Zur Untersuchung des Marktumfeldes wird zunächst die Marktzinsentwicklung betrachtet. Durch die bekannte Zinsentwicklung der letzten 15 Jahre befinden sich alle BGB-Kündigungsrechte im Geld, die sich in der Ausübungsperiode befinden oder diese in naher Zukunft erreichen werden. Wenn diese Kund:innen marktzinsabhängig beziehungsweise rational agierten, müssten demnach alle Optionen ausgeübt werden.

Ein Blick in die Praxis zeigt jedoch, dass dies nicht der Fall ist. Dies verdeutlicht die Bedeutung der Untersuchung der marktzinsunabhängigen Ausübung, um das irrationale Verhalten der Kund:innen verstehen und in die Banksteuerung einbinden zu können.

Neben der Entwicklung des Marktzinsniveaus sind die Banken in den letzten Jahren wesentlich durch die aufsichtsrechtlichen Entwicklungen herausgefordert (Reuse 2018, S. 147–158). Insbesondere die aufsichtsrechtlichen Anforderungen an die Risikosteuerung spielen hierbei eine zentrale Rolle. Die im Zuge dieses Artikels betrachteten impliziten Optionen lassen sich unter den Marktpreisrisiken im Anlagebuch beziehungsweise unter den Zinsänderungsrisiken subsumieren (Reuse 2019, S. 20 m.w.N.).

9.2.2 Maschinelles Lernen und aufsichtliche Anforderungen

Naturgemäß liegt der Stand des Aufsichtsrechts immer hinter dem der ökonomischen Entwicklung zurück. Es ist jedoch festzuhalten, dass es mittlerweile einige Veröffentlichungen der nationalen und internationalen Aufsichtsbehörden zu den Themen „Machine Learning" und „Künstliche Intelligenz" gibt. So ist zum einen das Gesetzgebungsverfahren der Europäischen Kommission zu nennen, welches Künstliche Intelligenz in der Bankenbranche regulieren will (Europäische Kommission 2021a, b). Die dort aufgeführten Regelungen sind aus Sicht der Deutschen Kreditwirtschaft jedoch zu umfangreich, „da ausgewählte Anwendungsfälle pauschal als hoch risikoreich definiert werden, ohne dass es hierfür ein nachvollziehbares Kriterienraster gibt" (Deutsche Kreditwirtschaft 2021, S. 2). Auch die Definition von Künstlicher Intelligenz wird kritisch gesehen.

Im November 2021 wurde von der European Banking Authority (EBA) ein Diskussionspapier zum Thema „Machine Learning in IRB-Ansätzen" veröffentlicht (European Banking Authority 2021). Die Komplexität der Modelle wird hervorgehoben, gleichzeitig wird jedoch der Nutzen von Machine Learning bestätigt. Das Diskussionspapier fokussiert die Herausforderungen, die Machine Learning mit sich bringt, und will die Integration in IRB-Modellierungen systematisieren. Per se ist das Papier eher von einer positiv-gestaltenden Einstellung geprägt, der Nutzen von Machine Learning wird dabei nicht per se negiert.

Auch die Bundesanstalt für Finanzdienstleistungsaufsicht (BaFin) befasst sich in ihrem Prinzipienpapier aus dem Juni 2021 (BaFin 2021a) und dem Konsultationspapier aus dem Juli 2021 mit diesem Thema (BaFin 2021b). Gerade Letzteres geht konkreter auf Methoden aus den Säulen 1 und 2 der Baseler Regelungen ein. In Bezug auf die Notwendigkeit der Veränderung des Aufsichtsrechts wird festgehalten: „Da die bestehenden regulatorischen Grundlagen technologieneutral formuliert sind, lassen sie sich weitgehend auf die Charakteristika von ML-Methoden übertragen" (BaFin 2021b, S. 4). Im Folgenden bleibt das Papier wenig konkret und sehr abstrakt, beinhaltet aus Sicht der Autoren aber einen guten Literaturüberblick zu den aufsichtsrechtlichen Publikationen zu den Themen „Künstliche Intelligenz" und „Machine Learning". Der Einsatz für Säule

1-Verfahren wird eher kritisch gesehen als der für Säule 2-Verfahren: „Viele Machine Learning-Methoden fallen in den nicht genehmigungspflichtigen Aufsichtsbereich der Säule 2. Damit ergibt sich eine größere Flexibilität für Retrainings und Änderungen des Modells, wobei auch hier bereits bestehende Anforderungen zum Beispiel aus der MaRisk gültig bleiben" (BaFin 2021b, S. 16). Damit wird klar, dass Machine Learning in den Risikomessverfahren der Institute Einsatz finden kann, solange die Anforderungen der MaRisk und des Internal Capital Adequacy Assessment Process (ICAAP) beachtet werden.

9.3 Bisherige Untersuchungen

Nicht abschließend, aber auf die wesentlichen Aspekte fokussierend lässt sich Folgendes festhalten: Innerhalb der deutschsprachigen Literatur im Kontext der Banksteuerung hat Bill (2006) in seiner Dissertationsschrift die Kündigung von Sparbriefen mit einer Regressionsanalyse anhand des Zinsvorteils untersucht. Allerdings wurde in dieser Untersuchung die marktzinsunabhängige Ausübung ausgeklammert (Bill 2006, S. 85–88), da durch die Struktur der Analyse nur die „im Geld"-Ausübung untersucht wurde. Im Gegensatz dazu haben Eickholt et al. (2018) ebenfalls Sparprodukte analysiert und die marktzinsunabhängige Ausübung mit einbezogen. Diese Analyse unterscheidet sich zusätzlich durch die Untersuchung auf Basis von Einzeldaten, während Bill (2006) aggregierte Daten zur Verfügung standen, und weitere Faktoren aus den Bereichen Makroökonomie, Produktcharakteristika (zum Beispiel hoher Schlusscoupon, Zeitpunkt der Zinszahlung) oder persönliche Merkmale (zum Beispiel Alter) eingebunden wurden (Eickholt et al. 2018, S. 325–332). Eine Untersuchung von Kündigungsrechten im Darlehensbereich mit einer Regressionsanalyse auf Basis von Einzeldaten, die ebenfalls makroökonomische Faktoren, persönliche Merkmale, Vertrags- beziehungsweise Darlehenscharakteristika und weitere Faktoren berücksichtigt, wurde bei Sondertilgungsrechten ebenfalls in einer Dissertationsschrift von Maurer durchgeführt (Maurer 2019, S. 104–110).

9.4 Datenverständnis und -aufbereitung

Zunächst gilt es, alle Geschäfte zu identifizieren, die mit einer BGB-Kündigungsoption behaftet sind. Es kommen nur Konten infrage, deren Zinsbindung länger als 10,5 Jahre ist. Aufgrund der in der Beispielbank verfügbaren Historie wird der jeweils zuletzt verfügbare Datenstichtag je Konto ausgewählt, um ausgelaufene beziehungsweise gekündigte Darlehen mit in die Stichprobe aufzunehmen.

Mit diesem Filterkriterium können nun die mit einer BGB-Kündigungsoption behafteten Darlehen identifiziert werden. Die Eingrenzung auf den Darlehensbestand, der sich in der Ausübungsperiode befindet, erfolgt durch die Berechnung des Stichtags, ab dem das Kündigungsrecht ausgeübt werden könnte. Dieser wird durch die Addition von 10,5 Jahren auf den Geschäftsbeginn ermittelt. Auf diesem Weg konnte die Stichprobe extrahiert werden, die sowohl aktive Darlehenskonten, welche zum Auswertungsstichtag im Bestand sind, als auch inaktive Darlehenskonten, deren Darlehensverhältnis nicht mehr besteht, enthält.

Die Stichprobe wird im Anschluss mit Attributen aus verschiedenen Bereichen des Datenhaushalts angereichert. Es werden Informationen zum Geschäft beziehungsweise Konto (Kontoattribute) ausgewertet. Des Weiteren werden Informationen zu den Kund:innen beziehungsweise Kontoinhaber:innen zugeführt. Hierbei werden aggregierte Informationen zur Einkommens- und Vermögenslage (Kundenaggregation), Kundenstammdaten, wie zum Beispiel Geburtstag, Familienstand, Berufsgruppe, und Informationen zu Beratungsterminen der Kund:innen (Vertriebsdaten) genutzt. Im Ergebnis konnte eine Stichprobe gezogen werden, die 186 Konten beziehungsweise 131 Kund:innen enthält und über 51 Attribute verfügt, die zur weiteren Verarbeitung genutzt werden können.

Die Ausübung kann durch den Vergleich von Geschäftsende, welches dem vertraglichen Ende der Zinsbindung entspricht, und dem individuellen Stichtag des Kontos festgestellt werden. In den Fällen einer Abweichung dieser Daten ist eine Ausübung zu vermuten. Dabei wird ein Puffer von einem Monat zusätzlich berücksichtigt, da die Konten oftmals zum Monatsultimo des Vertragsendes bereits aufgelöst sind.

Auf Basis der Stichprobe und der erfolgten Klassifikation der Beobachtungen kann nun die Datenaufbereitung für die Modellentwicklung durchgeführt werden, welche im Zuge einer explorativen Datenanalyse durchgeführt wird. Ziel ist die Sicherstellung der Datenqualität und -integrität. Larose und Larose (2015, S. 20) formulieren hierzu treffend: „In order to be useful for data mining purposes, the databases need to undergo preprocessing, […] The overriding objective is to minimize garbage in, garbage out (GIGO), to minimize the Garbage that gets Into our model, so that we can minimize the amount of Garbage that our models give Out."

Dieser Prozessschritt wurde gleichzeitig genutzt, um Variablen auf ihre erklärende Funktion für die Optionsausübung hin zu untersuchen. Auf Basis dessen kann eine Vorauswahl von Variablen getroffen werden, die in die Modellentwicklung einfließen, um die Anzahl der verwendeten erklärenden Variablen beschränken zu können (Larose und Larose 2015, S. 92).

Ein Darlehensnehmer, der ein städtisches Wohnungsbauunternehmen ist und ein besonderes Refinanzierungsverhalten aufweist, ist mit 38 Konten in der Stichprobe enthalten. Dieser wird vorab ausgeschlossen, da er in der Stichprobe aufgrund der Vielzahl der Konten überrepräsentiert ist und zu Verzerrungen in der Modellentwicklung führen würde. Darüber hinaus fallen anhand spezifischer Kontoattribute (zum Beispiel Gesamtzusage, Tilgungsrate) zwei weitere Kund:innen auf, die bei mehreren Attributen als Ausreißer eingestuft werden können. Diese werden ebenfalls von der Stichprobe ausgeschlossen, da es sich jeweils um professionelle Immobilieninvestoren handelt, denen grundsätzlich eine vermögensmaximierende Ausübung unterstellt werden kann (Boka 2015, S. 21) und die keiner genaueren Untersuchung bedürfen.

Als Attribut, welches dem in der wissenschaftlichen Literatur beobachteten Burn-out-Faktor entspricht, wurde die Variable OptionsrechtVerfuegbar genutzt. Die Variable, die den verstrichenen Zeitraum der Ausübungsperiode bis zum aktuellen Stichtag beziehungsweise bei inaktiven Konten zum Kündigungsdatum/Geschäftsende in Monaten misst, wurde auf Basis des Datums, ab dem das Optionsrecht verfügbar ist (StichtagOptionsrecht), und des Stichtags gebildet.

Zudem ist die Vorverarbeitung von Variablen notwendig. Es kann die Rekodierung beziehungsweise Aufteilung mancher Variablen auf binäre Dummy-Variablen beziehungsweise Flag-Variablen notwendig sein. Beispielsweise sind in der Dimension der Kundenstammdaten viele solcher Variablen enthalten. Für die Anzahl der Ausprägungen k müssen k–1 Dummy-Variablen abgeleitet werden, die jeweils eine Ausprägung widerspiegeln (Larose und Larose 2015, S. 39–41). Am Beispiel der Variable Wirtschaftszweig, die den Schlüssel des Wirtschaftszweiges der beruflichen Tätigkeit enthält, kann die Vorgehensweise dargestellt werden. Zunächst wurde bei der Stichprobenerstellung eine Gruppierung auf Basis der Schlüsselsystematik vorgenommen, wodurch die Anzahl der Ausprägungen auf 30 reduziert werden konnte. Diese Gruppen wiederum können zu fünf Kategorien zusammengefasst werden:

1. Industrie,
2. Finanzen,
3. Bau,
4. sonstige,
5. keine Ausprägung (Feld durch Berater nicht gepflegt).

Auf Basis dessen werden nun vier Flag-Variablen gebildet, die in die Modellentwicklung einfließen können.

Ein weiteres wichtiges Kriterium zur Vorauswahl der erklärenden Variablen ist die Vermeidung von Multikollinearität (Larose und Larose 2015, S. 92–93). So wurde beispielsweise deutlich, dass die Stichproben-Variablen AnzahlKonten und AnzahlKontenVertraegeinklVerbund einen linearen Zusammenhang aufweisen. Dies ist darin begründet, dass AnzahlKonten eine Teilmenge von AnzahlKontenVertraegeinklVerbund ist, da diese die Anzahl der Konten zzgl. der Verträge bei Verbundpartnern der Genossenschaftlichen FinanzGruppe (GFG) ausweist.

Mit Blick auf die Stichprobe müssen ebenfalls die vorliegenden Datenebenen gewürdigt werden. Es kann in Kunden- und Kontoattribute unterschieden werden. Durch den Prozess der Datenextraktion wurden die Kundenattribute bei jenen Kund:innen vervielfältigt, die mehrere Konten in der Stichprobe haben. Die Modellentwicklung kann grundsätzlich auf beiden Ebenen erfolgen, allerdings gilt es, jeweils Besonderheiten zu beachten:

- Auf der Kontoebene können die individuellen Eigenschaften der Darlehenskonten in die Modellentwicklung einfließen, allerdings können die vervielfältigten Kundenattribute zu Verzerrungen führen, da diese übergewichtet werden (Larose und Larose 2015, S. 44–45).
- Auf der Kundenebene kann die Übergewichtung zwar vermieden werden, allerdings gehen durch die notwendige Aggregation der Kontoattribute die individuellen Kontoeigenschaften verloren.

Im Zuge der Aggregation der Kontoattribute auf die Kundenebene wurden Untersuchungen angestellt, um den Informationsverlust prüfen zu können. Außerdem wurde die Aggregationsmethode für die jeweilige Variable in Verbindung mit Domänenwissen ausgewählt. In Bezug auf die Zielvariable, die zunächst auf Kontoebene vorliegt, konnte festgestellt werden, dass keine kontoindividuelle Abweichung im Ausübungsverhalten einzelner Kund:innen in der Stichprobe vorliegt. Von daher macht es Sinn, sich auf die Kundenebene zu fokussieren. Sachlogisch sind es ja auch die Kund:innen, die entscheiden.

Zusammenfassend wurden insgesamt 79 Variablen untersucht, die entweder originär in der Stichprobe enthalten sind oder auf Basis der Stichprobe generiert wurden. Letztendlich verbleiben 37 erklärende Variablen in der Vorauswahl, die in die Modellentwicklung einfließen. Innerhalb des Prozesses konnten die Besonderheiten der Stichprobe im Hinblick auf die Kunden- und Kontoebene aufgedeckt werden. Die Datenqualität und -integrität konnte durch die Untersuchung aller verfügbarer Variablen gesteigert werden, indem diese explorativ untersucht wurden oder teilweise Recherchen angestellt wurden, um unplausible Beobachtungen erklären zu können.

9.5 Modellierung

„Für den Kunden ist es nun, allgemein gesprochen, immer dann rational, sein Darlehen zu kündigen, wenn er sich entweder zu einem geringeren Zins Geld zur Ablösung des Darlehens leihen kann oder wenn er für seine liquiden Mittel keine höher verzinste Anlage findet" (Grabbe 2015, S. 144). Beides ist im vorliegenden Datensatz aus dem Jahr 2020, der aus 127 Kund:innen besteht, der Fall. Damit bietet sich aufgrund des Stichprobenumfangs die Wahl eines Signifikanzniveaus in Höhe von 10 % an.

Der geringste Darlehenszinssatz beträgt 3,65 % p.a., wohingegen Baufinanzierungskonditionen im Jahr 2021 für die Restlaufzeit um 0,5 % p.a. liegen. Verfügen die Kund:innen über finanzielle Mittel, so ist der Anlagezinssatz nach Steuern relevant. Eine solche Anlagealternative mit mehr als 3,65 % p.a. ist schon seit Jahren nicht mehr existent. Damit sind alle § 489 BGB-Optionen im betrachteten Datensatz im Geld. Wenige Restlaufzeiten liegen im Datensatz bei knapp zehn Jahren. Damit könnte es möglicherweise noch Zeitwerte geben, die relevant sind. Das wäre aber nur der Fall, wenn die Baufinanzierungskonditionen noch „Luft nach unten" hätten. Aus praktischer Sicht kann das zugrunde gelegte Niveau jedoch als Minimum betrachtet werden. Die Nicht-Ausübung kann somit aus kommerzieller Sicht als irrational bezeichnet werden, denn die Kund:innen verzichten zugunsten der Bank auf einen Geldbetrag. Die mathematische Modellierung eines solchen Verhaltens ist aufwendig und befindet sich in Entwicklung (Barberis et al. 2021, S. 2639–2687) und würde den vorliegenden Rahmen sprengen. Deshalb steht nun die Ermittlung der Faktoren im Fokus, die ein solches Verhalten begünstigen. Es geht hier primär um ein besseres Verständnis der Kund:innen. Eine Prognose steht nicht im Vordergrund (Shmueli et al. 2020, S. 162). Von daher muss der Datensatz nicht in Trainings-, Validierungs- und Testdaten aufgeteilt werden (Goodfellow et al. 2016, S. 107–117). Auch Kreuzvalidierungstechniken kämen erst beim Bau eines Prognosemodells zum Einsatz.

Die für dieses Beispiel ausgewählten Faktoren werden mit Bezeichnungen in Großbuchstaben nachfolgend eingeführt.

Für das Ausübungsverhalten sind die Merkmale der Entscheidenden wahrscheinlich relevant. Hierbei sind im Datensatz die Datenfelder SELBSTAENDIG (ja = 1) und BERATUNGSOFFEN (ja = 1) von Interesse. Es ist zu vermuten, dass Selbständige geübter darin sind, in finanziellen Entscheidungssituationen rational zu agieren. Auch aus diesem Grund findet bei ihnen rechtlich eine höhere Kompetenzvermutung statt und sie erfahren nicht den selben Schutz wie Verbraucher:innen. Zudem wird bei Akteur:innen, die Beratungstermine vor Ort wahrnehmen, eine Affinität zu Finanzthemen vermutet.

Daneben wird das ALTER der Entscheidenden in Jahren betrachtet. Über die Einkommensverhältnisse lagen nur schlecht gepflegte Daten vor, weswegen derartige Attribute nicht verwendet wurden. Weitere Merkmale werden mit Blick auf die Länge der Stichprobe nicht hinzugefügt. Zur Vermeidung des Problems des Overfitting (Goodfellow et al., 2016, S. 107–117) verbieten sich Modelle mit zu vielen Faktoren – und damit Parametern – bei nur 127 Kund:innen. Bei sieben Faktoren liegt ein Verhältnis von 127:7 (gerundet 18:1) vor, welches gemeinhin als noch akzeptabel angesehen wird (Masters 1993, S. 248).

Auch die Merkmale des KrediFeldtes selbst dürften von Relevanz sein. Alle Kreditnehmer:innen im Datensatz verfügen über die § 489 BGB-Option. Ihr kommerzieller Wert wird wesentlich durch den NOMINALZINS (volle Prozent, zum Beispiel 4,81 % p.a.) und die Höhe der GESAMTZUSAGE (in EUR) bestimmt. Je höher der Nominalzins, desto grösser der innere Wert der Option. Je höher die Gesamtzusage desto grösser der absolute Wert der Optionsposition.

Daneben werden weitere Attribute betrachtet, die möglicherweise Einfluss auf die Zielvariable haben können, bei denen jedoch keine Vermutungen über die Wirkungsrichtung angestellt werden sollen. Diese Attribute sind die URSPRUNGSLAUFZEIT (in Monaten) und die RECHTVERFUEGBARSEIT, d. h. der Zeitraum in Monaten seitdem eine Ausübung möglich ist.

Die zu erklärende Zielvariable AUSUEBUNG hat eine binäre Ausprägung und es kommen nur jene Methoden des überwachten Lernens infrage, welche zur Untersuchung binärer Klassifikationsprobleme geeignet sind. Es werden drei Methoden ausgewählt:

a. Logistische Regression,
b. Entscheidungsbaum,
c. Künstliches Neuronales Netz (KNN).

Die Benchmark ist die Prognose der Nicht-Ausübung. Da 77,17 % der Kund:innen die § 489 BGB-Option nicht ausgeübt haben, wird durch diese Vorhersage eine Genauigkeit (Accuracy) von 77,17 % erzielt. Jedoch muss hier eine weitere Maßzahl neben der Genauigkeit betrachtet werden, da sich die Fehler erster und zweiter Art deutlich in ihrer Konsequenz unterscheiden. Beim ersten Fall wird die Ausübung vorhergesagt, obwohl sie nicht erfolgt (False Positive). Die Bank hätte dann unnötigerweise einen Hedge eingekauft. Die Optionsprämie wäre verloren. Beim zweiten Fall (False Negative) üben Kund:innen überraschend die § 489 BGB-Option aus. Der entstandene Ertragsausfall lässt sich durch den Vergleich des Nominalzinses mit einer Wiederanlageopportunität approximieren. Der durchschnittliche Nominalzins in der Stichprobe liegt bei 4,84 % p.a. Angenommen, der aktuelle Kundenzins für ein neues Darlehen läge bei 0,50 % p.a., dann würde der Schaden der Kündigung für die Bank einen Verlust in Höhe von 4,34 % p.a. beziehungsweise 4340 EUR p.a. je 100.000 EUR Darlehenssumme betragen. Dies ist ein Mehrfaches der Optionsprämie. Deshalb wird die False Negative Rate (FNR) je Modell berechnet. Sie soll im Gegensatz zur Accuracy möglichst gering sein. Bei der Benchmark beträgt sie 100 %, denn es werden alle Ausübenden als Nicht-Ausübende vorhergesagt.

Nachfolgend wird die Statistik Software R mit den entsprechenden Paketen genutzt. Da es sich um eine kostenlos verfügbare Open Source Software handelt, muss einerseits auf Qualitätssicherung geachtet werden, indem etwa mit mehreren Paketen oder mit einer eigenen Programmierung parallel gerechnet wird. Andererseits hat Open Source den Vorzug, dass im Bedarfsfall der Quellcode einsehbar ist. Damit ist Transparenz und Nachvollziehbarkeit auf der Methodenseite gegeben.

9.5.1 Logistische Regression

Eine einführende Darstellung zu dieser Methode findet sich bei Verbeek (2012, S. 189–251). Die Schätzung mit Maximum Likelihood ergibt das in Tab. 9.1 gezeigte Ergebnis.

Die Vorzeichen entsprechen fast alle den Erwartungen. Überraschend ist jedoch, dass mit zunehmender Zeit seit Verfügbarkeit des Rechtes, dessen Ausübung unwahrscheinlicher wird.

Es sind nur drei Faktoren signifikant auf 10 % (SELBSTAENDIG, URSPRUNGSLAUFZEIT und RECHTVERFUEGBARSEIT). Wird die Regression nur noch auf diese

Tab. 9.1 Ergebnisse der Maximum Likelihood Methode (Eigene Darstellung)

Faktor	Koeffizient	P-Wert
SELBSTAENDIG	1,2374	0,0779
BERATUNGSOFFEN	0,9262	0,1074
ALTER	−0,0220	0,3383
NOMINALZINS	1,0531	0,1207
GESAMTZUSAGE	0,0000	0,4134
URSPRUNGSLAUFZEIT	0,0634	0,0000
RECHTVERFUEGBARSEIT	−0,0821	0,0000

Faktoren basiert, so sinkt die Genauigkeit von 84,25 % auf 78,74 %. Die FNR steigt in diesem Fall von 48,28 % auf 62,07 %. Eine weitere Auswertung wird hier nicht vorgenommen, da diese Ergebnisse mit Vorsicht zu genießen sind. Die Stichprobe ist zu klein, um die nur im Grenzwert bekannten Eigenschaften der Machine Learning Schätzer ausnutzen zu können (Verbeek 2012, S. 185). Damit relativieren sich die soeben ausgeführten Hypothesentests für die einzelnen Faktoren. Die Suche nach signifikanten Faktoren muss folglich durch andere Verfahren ergänzt werden.

9.5.2 Entscheidungsbaum

Eine Einführung in diese Methode bieten Larose und Larose (2015, S. 317–335). Aus dem Jahr 1984 stammt der Classification and Regression Tree, kurz CART. Ausgehend von einer Wurzel werden Äste anhand eines Aufteilungskriteriums gebildet bis schließlich die Prognose in den Blättern steht. Würde zugelassen, dass der Baum 127 Blätter hat, so wäre eine perfekte Vorhersage möglich. Zur Stärkung der Generalisierungsfähigkeit wird deshalb die Tiefe des Baumes auf sieben Astgabelungen beschränkt. Damit könnte theoretisch jeder Faktor eine Rolle bei der Entscheidung spielen. Alle übrigen Hyperparameter der Baumentwicklung werden bei ihren Default-Values belassen. Das Software Paket „rpart" kommt zum Einsatz. Das Ergebnis zeigt Abb. 9.2.

Von den zuvor signifikanten Faktoren werden nur zwei an oberster Stelle abgefragt (URSPRUNGSLAUFZEIT und RECHTVERFUEGBARSEIT). Erst danach wird nach NOMINALZINS unterschieden, SELBSTAENDIG entfällt als Kriterium. Diese Unterscheidung wird durch den Algorithmus des Entscheidungsbaums getroffen.

Abb. 9.2 ist wie folgt zu lesen: Konkret wird eine AUSUEBUNG = 1 mit einer Wahrscheinlichkeit von 72 % in den Fällen erwartet, bei denen die URSPRUNGSLAUFZEIT grösser 162 Monate ist, das RECHT noch nicht seit mehr als 27 Monaten ignoriert wurde und der NOMINALZINS mindestens 4,7 % p.a. beträgt. Unter den Endpunkt rechts unten fallen 25 % der Datensätze aus der Stichprobe. Fortgeschrittenere Baumverfahren wie der Random Forest kommen zu vergleichbaren Ergebnissen.

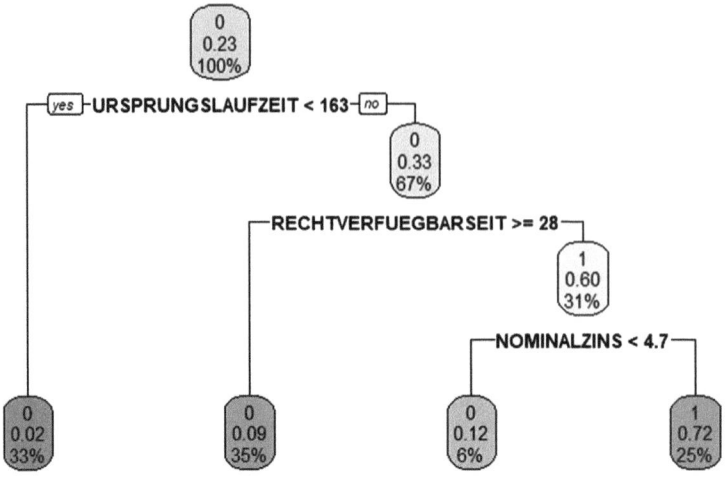

Abb. 9.2 Entscheidungsbaum mit sieben Astgabeln (Eigene Darstellung)

Wird die Regression durch CART ersetzt, so steigt die Genauigkeit von 84,25 % auf 88,19 %. Die FNR sinkt in diesem Fall von 48,28 % auf 20,69 %.

9.5.3 Künstliche Neuronale Netze (KNN)

Als dritte und letzte Methode wird ein KNN trainiert. Eine Einführung in diese Methode bieten Goodfellow et al. (2016, S. 95–160). Während bei der logistischen Regression die funktionale Form des Zusammenhangs von den Faktoren zur AUSUEBUNG vor Schätzung spezifiziert werden musste, ergibt sich die Spezifikation bei KNN während des Trainings. Es ist bekannt, dass ein Multi-Layer-Perceptron (MLP) mit nur einem Hidden Layer jede stetige Funktion beliebig gut approximieren kann. Dabei kann die benötigte Anzahl der Hidden-Neurons sehr groß sein (Goodfellow et al. 2016, S. 192). Zur Vermeidung des Overfittings wird die Anzahl der Hidden Neurons gemäß der Faustregel $(AnzahlFaktoren + Outputdimension) * \frac{2}{3}$ gewählt, d. h. hier $(7+1) * \frac{2}{3} = 5,33$, gerundet 5 (Masters 1993, S. 173–186).

Ähnlich wie beim Entscheidungsbaum wird eine möglichst einfache Modellierung in Form eines MLP mit sieben Faktoren gewählt, welche gewichtet in einen Hidden Layer mit fünf Neuronen eingespeist werden. Werden Software-Pakete wie TensorFlow, PyTorch oder MXNet zum Training des KNN verwendet, muss eine große Zahl an Entscheidungen über das konkrete Lernverfahren und die zugehörigen Hyperparameter gefällt werden (Goodfellow et al. 2016, S. 95–320). Ein weniger „mächtiges" Software-Paket in R ist „neuralnet". Hier muss lediglich die Fehlernorm festgelegt werden. Im

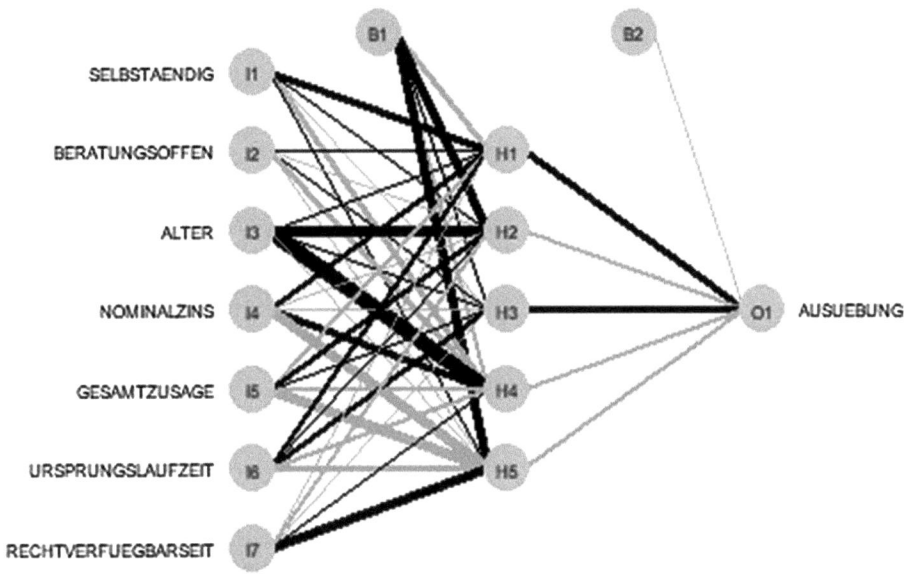

Abb. 9.3 Multi-Layer-Perceptron nach 1659 Trainingsepochen (Eigene Darstellung)

vorliegenden Fall macht nur die Wahl von Cross Entropy Sinn. Als Aktivierungsfunktion wird die logistische Funktion gewählt, was seit jeher die Basisvariante bei MLP ist. Alle übrigen Argumente im Funktionsaufruf in R werden auf ihren Default Values belassen. Nach 1.659 Trainingsepochen ergibt sich das folgende MLP, wie Abb. 9.3 zeigt.

Abb. 9.3 und Abb. 9.4 wurden mithilfe des Paketes „NeuralNetTools" erzeugt. Die Dicke der Verbindungen signalisiert die Stärke des Gewichts, die Farbe das Vorzeichen (schwarz = plus, grau = minus). Da hier eine Verschachtelung von Funktionen vorliegt, ist die Wirkungsrichtung nicht direkt sichtbar. Ein Olden Diagramm, bei dem die Gewichte entlang des Wirkungskanals im MLP summiert werden, zeigt Abb. 9.4.

Wie bei der logistischen Regression gehen ALTER und RECHTVERFUEGBARSEIT per Saldo mit negativen Vorzeichen ein, wohingegen die übrigen Variablen positiv wirken. Die signifikante URSPRUNGSLAUFZEIT und das nicht-signifikante ALTER haben dabei den größten Einfluss auf die AUSUEBUNG. Analog zum Ergebnis der Regression ließen sich Hypothesentests je Gewicht durchführen durch Rückgriff auf Ergebnisse von White et al. (1992, S. 106). Jedoch wären dies abermals Resultate, die nur im Grenzwert für große Stichproben gelten. Insofern bleibt auch hier eine Restunsicherheit.

Wird die erste logistische Regression durch ein MLP ersetzt, so steigt die Genauigkeit von 84,25 % auf 98,43 %. Die FNR sinkt in diesem Fall von 48,28 % auf 6,90 %.

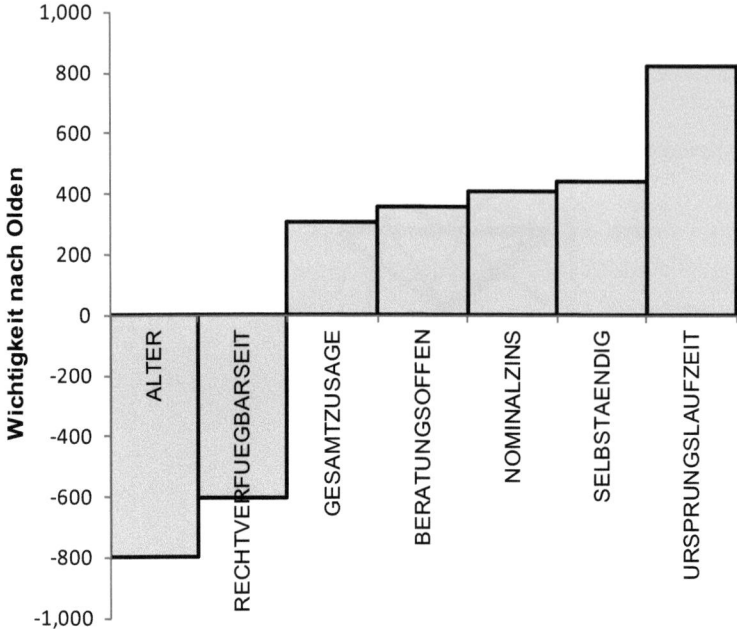

Abb. 9.4 Olden Diagramm (Eigene Darstellung)

9.6 Fazit und Ausblick

Die vorgeschlagenen Methoden erfüllen die aufsichtlichen Anforderungen, dass elementare Annahmen zum Kundenverhalten im Zusammenhang mit impliziten Optionen zu analysieren beziehungsweise zu überprüfen sind (Basel Committee on Banking Supervision 2016, S. 11–12). Außerdem übertreffen sie die naiven Prognosen als Benchmark in Bezug auf die Genauigkeit sowie FNR und können aus diesem Grund einen betriebswirtschaftlichen Mehrwert bieten. Vor einem Praxiseinsatz ist jedoch die Datenbasis zu erweitern sowie eine auf die Prognoseaufgabe ausgerichtete Modellentwicklung vorzunehmen.

Eine Einbindung in die Praxis kann auf verschiedenen Ebenen erfolgen. Es ist zwischen Einzelgeschäftsebene und Portfolioebene zu unterscheiden. Auf der Ebene der Einzelgeschäfte kann beispielsweise eine Einbindung der Modellergebnisse im Sinne der präskriptiven Datenanalyse erfolgen, um gezielt Bestandskund:innen, die vermutlich ihr Kündigungsrecht rational ausüben werden, kurz vor der Ausübungsperiode mit einem Prolongationsangebot anzusprechen. Auf diese Weise wird das Risiko zwar realisiert, allerdings wird es durch die Wiederanlage im Vergleich zum vollständigen Verlust der Darlehensbeziehung mit den Kund:innen begrenzt. Außerdem wird im Sinne der ganzheitlichen Kundenberatung die Kundenbeziehung durch ein Angebot, das die Kund:innen zu Lasten der Bank besserstellt, gestärkt.

Durch die Verwendung eines genauen Modells kann – unter Berücksichtigung der beschriebenen Fehlerarten – ein Preisvorteil im Wettbewerb erzielt werden, da bei marktzinsunabhängig agierenden Kund:innen kein Aufschlag erfolgt. Der Vorteil dieser Variante liegt in der bereits geschaffenen Grundlage in der Praxis, da Ergebnisse der Optionspreistheorie bereits in der Geschäftskalkulation berücksichtigt werden können und die Modelle lediglich im Sinne der präskriptiven Datenanalyse die Entscheidung treffen, ob ein Aufschlag berechnet werden soll. Ferner können in dieser Variante alle Methoden verwendet werden.

Literatur

BaFin (2021a). Big Data und künstliche Intelligenz. Prinzipien für den Einsatz von Algorithmen in Entscheidungsprozessen. Prinzipienpapier BDAI, 15.06.2021a. https://www.bafin.de/SharedDocs/Downloads/DE/Aufsichtsrecht/dl_Prinzipienpapier_BDAI.pdf;jsessionid=F13692F480E8253AB75EAAA9AC7709E3.1_cid503?__blob=publicationFile&v=1. Zugegriffen: 07.06.2022.

BaFin (2021b). Maschinelles Lernen in Risikomodellen. Charakteristika und aufsichtliche Schwerpunkte, Konsultationspapier Stand Juli 2021b. https://www.bafin.de/SharedDocs/Downloads/DE/Konsultation/2021b/dl_kon_11_21_Diskussionspapier.docx?__blob=publicationFile&v=3. Zugegriffen: 07.06.2022.

Barberis N, Jin LJ, Wang B (2021). Prospect Theory and Stock Market Anomalies. Journal of Finance (76): 2639–2687.

Basel Committee on Banking Supervision (2016). Standards. Interest rate risk in the banking book. https://www.bis.org/bcbs/publ/d368.pdf. Zugegriffen: 07.06.2022.

Bill S (2006). Risiken durch Sonderkündigungsrechte. Untersuchung von impliziten Optionen und deren Ausübung im Retail-Banking. Deutscher Sparkassenverlag, Stuttgart.

Boka N (2015). Wirkungen des Niedrigzinsniveaus auf die Beurteilung des Ausübungsverhaltens von impliziten Optionen. Banken-Times SPEZIAL Banksteuerung/Treasury: 20–22.

Deutsche Kreditwirtschaft (2021). Stellungnahme zu dem Vorschlag für eine Verordnung des Europäischen Parlaments und des Rates zur Festlegung harmonisierter Vorschriften für künstliche Intelligenz (Gesetz über künstliche Intelligenz) und zur Änderung bestimmter Rechtsakte der Union. AZ DK: KI. Berlin, 06.08.2021. https://bankenverband.de/media/files/DK_Stellunganhme_zur_KI-Verordnung.DE.pdf. Zugegriffen: 07.06.2022.

Eickholt M, Entrop O, Wilkens M (2018). What makes individual investors exercise early? Empirical evidence from non-tradable fixed-income products. Journal of Banking & Finance (97): 318–334.

European Banking Authority (2021). EBA Discussion Paper on Machine Learning for IRB Models. EBA/DP/2021/04, 11 November 2021. https://www.eba.europa.eu/sites/default/documents/files/document_library/Publications/Discussions/2022/Discussion%20on%20machine%20learning%20for%20IRB%20models/1023883/Discussion%20paper%20on%20machine%20learning%20for%20IRB%20models.pdf. Zugegriffen: 07.06.2022.

Europäische Kommission (2021a). Anhänge des Vorschlags für eine Verordnung des europäischen Parlaments und des Rates zur Festlegung harmonisierter Vorschriften für künstliche Intelligenz und zur Änderung bestimmter Rechtsakte in der Union, Brüssel, 21.04.2021a, COM(2021a) 206. Anhang 1–9. https://eur-lex.europa.eu/resource.html?uri=cellar:e0649735-a372-11eb-9585-01aa75ed71a1.0019.02/DOC_2&format=PDF. Zugegriffen: 07.06.2022.

Europäische Kommission (2021b). Vorschlag für eine Verordnung des europäischen Parlaments und des Rates zur Festlegung harmonisierter Vorschriften für künstliche Intelligenz und zur Änderung bestimmter Rechtsakte in der Union. Brüssel, 21.04.2021b, COM(2021b) 206. https://eur-lex.europa.eu/resource.html?uri=cellar:e0649735-a372-11eb-9585-01aa75ed71a1.0019.02/DOC_1&format=PDF. Zugegriffen: 07.06.2022.

Goodfellow I, Bengio Y, Courville A (2016). Deep learning MIT Press Cambridge.

Grabbe B (2015). Kündigungsrechte in Privatkundendarlehen. Bewertung und Einbindung in die Geschäftsfeldsteuerung. DuEPublico, Duisburg-Essen.

Larose DT, Larose CD (2015). Data Mining and Predictive Analytics, 2. Aufl. Wiley & Sons, Hoboken.

Masters T (1993). Practical Neurtal Network Recipes in C++. Academic Press, Cambridge.

Maurer F (2019). Modellierung und Steuerung impliziter Optionen in Kreditinstituten. Shaker Verlag, Kaiserslautern.

Reuse S (2018). Nachhaltigkeit der Geschäftsmodelle von Banken und Sparkassen im Kontext von Niedrigzinsen und SREP. In Michalke A, Rambke M, Zeranski S (Hrsg) Vernetztes Risiko- und Nachhaltigkeitsmanagement. Springer, Wiesbaden, S. 147–164.

Reuse S (2019). Definition und Ausprägung des Zinsänderungsrisikos. In Reuse S (Hrsg) Zinsrisikomanagement, 3. Aufl. FC Heidelberg, Heidelberg, S. 9–24.

Shmueli G, Bruce PC, Gedeck P, Patel NR (2020). Data mining for business analytics. Concepts, techniques and applications in Python. Wiley & Sons, Hoboken.

Staab H, Staab P (2014). Kreditvertrags- und Kreditsicherungsrecht. Die Rechtsprechung des BGH. Springer Fachmedien, Wiesbaden.

Verbeek M (2012). A guide to modern econometrics, 4. Aufl. Wiley & Sons, Hoboken.

White H, Gallant AR, Hornik K, Stichcombe M, Woolridge JM (1992). Artificial Neural Networks. Approximation and Learning Theory. Blackwell, Hoboken.

Wirth R, Hipp, J (2000). CRISP-DM. Towards a Standard Process Model for Data Mining. In Mackin N (Hrsg) Proceedings of the Fourth International Conference on the Practical Application of Knowledge Discovery and Data Mining. 11th–13th April 2000. Crowne Plaza Midland Hotel, Manchester, S. 29–40.

10 Digitalisierung des Risikocontrollings bei Investmentfonds

Stefan Tilch

Zusammenfassung

Der vorliegende Beitrag zur Digitalisierung des Risikocontrollings bei Investmentfonds beschäftigt sich im Wesentlichen mit den Herausforderungen für das Fondsmanagement eines aktiv gemanagten Publikumsfonds im strategischen und operativen Controlling. In dem Beitrag wird beschrieben, welche strategische Bedeutung die Digitalisierung aller Wertschöpfungsprozesse in einem Investmentfonds hat und wie eine einheitliche Softwareplattform nicht nur zu besseren Controllingergebnissen führt, sondern auch zu einem strategischen Wettbewerbsvorteil wird. Dabei wird auf die Performance- und Risikomessung, die Berücksichtigung von Nachhaltigkeitskriterien im Risikocontrolling sowie den Einsatz von Derivaten zur Optimierung des Rendite-Risiko-Profils eines Fonds eingegangen.

10.1 Einleitung

10.1.1 Einführende Bemerkungen

Die Finanzbranche steht in Deutschland vor einer ganzen Reihe von Herausforderungen. Die Branche unterliegt einer zunehmenden Regulierung durch die Finanzaufsichtsbehörden insbesondere in den Bereichen Risikomanagement und Datensicherheit. Weiterhin reduzieren niedrige Zinsen und eine hohe Preistransparenz die Gewinnmargen

S. Tilch (✉)
IU International University, München, Deutschland
E-Mail: stefan.tilch@iu.org

von Finanzintermediären. Außerdem stellen disruptive Technologien wie Kryptotechnologien, Financial Technology und das damit verbundene dezentralisierte Finanzwesen die bisherigen Geschäftsmodelle in der Finanzbranche deutlich in Frage (Littkemann et al. 2021, S. 22; Münchow 2021, S. 1).

Für die deutsche Fondsbranche ergeben sich aus der Digitalisierung eine ganze Reihe von neuen Möglichkeiten. Beispielsweise eröffnen sich im Fondsvertrieb Chancen für eine bessere Betreuung aktiver und potenzieller Kund:innen. Eine Online-Beratung per Videoscreen bietet Vertriebsmitarbeiter:innen mehr Flexibilität für Akquisition und Kundenbindung. Insbesondere die Digital Natives in der Altersgruppe zwischen 20 und 35 Jahren legen Wert auf Bequemlichkeit und Zeitersparnis durch einen Online-Termin zur Anlageberatung. Häufig möchten Investor:innen nur geringe Geldbeträge anlegen oder sie verfügen bereits über gute Vorkenntnisse von Finanzprodukten und bedürfen daher keiner persönlichen Beratung. In solchen Fällen ermöglichen es Werkzeuge wie Cloudservices, Kunden-Apps oder Fondsshops den Interessent:innen, eigenständig das richtige Fondsprodukt für ihren Bedarf zu ermitteln. Der Fondsvertrieb steigert hierdurch seine Effizienz und seine Absatzmöglichkeiten und zeigt seine digitale Kompetenz gegenüber den Kund:innen. Die alltägliche Kommunikation mit Kund:innen wird durch eine digitale Systemplattform basierend auf künstlicher Intelligenz beschleunigt und verbessert (Lehmann 2021, S. 102).

Die Digitalisierung des Vertriebs erfordert eine einheitliche digitale IT-Plattform, die idealerweise sämtliche Fondsmanagementprozesse sowohl im Front- als auch im Backofficebereich abbilden kann. Im Management von Investmentfonds weisen die Reporting- und Controllingprozesse zumeist ein hohes Maß an Digitalisierung auf, doch fehlt häufig eine Digitalisierungsstrategie, die alle Aspekte dieser neuen Technologien umfasst und wertschöpfend umsetzt. Der vorliegende Beitrag betrachtet die bisherige Umsetzung der Digitalisierung beim Controlling von Investmentfonds und versucht darüber hinaus, weitere Erfolgspotenziale der Umsetzung einer Digitalisierungsstrategie im Controlling eines Investmentfonds zu identifizieren.

Als Anlageklassen für einen Investmentfonds kommen grundsätzlich Aktien, Anleihen, Rohstoffe, Derivate, Immobilien, Private Equity, Venture Capital und Kryptowährungen in Frage. Aktien und Anleihen sind weltweit die größten und liquidesten Anlageklassen und bilden die wichtigsten Bausteine einer strategischen Asset Allocation von professionell gemanagten Portfolios und Fonds. Die meisten Publikumsfonds konzentrieren sich auf die Anlageklassen „Aktien", „Anleihen" und „Rohstoffe", während Spezialfonds überwiegend in die Anlageklassen „Immobilien", „Private Equity" und „Venture Capital" investieren. Daher konzentriert sich dieser Beitrag auf das Fallbeispiel eines gemischten Publikumsfonds, der sich auf die Anlageklassen „Aktien" und „Anleihen" fokussiert und Derivate für die Generierung von Prämien oder die Absicherung von Risiken nutzt.

Dieser Beitrag gliedert sich in vier Teile. In der Einleitung werden nachfolgend die wesentlichen Begriffe definiert. Abschn. 10.2 stellt die Rolle des strategischen Controllings in einem Investmentfonds dar. Daran anschließend werden praktische

Herausforderungen im strategischen Risikocontrolling aufgezeigt. Den Abschluss dieses Abschnitts bildet das strategische Schwerpunktthema „Nachhaltiges Risikocontrolling bei Investmentfonds". Im Fokus von Abschn. 10.3 steht das operative Risikocontrolling eines Fonds mit den Schwerpunktthemen „Performanceevaluation" und „Risikomessung" mithilfe von Kennzahlen. Abschließend werden die wichtigsten Erkenntnisse aus diesem Beitrag zusammengefasst und Ansätze für eine vertiefte Analyse verschiedener Aspekte des Risikocontrollings bei Fonds aufgezeigt.

10.1.2 Begriffsklärung und Problemstellung

Unter Risiko wird bei einem Finanzinvestment die Wahrscheinlichkeit eines negativen Ereignisses oder eines Verlusts verstanden. Die Risikosteuerung eines Investmentfonds umfasst alle Strukturen, Rechte und Verantwortlichkeiten zur Lenkung. Risikomanagement ist der Steuerungsprozess, bei dem ein Investmentfonds die Risikotoleranz und Risikobudgets definiert, gewünschte Risikoexposures selektiert, Risikomessverfahren festlegt und diese in regelmäßigen zeitlichen Abständen an veränderte Risikoniveaus anpasst (Chance und Edleson 2019, S. 3–7).

Das Controlling bei Investmentfonds beinhaltet im Wesentlichen das strategische und das operative Controlling. Die Hauptaufgaben des strategischen Controllings umfassen die Informations-, Steuerungs-, Koordinations- und Rationalitätssicherungsfunktion. Es kommt in der Planungs-, Umsetzungs-, Kontroll- und Steuerungsphase zur Anwendung und ist eng mit dem Begriff der Digitalisierung verknüpft (Abée et al. 2020, S. 3).

Unter Risikocontrolling oder auch Risikomanagement versteht man die Gesamtheit aller Maßnahmen zur Erkennung, Analyse, Bewertung, Kommunikation und Überwachung von Risiken sowie zur Risikohandhabung. Beide Begriffe werden in diesem Beitrag synonym verwendet. Die Risikomanagementstrategie eines Investmentfonds basiert auf dessen Investmentstrategie. Das Risikocontrolling ist ein integraler Bestandteil der Investmentstrategie und unterstützt das Management bei der Erstellung und Aktualisierung der strategischen und operativen Geschäftsplanung. Dabei steht das sogenannte systematische Risiko im Mittelpunkt. Darunter versteht man das Marktrisiko eines Investmentfonds, das nicht durch Diversifikation des Portfolios eliminiert werden kann. Das unsystematische oder unternehmensspezifische Risiko ist nicht Teil der Risikobetrachtung, da das Fondsmanagement dieses Risiko durch hinreichende Portfoliodiversifikation weitgehend eliminieren kann (Chance und Edleson 2019, S. 3–7).

Digitalisierung ist der Prozess der Umwandlung von einer analogen in eine digitale Form, auch bekannt als Digital Enablement. Somit wird bei der Digitalisierung ein analoger Prozess in eine digitale Form umgewandelt, ohne dass der Prozess selbst in irgendeiner Art und Weise verändert wird (Gartner o. J.). In der Praxis betrifft die Digitalisierung insbesondere

- die technologische Verknüpfung über Schnittstellen sowie
- die Automatisierung von Prozessabläufen zur Effizienzsteigerung (Abée et al. 2020, S. 7).

Zentrale Elemente der Digitalisierung sind die künstliche Intelligenz, das Internet der Dinge mit dem Ziel der selbständigen Vernetzung und Kommunikation, das Cloud Computing zur Datenspeicherung oder Softwarenutzung über das Internet und Big Data zur Hochgeschwindigkeitsverarbeitung großer und komplexer Datenmengen (Abée et al. 2020, S. 7–9). Bei Appelfeller und Feldmann wird beispielsweise der aktuelle Stand der Digitalisierung eines Unternehmens anhand der folgenden zehn Kriterien

1. digitalisierte Prozesse,
2. digital angebundene Lieferant:innen,
3. digital angebundene Kund:innen,
4. digitalisierte Mitarbeiter:innen,
5. digitale Daten,
6. digitalisierte Produkte,
7. digitalisierte Maschinen und Roboter,
8. digitale Vernetzung,
9. IT-Systeme und
10. digitalisiertes Geschäftsmodell

ermittelt (Appelfeller und Feldmann 2018, S. 3–9).

Insbesondere Big Data bietet umfangreiche Anwendungsmöglichkeiten im Risikocontrolling von Investmentfonds. Unter Big Data versteht man Daten, die von Finanzmärkten, Unternehmen, Regierungen, Individuen, Sensoren und dem Internet der Dinge generiert werden. Im Gegensatz zu normalen Datensätzen erfüllt Big Data die drei Kriterien großes Volumen, große Vielseitigkeit und hohe Geschwindigkeit (Luengo et al. 2020, S. 1–2). Eine besondere Herausforderung sind in diesem Zusammenhang unstrukturierte Daten aus den sozialen Medien, die aufbereitet und analysiert werden müssen, um für das sogenannte Machine Learning eingesetzt werden zu können. Das Machine Learning wiederum kann für zahlreiche Zwecke des Risikocontrollings eingesetzt werden, die im Rahmen dieses Beitrags noch dargestellt werden. Voraussetzung für Machine Learning ist, dass der Computer durch extrem große Datenmengen so trainiert wird, dass er beispielsweise automatisierte langfristige Renditeprognosen für die Anlageklassen eines Fonds errechnet (Langmann 2019, S. 5–7; Mallikarjun und Abbasi 2019, S. 1–3).

10.2 Strategisches Controlling bei Investmentfonds

10.2.1 Die Rolle des strategischen Controllings

Bei einem digitalen Geschäftsmodell beruhen die Geschäftsidee und die Wertschöpfung des Unternehmens auf der Digitalisierung. Das Ziel besteht darin, das Leistungsspektrum des Unternehmens zu erweitern, um den Kunden einen Mehrwert zu bieten und hierdurch Wettbewerbsvorteile zu erzielen (Appelfeller und Feldmann 2018, S. 8–9).

Das strategische Controlling dient ebenfalls dazu, einen langfristigen Wettbewerbsvorteil für das Unternehmen im Vergleich zu seinen Marktbegleitern zu erreichen. Es soll zwei Hauptaufgaben in einem Investmentfonds übernehmen. Zum einen geht es um die Digitalisierung des Controllings im Fonds selbst mit dem Ziel, die Datenqualität und die Verarbeitungsgeschwindigkeit zu verbessern. Zum anderen soll das strategische Controlling Impulse zur Digitalisierung des gesamten Geschäftsmodells eines Investmentfonds liefern. Das strategische Controlling wird somit zum Change Agent (Abée et al. 2020, S. 33). Damit wird deutlich, dass die Digitalisierung der Controllingprozesse in einem Investmentfonds alle Prozesse und Strukturen erfasst und einen ganzheitlichen Denkansatz erfordert.

Eine umfassende Wertschöpfungskettenanalyse ist die wesentliche Voraussetzung für die Identifikation und Steuerung der wichtigsten strategischen Werttreiber eines Investmentfonds. Daher ist das strategische Controlling Teil der Wertschöpfungskette und liefert wichtige Erkenntnisse zu den strategischen Werttreibern des Fonds (Weber und Schäffer 2016, S. 422–423). Die wichtigsten Werttreiber eines Investmentfonds beziehen sich auf die Neukundengewinnung und die Kundenbindung insbesondere durch eine regelmäßige Kommunikation mit den Kund:innen. Gelingt es also dem Fondsmanagement, ein digitales Controlling zur Erlangung strategischer Wettbewerbsvorteile zu nutzen, so kann sich ein Investmentfonds erfolgreich von seinen Marktbegleitern differenzieren. Grundlage für eine erfolgreiche Neukundengewinnung ist eine zentrale und aktuelle Datenbank, in der alle Daten über potenzielle Kunden:innen und alle Vertriebsaktivitäten zentral gespeichert werden. Auf Basis dieser Daten kann das Management jederzeit den Erfolg der Vertriebsaktivitäten auswerten, vergleichen und optimieren (FondsKonzept AG 2022).

Mindestens genauso wichtig ist das Management der Bestandskund:innen und deren Bindung an die Fondsgesellschaft. Grundlage hierfür ist wiederum eine zentrale und gepflegte Datenbank im Unternehmen. Das Bestandskundenmanagement ist für mehrere strategische Ziele wichtig. Zunächst spiegeln zufriedene Kund:innen den Erfolg eines Investmentfonds wider und sind die wichtigste Voraussetzung für das langfristige Gelingen des Geschäftsmodells eines Fonds. Auf Basis der Kundendaten kann das Management jederzeit den Erfolg der Kundenbindung controllen und an das zuständige Aufsichtsgremium berichten. Zweitens erfolgt über die elektronische Datenbank die vollständige Erfassung aller Vertragsdaten rund um die Kund:innen einschließlich der

Konditionen, der steuerlichen Merkmale und der Risikodaten. Diese Informationen können zum einen für individuelle Gespräche mit Kund:innen genutzt werden. Sie können aber auch im Rahmen eines sogenannten Robo Advisory für die automatische Identifikation eines geeigneten Fondsprodukts für Neukund:innen dienen. Drittens unterliegen Investmentfonds strengen regulatorischen Auflagen der Bundesanstalt für Finanzdienstleistungsaufsicht (BaFin). Eine digitale Datenbank, die allen aufsichtsrechtlichen Anforderungen genügt, spart Personal und Zeit, da Anfragen der BaFin schnell und mit geringem Aufwand beantwortet werden können (zu den Auflagen der BaFin vgl. BaFin 2022; zu den digitalen Möglichkeiten einer Software in Bezug auf Kundenmanagement und Regulatorik vgl. FondsKonzept AG 2022).

Den Kern des strategischen Controllings bildet folglich eine umfassende digitale Softwarelösung zum Management aller strategischen und operativen Controllingprozesse eines Investmentfonds. Beispielsweise bietet die FondsKonzept AG die Software „smartMSC" als Beratungs- und Vertriebssoftware für Finanzdienstleistungsunternehmen unabhängig von ihrer Größe an. Die Software ist Java-basiert und beinhaltet fünf Kernfunktionen für das Fondsmanagement (Abb. 10.1).

Der Investmentprozess bildet einen weiteren wichtigen Ansatzpunkt für das strategische Controlling eines Investmentfonds. Er beinhaltet das Organigramm, die Kommunikationswege und die Berichterstattungpflichten innerhalb des Fonds. Besonders wichtig sind bei einem Investmentfonds die Erfolgsmessung und das Risikomanagement. Daher legt die Anlagestrategie in einem ersten Schritt die einzelnen Anlageklassen fest, in die der Fonds laut Anlagerichtlinie investieren darf. Wie bereits erwähnt, konzentriert sich dieser Beitrag auf das Portfolio eines gemischten Publikumsfonds, der in Aktien und Anleihen investiert und Derivate für die Generierung von Prämien oder die Absicherung von Risiken nutzt (Hull 2019, S. 330–332).

Die meisten Investmentfonds sind noch immer aktiv gemanagt, obwohl passive Fonds – die sogenannten Exchange Traded Funds (ETFs) – in den letzten Jahren deutlich an Bedeutung gewonnen haben (Deutsche Bundesbank 2022, S. 35). Das Ziel von aktiv

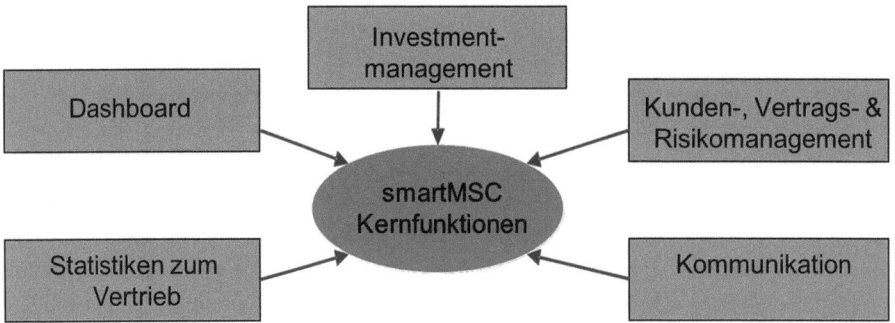

Abb. 10.1 Kernfunktionen für das Fondsmanagement (smartMSC) (Eigene Darstellung in Anlehnung an FondsKonzept AG 2022)

gemanagten Fonds ist es, Kauf- und Verkaufsentscheidungen zeitlich optimal zu treffen und so eine Überrendite gegenüber dem Markt, das sogenannte Alpha, zu erzielen. Außerdem sollen diese Fonds eine Überrendite durch Selektion der besten Aktien erzielen. Derivate können bei der Umsetzung einer aktiven Managementstrategie eine wichtige Rolle spielen (Reilly et al. 2019, S. 389–390).

Als zweiter Schritt wird für jede Anlageklasse eine Zielallokation festgelegt, die sich üblicherweise innerhalb einer bestimmten Bandbreite bewegt. So könnte sich beispielsweise die Aktienquote zwischen 50 % und 80 %, die Anleihenquote zwischen 20 % und 40 % und die Liquiditätsquote zwischen 0 % und 10 % des Fondsvermögens bewegen (Reilly et al. 2019, S. 44–49).

Die Controlling-Abteilung eines Investmentfonds oder einer Kapitalverwaltungsgesellschaft ist gefordert, die Einhaltung aller Vorgaben aus dem Investmentprozess einschließlich der strategischen Anlagegrenzen laufend zu überwachen. Die Investmentmanagement-Funktion von smartMCS bietet Möglichkeiten für ein umfassendes strategisches Risikomanagement des Investmentfonds. Beispielsweise kann die Controllingabteilung über das Dashboard jederzeit überwachen, ob alle Vorgaben aus dem Investmentprozess laufend eingehalten werden. Das Dashboard gibt einen Gesamtüberblick in Echtzeit über das Fondsportfolio und dessen wichtigste Risikoparameter. Das Dashboard warnt ebenfalls bei Überschreitung diverser Risikolimite im Fonds oder bei Nichteinhaltung der Anlagegrenzen aus der strategischen Asset Allocation. Darüber hinaus kann das Controlling mithilfe eines Musterportfolios langfristige Veränderungen der Renditeerwartung für unterschiedliche Anlageklassen eines Fonds simulieren und die strategische Asset Allocation durch die integrierte Rendite-Risikomatrix optimieren (FondsKonzept AG 2022). Beispielsweise haben sich die Anleiherenditen in den letzten zehn Jahren deutlich rückläufig entwickelt, sodass die meisten institutionellen Akteure die Anleihequote in den Portfolios sukzessive zurückgefahren haben.

10.2.2 Der strategische Risikomanagement-Prozess

Der Risikomanagement-Prozess besteht aus fünf Schritten: Risikoidentifikation, -messung und -überwachung, Risikoberichte und strategische Risikoanalyse. Ein Risikomanagementkomitee wird üblicherweise die Risiken eines Investmentfonds in regelmäßigen Abständen überwachen (Chance und Edleson 2019, S. 3–16). Dieser Top-Down-Prozess definiert die Risikorichtlinien für den gesamten Investmentfonds (Balaban et al. 2021, S. 3).

Investmentfonds folgen einem strategischen, quantitativ gestützten und schriftlich dokumentierten Investment- und Risikoprozess, um sämtliche Risiken adäquat steuern zu können und um den umfangreichen regulatorischen Auflagen der Branche zu entsprechen. Der Risikomanagementprozess ist darauf ausgerichtet, die Risikopositionen eines Fonds jederzeit quantifizieren, messen und steuern zu können. Investmentfonds arbeiten dabei mit einem vorgegebenen Risikobudget. Das Risikobudget eines Investmentfonds dient der Quantifizierung und Allokation von akzeptablen Risiken anhand einer Risikometrik (Chance und Edleson 2019, S. 16–27). Wesentlich ist, dass die vorhandenen digitalen IT-Front- und Backoffice-Systeme der Kapitalverwaltungsgesellschaft so miteinander vernetzt sind, dass dem Fondsmanagement zeitnah die wichtigsten Parameter für das Risikocontrolling zur Verfügung stehen. Darauf aufbauend werden die wichtigsten Risiken erfasst, denen der Fonds ausgesetzt ist. Hierbei wird zwischen finanziellen und nichtfinanziellen Risiken unterschieden. Finanzielle Risiken sind Risiken, die im Zusammenhang mit den Finanzmärkten stehen.

10.2.3 Wesentliche strategische Risiken eines Fonds

Das wichtigste finanzielle Risiko ist das Marktrisiko, das seine Ursache in Preisbewegungen der Aktien-, Anleihen-, Rohstoff- und Devisenmärkte hat. Diese Preisbewegungen werden entweder durch makroökonomische Variablen wie Bruttoinlandsprodukt, Beschäftigung, Inflation oder durch außerordentliche politische, betriebliche oder natürliche Ereignisse (zum Beispiel den Tsunami vor der japanischen Küste im Jahr 2011) ausgelöst (Perridon et al. 2017, S. 298).

Das Adressrisiko ist das Risiko eines Verlustes bei Zahlungsausfall der Gegenpartei. Dieses Risiko betrifft vor allem Anleihen und Derivate in einem Investmentfonds. Das Basisrisiko hingegen bezieht sich ausschließlich auf Derivate und beschreibt das Risiko der unterschiedlichen Wertentwicklung eines Derivates und des dazugehörigen Grundgeschäfts in einer Sicherungsbeziehung (Hull 2019, S. 88–92).

Das Liquiditätsrisiko bezeichnet im Allgemeinen das Risiko, dass ein Investmentfonds seinen Zahlungsverpflichtungen nicht mehr nachkommen kann (Perridon et al. 2017, S. 9 und 511). Im angelsächsischen Sprachraum wird dieses Risiko auch als Solvenzrisiko bezeichnet. Dieses Risiko ist für einen Investmentfonds von großer Bedeutung, da insbesondere offene Fonds jederzeit in der Lage sein müssen, ihren Kund:innen den Erlös aus dem Verkauf ihrer Fondsanteile auszuzahlen. Investmentfonds managen dieses Risiko zum einen durch das Vorhalten eines Liquiditätspuffers von üblicherweise 2 % bis 10 % des Portfolios und zum anderen durch eine ausschließliche Investition in liquide Anlagen, die jederzeit ohne Preiszugeständnisse veräußert werden können. Daher wird im angelsächsischen Sprachraum unter dem Liquiditätsrisiko das Risiko verstanden, dass ein Anlageinstrument nur mit einem erheblichen Preisabschlag verkauft werden kann. Es könnte auch als Transaktionskostenrisiko bezeichnet werden. Investmentfonds werden mit diesem Risiko vorwiegend bei Anleihen und Derivaten konfrontiert (Chance und Edleson 2019, S. 19–24; Madura 2021, S. 334).

So hat der umfangreiche Ankauf von Anleihen durch die Europäische Zentralbank zu einer weitgehenden Austrocknung der Liquidität an den europäischen Anleihemärkten geführt und damit das Liquiditätsrisiko für Anleiheinvestoren deutlich erhöht. Es besteht ein enger Zusammenhang zwischen den beiden genannten Liquiditätsrisiken. Ein Investmentfonds kann nur dann jederzeit solvent bleiben, wenn er kurzfristig in der Lage ist,

Vermögensgegenstände ohne signifikanten Preisabschlag zu liquidieren, um Kundenansprüche zu befriedigen.

Das Settlement-Risiko besteht vor allem beim zeitgleichen Austausch von zwei Zahlungsströmen aus einem Derivat und bezeichnet eine Situation, in der Vertragspartei A eine vertraglich vereinbarte Zahlung tätigt, die Vertragspartei B im Gegenzug jedoch ihrer Verpflichtung nicht nachkommt. Dieses Risiko kann durch eine Reihe von Maßnahmen wie den Abschluss eines standardisierten ISDA-Rahmenvertrags (International Swaps and Derivatives Association) und Nettingvereinbarungen mitigiert werden und ist daher aus Sicht eines Investmentfonds eher von untergeordneter Bedeutung (Chance und Edleson 2019, S. 21).

Schließlich bezieht sich das operationelle Risiko auf die Gefahr von Verlusten, die durch die Unangemessenheit oder das Versagen von internen Verfahren, Menschen, Systemen oder durch externe Ereignisse verursacht werden (Artikel 4 Nr. 52 Capital Requirements Regulation (CRR)). Die wichtigsten operationellen Risiken umfassen das Rechtsrisiko, das Konformitätsrisiko und das operationelle Risiko (i.e.S.) eines Fonds. Das Rechtsrisiko eines Investmentfonds kann dazu führen, dass bestehende Verträge mit Kunden und Geschäftspartnern einer gerichtlichen Überprüfung nicht Stand halten und dem Fonds hieraus ein Verlust entsteht. Das Konformitäts- oder Compliance-Risiko bezieht sich auf das Risiko, dass der Investmentfonds gegen bestehende bilanzielle, steuerliche oder regulatorische Vorschriften verstößt (Chance und Edleson 2019, S. 21–22). Die nichtfinanziellen Risiken werden aufgrund ihrer Komplexität in diesem Beitrag nur am Rande betrachtet.

Zudem muss die Risikometrik definiert werden. Hierunter versteht man die Festlegung geeigneter quantitativer Verfahren zur Risikomessung. Das wichtigste Risikomaß im Portfoliomanagement ist die Standardabweichung beziehungsweise die Volatilität. Sie ist die positive Quadratwurzel aus der Varianz und hat den Vorteil, dass sie im Gegensatz zur Varianz die gleiche Dimension wie der Erwartungswert hat. Die Varianz gibt dagegen die erwartete quadrierte Abweichung vom Erwartungswert an (Albrecht und Maurer 2016, S. 109–110). Die Formel für die Berechnung der Varianz bei gegebenem Erwartungswert E[R] lautet:

$$Var(R) = E\left[(R - E[R])^2\right] = \sum_z p_2 * (R - E[R])^2$$

Die Standardabweichung SA(R) für den Erwartungswert E[R] ist die Quadratwurzel der Varianz Var(R) und kann wie folgt bestimmt werden:

$$SA(R) = \sqrt{Var(R)}$$

Während die Standardabweichung das gesamte Risiko eines Investmentfonds erfasst, misst das Beta lediglich das relative Risiko eines Wertpapiers im Verhältnis zum Gesamtmarkt und eignet sich daher am besten für das Risikocontrolling eines Aktienportfolios (Albrecht und Maurer 2016, S. 471–472).

Neben diesen beiden Standardrisikomaßen greifen Fondsmanager noch auf eine Reihe von speziellen Messgrößen zurück, um die Wahrscheinlichkeit und das Schadensausmaß negativer Entwicklungen des Fondsportfolios noch besser beurteilen zu können.

Der Value at Risk (VaR) wird zur Ermittlung einer maximalen Verlusthöhe in einem Fondsportfolio verwendet, die innerhalb eines Zeitraums mit einer vorgegebenen Wahrscheinlichkeit überschritten wird (Albrecht und Maurer 2016, S. 137–138; Chance und Brooks 2017, S. 526–530). Der Conditional Value at Risk ist ein bedingter Erwartungswert, mit dem eine bestimmte Verlustschwelle aus der VaR-Berechnung überschritten wird (Albrecht und Maurer 2016, S. 142–143).

Während diese vier genannten Risikomaße von konkreten Eintrittshöhen und -wahrscheinlichkeiten ausgehen, muss im Fondscontrolling auch der Eintritt besonders ungünstiger Szenarien simuliert werden. Dies geschieht unter Verwendung von Stresstests und Szenarioanalysen.

Stresstests sollen besonders ungünstige Szenarien im Portfolio eines Fonds simulieren. Zu diesem Zweck variiert man mehrere Variablen simultan, um das Ergebnis auf die Performance und das Nettovermögen des Fonds zu berechnen. Beispielsweise könnte man bei einem gemischten Fonds gleichzeitig einen Rückgang der Aktienkurse um 20 % und einen Anstieg der Zinsen um 2 % annehmen (Albrecht und Maurer 2016, S. 146).

Die Szenarioanalyse dient ebenfalls dem strategischen Risikocontrolling eines Fonds und wird zumeist als Monte-Carlo-Simulation umgesetzt. Schwerpunkt der Analyse sind die langfristig zu erwartenden Renditen der einzelnen Anlageklassen eines Fonds (Chance und Brooks 2017, S. 531; Balaban et al. 2021, S. 6). Ein leistungsfähiges Handels- und Frontoffice-System verfügt über die erforderliche Datenbank, um zeitnah Stresstests mit unterschiedlichen Parametern oder eine Monte-Carlo-Simulation durchzuführen und die Daten dem Management zur Verfügung zu stellen.

10.2.4 Praktische Herausforderungen im strategischen Risikocontrolling

In der Praxis kommt es häufiger vor, dass im Fondsmanagement kein ganzheitlicher Portfoliomanagement-Ansatz zur Anwendung kommt. Oft konzentriert sich das Management auf die Wertentwicklung von Einzeltiteln oder einer einzelnen Anlageklasse und vernachlässigt dabei die Portfolioperspektive. Auch beim Risikocontrolling werden einzelne Kennzahlen wie die Standardabweichung und der Value at Risk häufig laufend überwacht, jedoch ohne diese Kennzahlen im langfristigen Kontext zu sehen. Die Betrachtung des aggregierten Fondsrisikos setzt jedoch voraus, dass die digitale Infrastruktur vorhanden ist, um alle Risiken des Fonds zu erfassen, zu aggregieren und deren Korrelationen zu analysieren. Beispielsweise kann es vorkommen, dass sich bei Anleiheinvestitionen in Fremdwährungen die Kursgewinne aufgrund sinkender Zinsen und die Wechselkursverluste in der lokalen Währung ausgleichen. Daher könnte in einem solchen Fall eine Absicherung des Wechselkursrisikos sinnvoll sein. Noch komplexer gestaltet sich das digitale Controlling eines Investmentfonds bei Berücksichtigung der nichtfinanziellen Risiken eines Fonds. Beispielsweise befindet sich die Deutsche Gesellschaft für Wertpapiersparen (DWS) über die DB Beteiligungs-Holding GmbH zu 79,49 % im Besitz der Deutschen Bank (Deutsche Gesellschaft für Wertpapiersparen 2022) und ist damit auch dem operationellen Risiko des Deutsche Bank Konzerns ausgesetzt. Somit wäre es für die Aktien-, Anleihen- und Mischfonds der DWS naheliegend, Aktien und Anleihen der Deutschen Bank unterzugewichten. Bei der Quantifizierung der Untergewichtung würden die Festlegung des Risikobudgets für operationelle Risiken und die Kalkulation einer Korrelationsmatrix für die einzelnen Risikoarten eines Fonds helfen.

Diese Praxisbeispiele zeigen einige wichtige Herausforderungen für das strategische Controlling eines Investmentfonds auf. Zunächst geht im alltäglichen Management eines Fonds oft die strategische Perspektive verloren und das Fondsmanagement beschränkt sich auf die laufende Überwachung und Kontrolle im Rahmen der aufsichtsrechtlichen Vorgaben. Damit verbunden werden einzelne Risiken isoliert betrachtet, während dem Zusammenhang zwischen den Risikoarten und -kennzahlen nicht genügend Aufmerksamkeit geschenkt wird. Dies wird häufig durch die Nutzung unterschiedlicher IT-Systeme im Front- und Backoffice verschlimmert, was zu einer Minderung der Datenqualität, manuellen Prozessen und einer zu starken Verzettelung in Details führt.

Die Software „smartMSC" kann dem Fondsmanagement eine wertvolle Hilfestellung bei der aggregierten Betrachtung diverser Fondsrisiken leisten. Über das Dashboard der Software können nicht nur die aggregierten Risiken wie das Markt-, Zins- und Währungsrisiko laufend überwacht werden. Weiterhin ist es möglich, Korrelationen zwischen der Performance des Aktien- und Anleiheportfolios auf ihre Beständigkeit zu analysieren (FondsKonzept AG 2022). Da Korrelationen sich im Zeitablauf ändern können, ist es für das Management wichtig, die Veränderungen rechtzeitig zu erkennen. Der bereits besprochene langfristige Rückgang der Anleiherenditen hat beispielsweise das Zinsänderungsrisiko dieser Anlageklasse deutlich erhöht, da die Wahrscheinlichkeit eines Zinsanstiegs mit kontinuierlichen Anleiherenditen immer weiter zunimmt. Damit verlieren Anleihen jedoch einen Teil ihrer Renditestabilisierungsfunktion in einem gemischten Portfolio aus Aktien und Anleihen. Fondsmanager können dieser Entwicklung begegnen, indem sie unter Nutzung der Software Szenarioanalysen durchführen. So könnte das Management alternative Portfolios mit einer geringeren Anleihequote und unter Beimischung anderer Anlageklassen wie Gold oder Immobilien zusammenstellen, um das Chancen-Risiko-Profil des Investmentfonds im Rahmen der vorgegebenen Anlagerichtlinien zu verbessern.

Ähnlich könnte beim Controlling der Risikokennzahlen eines Investmentfonds vorgegangen werden. Je nach Berechnungssystematik basieren Risikokennzahlen wie die Standardabweichung oder der Value at Risk auf historischen Daten. Dies kann in einer längeren Marktphase mit geringer Marktvolatilität leicht zu einer Unterschätzung der strategischen Risiken für den Fonds führen. In solchen Marktphasen empfiehlt es sich ebenfalls, mittels einer Szenarioanalyse und unter Nutzung verschiedener Stressszenarien digital alternative Negativereignisse zu simulieren, um auf unerwartete Marktturbulenzen besser vorbereitet zu sein. Ein lernendes Risikomanagementsystem unter Nutzung künstlicher Intelligenz kann langfristig einen wichtigen Beitrag zur besseren Einschätzung und Interpretation der Risikokennzahlen eines Fonds leisten. Darüber hinaus ergeben sich bei Investmentfonds zahlreiche weitere Einsatzmöglichkeiten für Maschinelles Lernen (ML) im strategischen Controlling. Insbesondere das Risikomodell eines Investmentfonds bietet gute Ansatzpunkte. So könnte beispielsweise Machine Learning dazu genutzt werden, anhand eines Bündels volkswirtschaftlicher Frühindikatoren Warnsignale für eine bevorstehende höhere Volatilität an den Finanzmärkten zu prognostizieren. Dies würde das Fondsmanagement in die Lage versetzen, die Risikotreiber des Fonds proaktiv und vorausschauend zu steuern. Voraussetzungen für die Nutzung der Methoden des maschinellen Lernens sind die Angemessenheit der Datengrundlage und ihre Qualität (Fahrenwaldt und Nohl 2022, S. 1–15).

Auch das Modellierungsrisiko eines Fonds ist ein wichtiger Faktor für das strategische Controlling. Dieses Risiko kann dazu führen, dass aufgrund eines langfristigen historischen Datenmodells falsche Annahmen zur erwarteten Rendite eines Portfolios getroffen werden. Häufig wird in quantitativen Entscheidungsmodellen von einer Normalverteilung künftiger Erträge ausgegangen. Diese Modelle basieren auf der Verwendung der Standardabweichung zur Messung der Volatilität eines Fondsportfolios. Das Problem besteht darin, dass solche Modelle die Gefahr extrem negativer Szenarien an den Kapitalmärkten wie etwa aus den Jahren 2020, 2008 oder 1987 vernachlässigen und so das Fondsmanagement zur Unterschätzung des tatsächlichen Risikos veranlassen (Chance und Edleson 2019, S. 22).

Beispielsweise dient die Messung der Schiefe einer Verteilung zur Ermittlung des Grades der Asymmetrie der Verteilung um den Erwartungswert. Häufig liegt eine negative Schiefe aufgrund des verstärkten Auftretens von negativen Erwartungswerten der Fondsrendite vor. Dies bezeichnet man als eine linksschiefe Verteilung der Erwartungswerte.

Weiterhin können extreme Szenarien die Normalverteilung eines Erwartungswerts beeinflussen. Die Kurtosis misst beispielsweise bei einer Zufallsgröße, ob tatsächlich eine Normalverteilung vorliegt oder ob Extremereignisse im Vergleich zu einer Normalverteilung häufiger vorkommen. Errechnet sich für die Kurtosis ein Wert > 3, so liegt eine leptokurtische Verteilung mit sogenannten Fat Tails – auch als Extremereignisse bezeichnet – vor. Solche Extremereignisse kommen in der Praxis häufiger vor als von vielen Risikomodellen prognostiziert (Albrecht und Maurer 2016, S. 110–111).

Schließlich besteht ein weiteres Modellierungsrisiko darin, dass die Korrelation der unterschiedlichen Risiken in einer Finanzkrise unterschätzt wird. So kommt es in einem solchen Krisenszenario häufig zu einer Interaktion von unterschiedlichen Risiken. Beispielsweise führen stark fallende Kurse dazu, dass viele Marktakteure ein erhöhtes Adressen-, Settlement- und Liquiditätsrisiko haben. Insbesondere Positionen mit einem hohen Hebeleinsatz müssen dann unter Inkaufnahme von Bewertungsabschlägen zügig veräußert werden, was dann zu weiteren Kursverlusten an den Märkten führt und eine Kettenreaktion auslösen kann. Auch korrelieren Anlageklassen wie Aktien und Unternehmensanleihen in einer Finanzkrise positiv und zeigen keinerlei Diversifikationsvorteile mehr (Chance und Edleson 2019, S. 25–26).

Stresstests oder Monte-Carlo-Simulationen sind sehr gut dazu geeignet, um extrem negative Kapitalmarktszenarien oder eine linksschiefe Verteilung des Erwartungswerts digital zu simulieren und so das Management in der Entscheidungsfindung zu unterstützen. Gerade das Modellierungsrisiko kann durch die Nutzung eines strategischen Risikocontrollings unter dem Einsatz von Machine Learning langfristig reduziert werden. Finanzdienstleister gehen seit einigen Jahren dazu über, ihre Risikomodelle durch maschinelles Lernen unter Nutzung künstlicher Intelligenz zu verbessern. So können negative Szenarien durch eine Monte Carlo-Simulation abgebildet werden. Auf Basis dieser Simulation wird so die Schätzgenauigkeit der Schiefe und der Kurtosis geprüft und unter Nutzung von Machine Learning laufend verbessert. Dies versetzt das Fondsmanagement in die Lage, das Zusammenwirken unterschiedlicher Risiken des Investmentfonds in einer Finanzkrise besser zu managen. Ein digitales Risikomanagementsystem ist daher besser dazu in der Lage, eine plötzliche Kumulierung unterschiedlicher Risiken im Fonds und deren Folgen für das strategische Risikomanagement des Fonds abzubilden und zu bewerten (Fahrenwaldt und Nohl 2022, S. 15).

10.2.5 Die Rolle von Nachhaltigkeitskriterien beim Risikocontrolling

Der Begriff „Nachhaltigkeit" umfasst eine ökonomische, ökologische und soziale Komponente. Die ökonomische Dimension ist beim Fondsmanagement Bestandteil der traditionellen Performancemessung und wird in Abschn. 10.3.1 ausführlich dargestellt.

Die ökologische und soziale Nachhaltigkeit spielt im Investitionsprozess eines Fonds eine zunehmend wichtigere Rolle. Daher nimmt die Zahl an nachhaltig gemanagten Investmentfonds kontinuierlich zu und die Einhaltung von Nachhaltigkeitskriterien wird zum integralen Bestandteil eines modernen Risikocontrollings. Beispielsweise wird der größte Investmentfonds der Welt mit einem verwalteten Vermögen von USD 1,4 Billionen, der norwegische Government Pension Fund, bereits seit dem Jahr 2004 unter Berücksichtigung von Nachhaltigkeitskriterien gemanagt (The Government Pension Fund Global o. J.).

Weltweit existieren zahlreiche unterschiedliche Definitionen zur Festlegung von Nachhaltigkeitskriterien. Nachfolgend werden die von den Vereinten Nationen unterstützten sechs Grundsätze für verantwortungsbewusste Investments als Beispiel für ein nachhaltiges Fondsmanagement zugrunde gelegt. Diese lauten (PRI Association 2017):

- Prinzip 1: Wir werden ESG-Aspekte in Anlageanalyse- und Entscheidungsprozesse einbeziehen.
- Prinzip 2: Wir werden aktive Eigentümer:innen sein und ESG-Themen in unsere Richtlinien und Praktiken integrieren.
- Prinzip 3: Wir bemühen uns um eine angemessene Offenlegung von ESG-Themen durch die Unternehmen, in die wir investieren.
- Prinzip 4: Wir werden die Akzeptanz und Umsetzung der Prinzipien innerhalb der Investmentbranche fördern.
- Prinzip 5: Wir werden zusammenarbeiten, um unsere Effektivität bei der Umsetzung der Prinzipien zu verbessern.
- Prinzip 6: Wir werden jeweils über unsere Aktivitäten und Fortschritte bei der Umsetzung der Prinzipien berichten.

Zur besseren Beurteilung der Nachhaltigkeit bietet das Intergovernmental Panel on Climate Change (IPCC) eine Reihe von klimabezogenen Szenarien an, um die Wirkung von Klimaveränderungen digital zu simulieren und so ein besseres Verständnis für die Wichtigkeit von Klimazielen in der Finanzindustrie zu schaffen. Darüber hinaus bietet das Thema „Klimawandel" viele Chancen und Investitionsmöglichkeiten für Fonds. Neben Unternehmen im Bereich „Erneuerbare Energien" gibt es zahlreiche weitere Unternehmen, die von diesem langfristigen Nachhaltigkeitstrend profitieren. Hierzu gehören unter anderem Bergbauunternehmen in der Lithiumförderung für elektrische Batterien sowie Unternehmen in der nachhaltigen Landwirtschaft und Wasserversorgung.

Eine besondere Rolle innerhalb der ESG-Kriterien spielen die 2015 in Paris verabschiedeten Klimaziele zur Begrenzung der globalen Erderwärmung auf maximal 1,5°C gegenüber dem vorindustriellen Niveau (Intergovernmental Panel on Climate Change 2018, S. V). Als Bestandteil des im März 2018 vorgestellten „Aktionsplans zur Finanzierung von nachhaltigem Wachstum" hat die EU-Kommission am 21. April 2022 den Entwurf einer Verordnung zur EU-Taxonomie vorgelegt. Diese Verordnung ist ein Klassifizierungsinstrument zur Beurteilung der ökologischen Aktivitäten von Unternehmen und soll dazu beitragen, Investitionen in nachhaltige Wirtschaftstätigkeiten zu fördern. Sie zielt insbesondere auf die europäischen Finanzmarktteilnehmer wie etwa Investmentfonds ab. Im Mittelpunkt der Verordnung steht die ökologische Nachhaltigkeit mit einem Schwerpunkt auf den Themen „Klimawandel", „Klimaschutz", „Biodiversität" und „Ökosysteme". Auch Banken und Versicherungsunternehmen müssen künftig im Rahmen der Anlageberatung die Präferenz ihrer Kund:innen für nachhaltige Investitionen ausdrücklich abfragen und diese dokumentieren (Europäische Kommission 2022, S. 1–2).

Die oben genannten Beispiele zeigen, dass supranationale Organisationen wie die Europäische Union immer mehr dazu übergehen, die Nachhaltigkeit in der Finanzindustrie durch regulatorische Auflagen zu fördern. Der regulatorische Schwerpunkt liegt derzeit vorwiegend auf der ökologischen Nachhaltigkeit und der Bekämpfung des Klimawandels, während soziale Aspekte eher am Rande behandelt werden. Künftig soll eine Sozial-Taxonomie basierend auf den Kriterien „menschenwürdige Arbeit", „angemessener Lebensstandard" und „integrative und nachhaltige Gemeinschaft und Gesellschaft" die Umwelt-Taxonomie ergänzen. Derzeit ergeben sich jedoch zahlreiche Schwierigkeiten bei der Operationalisierung und Messbarkeit dieser Kriterien.

Nachhaltigkeitskriterien betreffen Investmentfonds auf zwei Ebenen: Zum einen müssen die Investmentfonds künftig detailliert über die Nachhaltigkeit der Aktiva eines Investmentfonds berichten und zum anderen muss ein Fonds die Nachhaltigkeit der Organisation und der Prozesse des Fonds selbst offenlegen. Es ist davon auszugehen, dass sich der Trend zu vermehrten ESG-Auflagen langfristig fortsetzen wird. Somit ist eine stringente Integration von klar definierten und messbaren Nachhaltigkeitskriterien in die digitalen Controllingprozesse notwendig und das Management muss sich darauf einstellen, den Investmentprozess künftig, um weitere Nachhaltigkeitskriterien zu ergänzen.

Zwar unterliegen nicht alle Investmentfonds den gesetzlichen Rechnungslegungsvorschriften der EU zum Klimawandel, doch werden langfristig die meisten Fonds davon betroffen sein. Institutionelle Investoren unterliegen künftig voraussichtlich den Berichtspflichten der Sustainable Finance Disclosure Regulation (SFDR) und müssen damit unter der EU-Taxonomie berichten. Zu diesem Zweck bietet beispielsweise das Frankfurt School – United Nations Environment Programme (UNEP) Collaborating Centre for Climate & Sustainable Energy Finance auf seiner Webseite ein sogenanntes EU Taxonomy Quick Check Tool an. Allerdings prüft das digitale Tool nur die beiden Themen „Klimaschutz" und „Anpassung an den Klimawandel". Hiermit kann sich das Fondsmanagement in einem ersten Schritt einen Überblick über die Auswirkungen der EU-Taxonomieverordnung auf den Investmentfonds verschaffen. Weiterhin ist es möglich, die Veröffentlichungspflichten des Fonds zu Nachhaltigkeitsdaten im Rahmen des Fondsreportings zu ermitteln (FS-UNEP Centre 2022).

Abschließend bleibt anzumerken, dass das Controlling von ökologischen und sozialen Nachhaltigkeitskriterien häufig zu Zielkonflikten führt, die nur schwer zu priorisieren sind. Baut beispielsweise ein Unternehmen in einem Entwicklungsland einen Staudamm zur Energiegewinnung aus Wasserkraft in einer entlegenen Gegend des Landes, so ist dies ökologisch nachhaltig. Möglicherweise führt das Projekt jedoch zur zwangsweisen Umsiedlung indigener Stämme in der Region und verstößt damit gegen die sozialen Nachhaltigkeitskriterien. Auch zeigt sich in vielen Ländern, dass die Kosten für die nachhaltige Umgestaltung der Wirtschaft beispielsweise in Form von höheren Steuern auf Strom und Benzin vorwiegend ärmere Menschen beeinträchtigen (Balaban et al. 2021, S. 18–23).

10.3 Operatives Controlling

Unter dem operativen Controlling wird im Folgenden eine Führungsaufgabe verstanden, die das Ziel verfolgt, bei gegebenen Erfolgspotenzialen innerhalb einer definierten, kurzfristigen Zeitperiode und unter Berücksichtigung von Störfaktoren den höchstmöglichen

Erfolg zu realisieren. Unter Erfolg werden die jederzeitige Sicherung der Zahlungsfähigkeit des Investmentfonds, die Möglichkeit zur strategischen Investition in neue Erfolgspotenziale und der Substanzerhalt des Fonds verstanden. Das operative Controlling soll den betrieblichen Wertschöpfungskreislauf bestehend aus strategischen Erfolgspotenzialen und operativem Erfolg erhalten und verbessern. Demnach ist das operative Controlling kurzfristig ausgerichtet und umfasst einen Zeitraum von maximal einem Jahr. Der operative Controlling-Kreislauf umfasst fünf Bereiche: Zielsetzung, Planung, Information, Steuerung und Kontrolle (Güler 2021, S. 67–68).

Generell bietet ein digitalisiertes Controlling bei Investmentfonds große Nutzenpotenziale im Bereich des operativen Controllings. Insbesondere die Bereiche „Planung", „Budgetierung und Forecast", „Kosten- und Ergebnisrechnung" und „Management-Reporting" bieten hier erfolgversprechende Ansätze (Güler 2021, S. 114–129).

Im Mittelpunkt des operativen Fondscontrollings stehen erfahrungsgemäß die laufende Bestandsüberwachung sowie Transaktionsberichte einschließlich einer detaillierten Kostenkontrolle zu den entsprechenden Transaktionen. Auch Berichte zur Stornierung von Handelsaktivitäten, deren Ursachen und der eventuell entstandenen Schäden für den Fonds sind wichtig und helfen dabei, durch ein verbessertes Qualitätsmanagement die Gesamtkosten des Fonds zu reduzieren und den aufsichtsrechtlichen Anforderungen noch besser zu entsprechen. Daher kann ein digitalisierter Attributionsprozess hier dem Fondsmanagement auch den höchsten Mehrwert im Rahmen des operativen Controllings bieten. So ist das Management in der Lage, eine Performanceabweichung oder eine Erhöhung des Marktrisikos eines Fonds schnell zu erkennen und darauf angemessen zu reagieren (FondsKonzept AG 2022).

10.3.1 Operatives Risikomanagement bei Investmentfonds

Sicherlich ist die erzielte Rendite eines Investmentfonds der wichtigste Parameter des Risikocontrollings. Die Performanceevaluation eines Fonds umfasst dabei drei Schritte: Performancemessung, Performanceattribution und Performanceevaluierung. Die tägliche Performancemessung gehört zu den Kernaufgaben des operativen Risikomanagements eines Investmentfonds. Sie kann über einen bestimmten Zeitraum absolut oder relativ zu einer Benchmark erfolgen. So wird ein gemischter Investmentfonds zur Messung der relativen Rendite unterschiedliche Benchmarks für die verschiedenen Anlageklassen oder Emittenten verwenden, um die Anlagestrategie des Fonds besser mit der Benchmarkrendite vergleichen zu können. Eine Benchmark ist besonders dann gut für die Performancemessung eines Fonds geeignet, wenn sie das Anlageuniversum und das Rendite-Risiko-Profil eines Fonds möglichst optimal widerspiegelt (Wright 2019, S. 38–44). Wie bereits in Abschn. 10.2 dargestellt strebt ein aktiv gemanagter Fonds die Erzielung einer Überrendite im Vergleich zur Benchmark an. Im Zusammengang mit der erzielten Rendite wird auch das eingegangene Risiko des Portfolios ermittelt (Wright 2019, S. 3).

Die Performanceattribution umfasst sowohl die Zuordnung der Rendite als auch des dazugehörigen Risikos. Die Renditeattribution versucht zu ermitteln, inwieweit die Rendite des Fonds auf aktiven Managemententscheidungen beruht. Die Risikoattribution analysiert, ob das Fondsmanagement zur Renditeerzielung ein höheres Risiko im Vergleich zur Benchmark eingegangen ist und dies eventuell für eine höhere Performance ursächlich war. Auch kann die Performanceattribution angewandt werden, um die Allokations- und Selektionsentscheidungen des Fondsmanagements im Rahmen der Mikro-Attribution zu untersuchen. Die Mikro-Attribution basiert auf dem täglichen Portfoliobestand des Investmentfonds sowie den durchgeführten Transaktionen nebst Transaktionskosten und kalkuliert die tägliche Rendite basierend auf den vorhandenen Beständen. Diese transaktionsbasierte Attributionsmethode ist besonders akkurat, stellt jedoch auch die höchsten Anforderungen an die Datenqualität eines Investmentfonds (Wright 2019, S. 6–7).

Die smartMSC-Software der FondsKonzept AG bietet auch für das operative Controlling verschiedene Funktionalitäten, die dem Fondsmanagement ein operatives Controlling in Echtzeit ermöglichen. Das flexibel konfigurierbare Dashboard liefert dem Management die gewünschten Informationen zum täglichen Monitoring des Fondsrisikos in Echtzeit und kann jederzeit neu konfiguriert werden. Beispielsweise kann das Dashboard so eingerichtet werden, dass es die Performancemessung für den Fonds gegliedert nach der täglichen, wöchentlichen, monatlichen, viertel- und halbjährlichen Performance ausweist. Wie bereits erläutert hat die absolute Rendite eines Investmentfonds wenig Aussagekraft. Daher kann mit smartMSC ein automatisierter Benchmarkvergleich der Fondsperformance berechnet werden. Zu diesem Zweck würde man wie bereits beschrieben, ein geeignetes Benchmarkbündel für den Fonds definieren, für dieses Bündel den gewichteten Performancedurchschnitt anhand der Gewichte der Anlageklassen des Fonds berechnen und darauf basierend die Benchmarkperformance kalkulieren. In einem nächsten Schritt lässt sich dann leicht die Fondsperformance mit der Benchmarkperformance für unterschiedliche Zeiträume ermitteln und vergleichen (FondsKonzept AG 2022). Zudem erfolgt über das Dashboard von smartMSC die Performanceattribution, untergliedert in die Rendite- und die Risikoattribution. Die Renditeattribution soll zunächst klären, in welchen Anlageklassen der Fonds welche Performance erzielt hat. Mithilfe der Risikoattribution kann überprüft werden, welche Risiken eingegangen wurden und ob die Risikobudgets im Fonds eingehalten wurden. So kann das Fondsmanagement die Risikoattribution anhand von kennzahlenbasierten Risikobudgets vornehmen und deren Einhaltung jederzeit automatisiert überprüfen und überwachen (FondsKonzept AG 2022).

Die Performanceevaluierung dient der Beurteilung der Qualität und der ökonomischen Nachhaltigkeit der erzielten Erträge eines Investmentfonds. Im Mittelpunkt steht dabei die Frage, ob das Management die Rendite durch bewusste Entscheidungen, durch Zufall oder durch das Eingehen eines hohen Risikos erzielt hat. Die wichtigsten

Kennzahlen zur Beurteilung dieser Frage sind die Sharpe Ratio, die Treynor Ratio und die Information Ratio.

Die Sharpe Ratio misst im Zähler die erwartete Überrendite gegenüber dem risikofreien Zins (r_f) und setzt sie ins Verhältnis zur Volatilität ($SA[R_p]$) des gesamten Portfolios:

$$\frac{E[R_p] - r_f}{SA(R_p)}$$

Die Verwendung der Volatilität als Risikomaß beinhaltet wiederum das Risiko, extreme Ereignisse an den Kapitalmärkten zu unterschätzen (vgl. Abschn. 10.2.4).

Bei der Treynor Ratio wird die Volatilität durch das Beta (β) als Maß für das systematische Risiko des Fondsportfolios ersetzt:

$$\frac{E[R_p] - r_f}{\beta_p}$$

Diese Kennzahl ist dann besonders aussagekräftig, wenn das Marktrisiko im Vergleich zu einer geeigneten Benchmark gemessen werden soll, wohingegen die Volatilität das gesamte Risiko eines Portfolios erfasst.

Schließlich evaluiert die Information Ratio die relative Rendite eines Investmentfonds (R_p) im Vergleich zu seiner Benchmark (r_B) geteilt durch die Risikodifferenz:

$$\frac{E[R_p] - E[R_B]}{SA(r_p - r_B)}$$

Sollte ein Fonds ein sogenanntes Alpha im Vergleich zur Benchmark erzielen, so kann man mit dieser Kennzahl beurteilen, ob das Ergebnis durch das Eingehen von höheren Risiken gegenüber der Benchmark erzielt wurde (Wright 2019, S. 47–50). Auch bei der Performanceevaluierung helfen digitale Daten in Echtzeit bei der Risikoidentifikation und -mitigierung.

Für einen aktiven Investmentfonds sind zwei weitere Kennzahlen besonders wichtig, um den Anlageerfolg des Managements beurteilen zu können: die Capture Ratio und der Drawdown. Bei der Capture Ratio geht es darum, den Managementerfolg relativ zur Benchmark sowohl in einer Marktaufschwung- als auch in einer -abschwungphase zu quantifizieren. Der Drawdown misst den maximalen Verlust eines Portfolios als Differenz zwischen dem Maximum und dem Minimum während eines Betrachtungszeitraums von gewöhnlich einem Jahr (Wright 2019, S. 54–61). Beide Kennzahlen ergänzen die drei erstgenannten Risikokennzahlen sinnvoll um einen langfristigen Betrachtungszeitraum, der insbesondere Marktabschwungphasen enthält und so dem Fondsmanagement eine bessere Einschätzung des Extremrisikos ermöglicht.

Die Software „smartMSC" kann ebenfalls für eine differenzierte Performanceevaluierung genutzt werden. Die Evaluierung soll zunächst klären, inwieweit das Management durch Investitionsentscheidungen eine Überrendite gegenüber der Benchmark und somit ein Alpha erzielt hat. Weiterhin bietet die Software die Möglichkeit, eine Performanceevaluierung unter Berücksichtigung der wichtigsten Risikokennzahlen in Echtzeit umzusetzen. Hierfür würde sich die Integration der Information Ratio in das Dashboard besonders anbieten, da sie für das gesamte Fondsportfolio die Überrendite in Relation zum Gesamtrisiko des Fonds setzt. Mithilfe dieses Parameters ist es möglich, die Leistung des Fondsmanagements nach innen und außen transparent zu machen. Beispielsweise können Kennzahlen der Performanceevaluierung über smartMSC in das monatliche Fondsreporting an die Anleger integriert werden. Fondsinvestoren können auf Basis des Reportings die Anlageentscheidungen des Managements besser einschätzen. Damit wird für Investoren transparent, ob die Fondsperformance auf bewussten Anlageentscheidungen des Managements, Glück oder dem bewussten Eingehen eines erhöhten Risikos basiert. Insgesamt kann das Management über das Dashboard die wichtigsten Rendite- und Risikoparameter des Fonds jederzeit im Blick behalten und eine Performanceattribution und -evaluierung durchführen (FondsKonzept AG 2022). Die Ergebnisse können als Controllingberichte an die unterschiedlichen Stakeholder:innen des Fonds geliefert werden. Die wichtigsten Adressaten sind neben dem Fondsmanagement der Anlageausschuss, die Investoren:innen sowie die Finanzaufsichtsbehörde.

10.3.2 Praktische Herausforderungen im operativen Risikocontrolling

In der Realität ergeben sich eine ganze Reihe von Herausforderungen für das operative Controlling bei Investmentfonds. Beispielsweise werden häufig unterschiedliche Systeme für das Front- und Back Office eines Fonds verwendet. Die Schnittstelle zwischen beiden Systemen ist oft nicht vollständig kompatibel und muss mit jedem Softwareupdate neu angepasst werden. Dies kann zu Datenverlusten oder falschen Informationen führen. Dasselbe Problem ergibt sich bei der Auslagerung von bestimmten Funktionen wie etwa in der Zusammenarbeit mit einer Depotbank. Eine einheitliche digitale Systemplattform für alle Prozesse innerhalb des Fonds ist hier die optimale Lösung. So kann die Komplexität der Fondsmanagementprozesse reduziert, die Informationsgeschwindigkeit gesteigert und Fehler aufgrund der Verwendung von unterschiedlichen Systemen oder manipulierbaren Anwendungen wie Microsoft Excel vermieden werden. Gerade kleinere Fondsmanagementgesellschaften scheuen dabei vor den hohen einmaligen Investitionen in die IT-Systemarchitektur zurück, doch wird an einer einheitlichen digitalen Plattform langfristig kein Weg vorbeiführen, zumal die regulatorischen Auflagen jedes Jahr weiter zunehmen und dies gerade für kleine Fondsanbieter ohne digitale Unterstützung langfristig kaum zu bewältigen sein wird. Wie bereits ausführlich erläutert, bietet die Software „smartMSC" der FondsKonzept AG eine gute Möglichkeit, nahezu alle strategischen und operativen Controllingprozesse digital abzubilden und zu überwachen. Inzwischen gibt es eine ganze Reihe von Softwareanbietern die digitale Softwarelösungen für das Management und Controlling von Investmentfonds anbieten.

Weiterhin ist es wichtig, dass ein Investmentfonds in einer Finanzkrise ein besonderes Augenmerk auf ein systematisches und regelbasiertes Rebalancing des Portfolios richtet. Sollte beispielsweise die Aktienquote eines gemischten Investmentfonds unter eine festgelegte Mindestschwelle von 50 % abgesunken sein, so schafft ein Rebalancing der Aktienquote die Voraussetzung dafür, dass der Fonds an einer Erholung der Aktienmärkte angemessen partizipiert (Balaban et al. 2021, S. 7). Dies kann jedoch nur gelingen, wenn dem Fondsmanagement die digitalen Daten in Echtzeit und in optimaler Qualität für schnelle Entscheidungen zur Verfügung stehen.

Ein digitales Risikomanagementsystem mit Echtzeitanbindung an das Front Office-System eines Fonds kann hier Abhilfe schaffen und bietet dem Management mehr Klarheit und Übersichtlichkeit über die wesentlichen Risikotreiber des Fondsportfolios. Beispielsweise bietet smartMSC ein Depotoptimierungstool in Kombination mit dem Depotlimitsystem an. So können die zuständigen Portfoliomanager:innen jederzeit die Einhaltung der Anlagegrenzen überwachen und bei Überschreiten einer definierten Schwelle die Portfoliorebalancierung einleiten. Dieser Prozess würde in zwei Schritten vonstattengehen. Zunächst würde das Portfoliomanagement eine Portfoliorebalancierung anhand des bestehenden Fondsportfolios in smartMSC simulieren. Sollte das simulierte neue Portfolio alle Anlagegrenzen und Risikolimite einhalten, so würde das Portfoliomanagement über das automatisierte Ordertool die Portfoliorebalancierung direkt umsetzen. Die Software generiert bei Orderausführung die entsprechenden Handelstickets, die wiederum automatisch an das Backoffice weitergeleitet werden. Dort erfolgt die automatisierte Prüfung des Tickets und dessen elektronische Ablage. Auf Basis der Tickets kann das Backoffice wiederum monatliche digitale Auswertungen zur Höhe der Gebühren, zur Best Exccecution und zur Einhaltung aller Vereinbarungen mit den Handelspartnern des Fonds erstellen. Alternativ können dieselben Controlling-Prozesse über die Schnittstellenarchitektur zur Kapitalverwaltungsgesellschaft digital abgewickelt werden (FondsKonzept AG 2022).

Derivate spielen eine immer wichtigere Rolle bei der Rendite- und Risikosteuerung von Investmentfonds. Prämienstrategien werden von vielen Fonds eingesetzt, um zusätzliche Erträge aus Derivaten zu erzielen. Eine der bekanntesten Strategien ist die sogenannte Covered Call-Strategie, bei der ein Fonds eine Aktie oder einen Aktienindex und die dazugehörige Stillhalteroption hält. Eine solche Strategie empfiehlt sich dann, wenn das Fondsmanagement mit einer kurzfristigen Seitwärtsbewegung der Aktienkurse rechnet und die Kaufoption daher nicht ausgeübt wird (Hull 2019, S. 328–329). Hier ist wichtig, dass ein Risikomanagementsystem in der Lage ist, das aggregierte Risiko bestehend aus Aktienportfolio und Kaufoption adäquat abzubilden. Eine isolierte Betrachtung beider Anlageklassen führt zu einer Fehleinschätzung des Portfoliorisikos und einer einseitigen Fokussierung auf die Prämieneinnahmen aus den Kaufoptionen ohne angemessene Berücksichtigung des Gesamtrisikos. Gerade in einem ruhigen

Marktumfeld mit niedriger Volatilität stehen die generierten Prämien häufig in keinem angemessenen Verhältnis zum Risiko der hier dargestellten Covered Call-Strategie.

Während die Covered Call-Strategie vorwiegend das Aufwärtspotenzial eines Aktienportfolios begrenzt, erhöht eine Covered Put-Strategie das Abwärtspotenzial beträchtlich. Auch bei dieser Strategie steht die Generierung von Prämien durch den Verkauf von Put-Optionen im Vordergrund. Das Risiko eines Investmentfonds besteht darin, dass bei einem Kursverlust am Aktienmarkt sowohl das Aktienportfolio als auch die Stillhalterpositionen an Wert verlieren. Der Fonds hat also durch diese Strategie sein Abwärtsrisiko deutlich erhöht. In der Praxis ist es daher oftmals fraglich, ob die vereinbarten Optionsprämien eine angemessene Kompensation für das zusätzlich eingegangene Risiko darstellen. Betrachtet das Management wiederum beide Anlageklassen isoliert, so kann der Blick für das aggregierte Abwärtsrisiko aus Aktien und Put-Optionen schnell verlorengehen, was dann in einer Korrekturphase zu einer überhasteten Glattstellung der Stillhalterpositionen zu hohen Kosten führen kann.

Die digitale Erfassung, Quantifizierung, Bewertung und Überwachung von Derivaten stellt für die meisten Softwaresysteme eine große Herausforderung dar. Insbesondere für die Bewertung von Optionen ist erfahrungsgemäß eine spezielle leistungsfähige Softwarelösung erforderlich, sodass die Programmierung einer Schnittstelle zum Fondsmanagementprogramm erforderlich ist. Als Lösungen kämen beispielsweise Cleared Derivatives von FIS oder primedex© von Revendex in Frage.

10.4 Fazit und Ausblick

Dieser Beitrag gibt einen Überblick über die wichtigsten Prozesse und Werttreiber der Digitalisierung des Risikocontrollings von Investmentfonds. Das Thema wurde differenziert nach strategischen und operativen Aspekten und nach verschiedenen Wertschöpfungsprozessen in einem Investmentfonds dargestellt. Im Mittelpunkt des strategischen Controllings stand das Controlling von aktiv gemanagten Publikumsfonds, dabei wurden vor allem die Risikoidentifikation und -messung sowie das nachhaltige Controlling thematisiert. Demgegenüber geht das operative Controlling stärker auf die Performanceevaluation eines Fonds ein und erläutert praktische Herausforderungen für das Fondsmanagement im Zusammenhang mit der Performancemessung, -attribution und -evaluierung unter Berücksichtigung des Rendite-Risiko-Verhältnisses.

Außerdem wurde herausgearbeitet, welche Vorteile die systematische Digitalisierung der Risikocontrolling-Prozesse in einem gemischten Publikumsfonds bietet. Nur so hat das Fondsmanagement jederzeit und in Echtzeit den strategischen Gesamtüberblick über alle Fondsrisiken und kann diese aktiv steuern. Auch wurde deutlich, dass eine einheitliche digitale Plattform für das Management und Controlling eines Investmentfonds nahezu alle Prozesse und Werttreiber innerhalb des Fonds tangiert. Daher ist eine Trennung in Management- und Controllingprozesse in der Praxis nicht zweckdienlich. Schließlich konnte gezeigt werden, dass eine einheitliche Softwareplattform für das Management und Controlling aller Prozesse im Fonds die Datenqualität erhöht, alle wichtigen Daten in Echtzeit liefert, unterschiedliche Stakeholder mit verschiedenen Ansprüchen automatisiert mit Reportings beliefert und letztlich die Risiken im Fonds besser managt und überwacht.

Auf Basis dieser Erkenntnisse ergeben sich zahlreiche Aspekte für eine weitergehende Analyse der Digitalisierung des Risikocontrollings bei Investmentfonds. So wäre es beispielsweise aufschlussreich, die Integration von Nachhaltigkeitsaspekten in das digitale Controlling bei Investmentfonds eingehender auszuwerten und praktikable Lösungsansätze zu entwickeln. Weiterhin bietet die Digitalisierung im Controlling von Investmentprozessen eine Reihe von Optimierungsansätzen. Beispielsweise wäre es wichtig, eine umfassende und zukunftsweisende Digitalisierungsstrategie für Investmentfonds zu entwickeln und umzusetzen, die das strategische Management und Controlling eines Investmentfonds noch enger miteinander verzahnt.

Außerdem kann der Einsatz von Derivaten das Rendite-Risiko-Profil eines Investmentfonds verändern. Auch hier wäre es zweckmäßig genauer zu analysieren, welche Risikomanagementstrategie mit welcher Anlagestrategie kompatibel ist und wie hierdurch die risikoadjustierte Rendite möglicherweise gesteigert werden kann. Hier könnte die Nutzung von Machine Learning zum Finden von optimierten Rendite-Risiko-Lösungen beitragen.

Schließlich ergibt sich durch die Digitalisierung des Risikocontrollings auch die Möglichkeit, einem Fondsinvestor eine hohe Transparenz durch die Übermittlung von maßgeschneiderten Reportings in Echtzeit zu bieten. So kann das Vertrauen in das Fondsmanagement gesteigert und die Kundenbindung gestärkt werden.

Literaturverzeichnis

Abée S, Andreae S, Schlemminger R (2020). Strategisches Controlling 4.0. Wie der digitale Wandel gelingt. Springer Gabler, Wiesbaden.

Albrecht P, Maurer R (2016). Investment- und Risikomanagement. Modelle, Methoden, Anwendungen, 4. Aufl. Schäffer-Poeschel, Stuttgart.

Appelfeller W, Feldmann C (2018). Die digitale Transformation des Unternehmens. Springer Gabler, Wiesbaden.

BaFin (2022). Erlaubnis und Vertrieb. Aufsicht über Kapitalverwaltungsgesellschaften und Investmentfonds. https://www.bafin.de/dok/8891780. Zugegriffen: 07.06.2022.

Balaban S, Berkelaar A, Hasan N, Sanjay Shah H (2021). Integrated Cases in Risk Management. Institutional. In: CFA Refresher Reading. CFA Institute, Charlottesville.

Chance D, Brooks R (2017). An Introduction to Derivatives and Risk Management. 10. Aufl. Cengage, Boston.

Chance D, Edleson M (2019). Introduction to Risk Management. In: CFA Refresher Reading. CFA Institute, Charlottesville.

Deutsche Bundesbank (2022). Investmentfondsstatistik. https://www.bundesbank.de/resource/blob/883658/ebf0f05db50d97021f83d1bb7a5a45e5/mL/2022-01-13-09-01-33-investmentfondsstatistik-data.pdf. Zugegriffen: 07.06.2022.

Deutsche Gesellschaft für Wertpapiersparen (DWS) (2022). https://group.dws.com/de/ir/aktie/aktionarsstruktur/. Zugegriffen: 07.06.2022.

Europäische Kommission (2022). Nachhaltiges Finanzwesen und EU-Taxonomie: Kommission unternimmt weitere Schritte, um Geld in nachhaltige Tätigkeiten zu lenken. https://ec.europa.eu/commission/presscorner/api/files/document/print/de/ip_21_1804/IP_21_1804_DE.pdf. Zugegriffen: 07.06.2022.

Fahrenwaldt M, Nohl S (2022). Maschinelles Lernen in Risikomodellen. BaFin Journal (22): 14–16.

FondsKonzept AG (2022). SmartMSC. https://www.fondskonzept.ag/smartmsc. Zugegriffen: 07.06.2022.

FS–UNEP Centre (2022). EU Taxonomy Quick Check Tool. https://eu-taxonomy.fs-unep-centre.org/. Zugegriffen: 07.06.2022.

Gartner (o.J.). Digitization. https://www.gartner.com/en/information-technology/glossary/digitization. Zugegriffen: 07.06.2022.

Güler H (2021). Digitalisierung operativer Controlling-Prozesse. Begriffsklärung, Anwendung und Erfolgsbeurteilung. Springer Gabler, Wiesbaden.

Hull J (2019). Optionen, Futures und andere Derivate, 10. Aufl. Pearson, München.

Intergovernmental Panel on Climate Change (IPCC) (2018). Global Warming of 1.5°C. An IPCC Special Report on the impacts of global warming of 1.5°C above pre-industrial levels and related global greenhouse gas emission pathways, in the context of strengthening the global response to the threat of climate change, sustainable development, and efforts to eradicate poverty. https://www.ipcc.ch/site/assets/uploads/sites/2/2019/06/SR15_Full_Report_High_Res.pdf. Zugegriffen: 07.06.2022.

Langmann C (2019). Digitalisierung im Controlling. Springer Gabler, Wiesbaden.

Lehmann A (2021). Digitalisierung eröffnet Vertrieb von Investmentfonds neue Chancen. AssCompact Fachmagazin für Risiko- und Kapitalmarktmanagement (21): 102-103.

Littkemann J, Klein T, Matern J (2021). Treiber der Digitalisierung im Bankensektor. Auswirkungen auf die Geschäftsmodelle. ZfgK (74): 23, 22–26.

Luengo J, García-Gil D, Ramírez-Gallego S, García S, Herrera F (2020). Big Data Preprocessing. Enabling Smart Data. Springer Nature, Cham.

Madura J (2021). Financial Markets & Institutions, 13. Aufl. Cengage, Boston.

Mallikarjun S, Abbasi A (2019). Big Data Projects. In: CFA Refresher Reading. CFA Institute, Charlottesville.

Münchow W (2021). Krypto und KI sind die größten politischen Disruptoren unserer Zeit. https://www.handelsblatt.com/meinung/gastbeitraege/gastkommentar-krypto-und-ki-sind-die-groessten-politischen-disruptoren-unserer-zeit/27805272.html. Zugegriffen: 07.06.2022.

Perridon L, Steiner M, Rathgeber A (2017). Finanzwirtschaft in der Unternehmung, 17. Aufl. Vahlen Verlag, München.

Principles for Responsible Investment (2017). What are the Principles for Responsible Investment? https://www.unpri.org/about-us/what-are-the-principles-for-responsible-investment. Zugegriffen: 07.06.2022.

Reilly F, Brown K, Leeds S (2019). Investment Analysis & Portfolio Management, 11. Aufl. Cengage, Boston.

The Government Pension Fund Global (o.J.). About the fund. https://www.nbim.no. Zugegriffen: 07.06.2022.

Weber J, Schäffer U (2020). Einführung in das Controlling, 16. Aufl. Schäffer Pöschel, Stuttgart.

Wright M (2019). Portfolio Performance Evaluation. In: CFA Refresher Reading. CFA Institute, Charlottesville.

Kreditvergabe und Kreditrisikomanagement von FinTech-Unternehmen

Johannes Biewer und Joachim Hauser

Zusammenfassung

Unternehmen mit Bezug zu technologiegestützten Finanzdienstleistungen (sogenannte FinTech-Unternehmen) bieten zunehmend verschiedene Formen des Kreditgeschäfts für Privat- und Geschäftskund:innen an und drängen somit ins klassische Bankgeschäft vor. Während sogenannte Buy Now Pay Later-Vereinbarungen Privatkund:innen die Möglichkeit bieten, Anschaffungen zu einem späteren Zeitpunkt oder in Raten zu bezahlen, eignen sich sogenannte Cash Advance-Geschäftskredite insbesondere für kleinere und mittlere E-Commerce-Unternehmen zur Liquiditätsbeschaffung. Welche Besonderheiten bei der Kreditvergabe durch FinTech-Unternehmen im Vergleich zu traditionellen Bankkrediten bestehen und wie sich diese Unterschiede auf das Kreditrisikomanagement von ebenjenen Unternehmen auswirken können, ist Gegenstand des vorliegenden Beitrags.

J. Biewer
Nalbach, Deutschland
E-Mail: johannes.biewer@yahoo.de

J. Hauser (✉)
Perl, Deutschland
E-Mail: joachim.hauser@gmx.de

11.1 Unternehmen mit Bezug zu technologiegestützten Finanzdienstleistungen (FinTech-Unternehmen)

Fortentwicklungen im Finanzwesen sind traditionell mit technologischen Errungenschaften verbunden (Nathman 2019, S. 36). Grundlegende Neuerungen in den Bereichen „Internet", „Datenverarbeitung" und „Informationserfassung" sowie neuartige Absatzkanäle und Produktangebote haben in jüngerer Vergangenheit – auch bedingt durch ein entsprechendes Nachfrageverhalten – in einem nicht unerheblichen Maße das Tempo der Innnovationskraft im Finanzbereich beschleunigt (Claessens et al. 2018, S. 1). Als Bezeichnung für diese zu beobachtenden Entwicklungstendenzen wird im allgemeinen Sprachgebrauch das Akronym „FinTech" verwendet, welches die beiden Begriffe „Financial Services" und „Technology" verbindet (Omlor 2019, S. 306). Dem Definitionsansatz der Europäischen Kommission folgend lassen sich FinTechs als „technologiegestützte Innovationen bei Finanzdienstleistungen" bezeichnen (Europäische Kommission 2018, S. 1).

Zu den wesentlichen Charakteristika der Geschäftsmodelle von Unternehmen mit Bezug zu technologiegestützten Finanzdienstleistungen, sogenannte FinTech-Unternehmen, gehört regelmäßig ein innovatives, disruptives, mitunter revolutionäres Element (Schueffel 2016, S. 45). Dem Trend der Digitalisierung folgend bringen sie neuartige digitale Anwendungen, Prozesse oder Produkte hervor, die besonders nutzerorientierte, schnelle und bequeme Lösungen für den Endkunden bieten (Nathman 2019, S. 38–39; Schuster und Hastenteufel 2019, S. 90). Zu den Technologien, die bei FinTech-Lösungen regelmäßig zum Einsatz kommen, um effizientere und anwenderfreundliche Abläufe oder völlig neue Produkte zu ermöglichen, gehören etwa digitale Identifizierungsverfahren, Big Data-Lösungen, mobile Anwendungen, maschinelles Lernen, Künstliche Intelligenz, Open Banking-Schnittstellen oder die Blockchain-Technologie (Europäische Kommission 2018, S. 2; Huibers 2021, S. 368).

FinTech-Unternehmen lassen sich unter anderem nach der Ausrichtung ihres Geschäftsmodells unterteilen (Dorfleitner et al. 2017, S. 6). In Analogie zu den traditionellen wertschöpfenden Geschäftssegmenten einer Universalbank fokussieren sie typischerweise entweder das Kredit- und Finanzierungsgeschäft (Financing), die Vermögensverwaltung (Asset Management) oder den Zahlungsverkehr (Payment) (Dorfleitner et al. 2017, S. 6; Waschbusch et al. 2018a, S. 290–291). Beobachtbar sind aber auch Mischformen von FinTech-Geschäftsmodellen oder solche, die nur mittelbar dem finanziellen Sektor zuordnenbar sind – hierzu gehören etwa auf Technologie oder IT-Infrastruktur spezialisierte Unternehmen, die Dienstleistungen für Finanzunternehmen erbringen (Dorfleitner et al. 2017, S. 6). Von diesem Zuordnungsproblem unberührt bleibt indes die Frage, ob FinTech-Unternehmen auch einer behördlichen Erlaubnispflicht unterliegen (Waschbusch et al. 2018b, S. 331).

11.2 Überblick über das Kreditgeschäft von FinTech-Unternehmen

11.2.1 Vorbemerkungen

Wenngleich das Kreditgeschäft von FinTech-Unternehmen verschiedene Ausprägungsformen annimmt, lassen sich einige grundlegende Gemeinsamkeiten bei dieser Form der Kreditvergabe feststellen (zum Kreditbegriff Hauser 2013, S. 25–30). FinTech-Kredite werden zumeist über Netzwerk- oder Bezahlplattformen abgewickelt, die sich digitale Innovationen zunutze machen, um mit ihren Kund:innen weitestgehend vollständig online zu interagieren und dabei in großem Umfang Kundendaten für Kreditentscheidungs- und -abwicklungszwecke verarbeiten (Claessens et al. 2018, S. 3).

FinTech-Unternehmen ohne Banklizenz stellen vielfach lediglich Plattformlösungen zur Verfügung (sogenannte P2P-Plattformen), ohne dass tatsächlich ein Darlehensvertrag zwischen dem Unternehmen und dem Kreditnehmenden zustande kommt (Waschbusch et al. 2018a, S. 294). Im Mittelpunkt von P2P-Geschäftsmodellen steht die Vermittlung von Krediten zwischen Kreditsuchenden und Anleger:innen über Online-Plattformen mit standardisierten Kreditvergabeverfahren (Claessens et al. 2018, S. 3; ausführlich zur Plattformfinanzierung Hastenteufel 2016, S. 321–430 und Bieg et al. 2017, S. 91–94), wobei das wirtschaftliche Risiko bei den Kapitalgeber:innen verbleibt (Huibers 2021, S. 369), sodass für die Plattformbetreiber:innen keine bilanzwirksame Position entsteht.

Betreiben FinTech-Unternehmen hingegen das Kreditgeschäft dergestalt, dass sie (oder eine involvierte Partnerbank) als direkte Kreditgebende unmittelbar die wesentlichen Chancen und Risiken aus dem Kreditverhältnis tragen, finden die entsprechenden Forderungsrechte ihren Niederschlag in der Bilanz des Technologieunternehmens (oder der Partnerbank) (Waschbusch et al. 2018b, S. 331). Das Kreditgeschäft i. S. v. § 1 Abs. 1 Satz 2 KWG, also die Gewährung von Gelddarlehen und Akzeptkrediten, bedarf einer Erlaubnis nach dem Kreditwesengesetz (KWG) gemäß § 32 Abs. 1 Satz 1 KWG.

Die in beiden Fällen angebotenen Finanzierungsformen unterscheiden sich nach der Art der Kreditnehmer:innen in Privatkundenkredite und Unternehmenskunden- beziehungsweise Händlerkredite. Für die nachstehenden Ausführungen soll insbesondere das Kreditgeschäft im Bereich des elektronischen Handels (E-Commerce) ein besonderes Augenmerk erfahren. Abb. 11.1 gibt einen Überblick über die im Folgenden noch zu vertiefenden Finanzierungsformen.

11.2.2 Privatkundenkredite

Ratenkaufprogramme zur Finanzierung von Kaufvorgängen sind deutschen Verbraucher:innen bereits aus dem Katalogzeitalter bekannt (Richter 2021, S. 24; Trusheim 2021, S. 29). Kaufpreisvorfinanzierungen im Zeitalter des digitalen E-Commerce – sogenannte Buy Now Pay Later-Kredite (BNPL-Kredite) – gehen jedoch

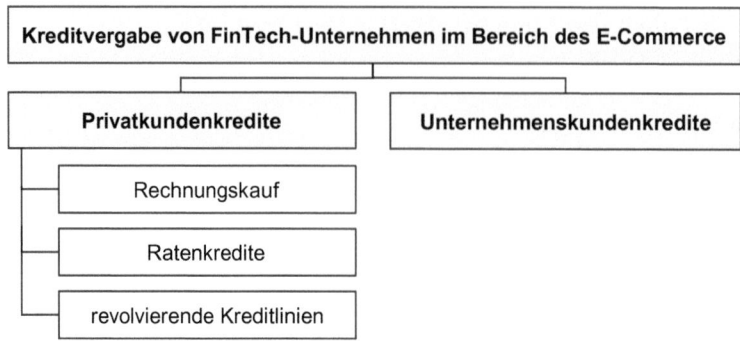

Abb. 11.1 Überblick über die Finanzierungsformen von FinTech-Unternehmen im Bereich des E-Commerce (Eigene Darstellung)

weit über den klassischen Rechnungskauf hinaus (Trusheim 2021, S. 29; Mosen 2022, S. 41). Zu den typischen Formen kaufgebundener sogenannter Pay Later-Finanzierungen gehören der Rechnungskauf, der Ratenkredit sowie revolvierende Kreditlinien. Grundsätzliches Wesensmerkmal von BNPL-Krediten ist, dass sie nicht über die traditionellen Absatzkanäle der Banken offeriert, sondern unmittelbar am Point of Sale, das heißt im Onlineshop der Händler:innen als nahtlos integriertes Zahlungsmodell zur Abwicklung eines Kaufvorganges (sogenanntes Checkout) angeboten und meist unkompliziert in Echtzeit abgewickelt werden (Wittig und Wittig 2021, S. 2371). BNPL-Kredite gelten gemeinhin als Konsumentenkredite, weisen in ihrer Ausgestaltung als Checkout-Instrument aber auch Eigenschaften von Zahlungsvereinbarungen auf. Aus der Konsumentenperspektive übernimmt der BNPL-Kredit daher primär die Funktion einer (zusätzlichen) Bezahlmöglichkeit auf digitalen Handelsplattformen oder in elektronischen Bezahlnetzwerken.

Zu den Merkmalen von BNPL-Krediten in Form des Rechnungskaufs und des Ratenkredits gehört die Festlegung einer Rückzahlungsmodalität, die entweder die Rückzahlung des Kreditbetrags in einer Gesamtsumme oder die Rückzahlung in mehreren im Voraus festgelegten Teilbeträgen (sogenannte Installment-Kredite) vorsieht. Im Vergleich zu traditionellen Konsumentenkrediten sind BNPL-Kredite unbesichert und mit deutlich kürzeren Laufzeiten ausgestaltet, die bei Rechnungskauf-Krediten nur wenige Wochen betragen und im Falle von Installment-Krediten meist zwölf Monate nicht übersteigen. Ein weiteres Unterscheidungsmerkmal ist die gegenüber traditionellen Ratenkrediten geringere Regelkredithöhe. Revolvierende Kreditlinien sind hingegen meist als klassische Überziehungsfazilitäten ausgestaltet und räumen den Konsument:innen nach erfolgreicher Bonitätsprüfung einen Kreditrahmen ein, der beim Einkauf als Zahlungsmethode verwendet werden kann. Für eine zinsfreie Rückzahlung des in Anspruch genommenen Kreditlimits ist regelmäßig ein Zeitraum vorgegeben (zum Beispiel vier Monate), offene Zahlungen nach dieser Periode werden hingegen mit Zinsen belastet.

Das Volumen an BNPL-Krediten hat in den letzten Jahren einen spürbaren Anstieg erfahren, was insbesondere auch auf das veränderte Kauf- und Zahlungsverhalten seit Beginn der Corona-Krise und die generell zu beobachtende Verschiebung zugunsten von Onlinekaufkanälen zurückzuführen sein dürfte (IFH Köln 2020; Richter 2021, S. 24; Kuder 2022, S. 46). Als weiterer Treiber für den jüngsten Erfolg der neuen Ratenkaufmodelle ist zu nennen, dass BNPL-Kredite Konsument:innen einen einfachen Zugang zu Finanzdienstleistungen sowie eine größere finanzielle Flexibilität ermöglichen, da sie hierdurch auch größere Anschaffungen erwerben und finanzielle Belastungen liquiditätsschonend über längere Perioden verteilen können (IFH Köln 2020, S. 33 und S. 40). Offene Zahlungen müssen nicht wie üblich sofort, sondern erst später oder in Raten beglichen werden, was den generellen Trend hin zu höheren Konsumgüterausgaben begünstigt.

Auch für Händler:innen bieten BNPL-Konsumentenkredite Vorteile. Neben größeren Warenkörben und höheren Umsatzerlösen, insbesondere bei höherpreisigen Produkten, verbessert die beschriebene Flexibilisierung der Zahlungsmöglichkeiten beim Onlineshopping auch das Nutzererlebnis und steigert die Konversationsraten (Richter 2021, S. 24; Jepp 2022, S. 29). Für Händlerunternehmen, die ihre Waren auf E-Commerce-Plattformen offerieren, besteht zudem oftmals die Möglichkeit, solche Kreditprogramme für Konsument:innen gegen Zahlung einer Gebühr an die Kreditgebenden zu subventionieren, sodass die Kund:innen im Ergebnis eine zinslose Finanzierung ihrer Konsumgüterkäufe erhalten. Je nach Vertragsgestaltung profitieren Händler:innen hier zweifach: Zum einem an dem zeitlich früheren Eingang der Kaufpreiszahlung im Gegensatz zu einer Zahlung mit einem Rechnungsziel, was deren Liquiditätssituation positiv beeinflusst, und zum anderen, wenn das Ausfallrisiko bei dem kreditgewährenden Unternehmen, im Regelfall ein lizensiertes Kreditinstitut, verbleibt. Dem positiven Nutzen aus den verkaufsfördernden Effekten zinsloser BNPL-Kredite steht allerdings meist eine höhere Ausgabenbelastung entgegen, die den Gesamtergebniseffekt der Maßnahme wiederum konterkariert.

11.2.3 Unternehmenskundenkredite

Neben den vorstehend genannten Finanzierungsalternativen für private Haushalte reichen FinTech-Unternehmen auch Geschäftskredite an kleinere oder mittlere E-Commerce-Händler:innen aus. Diese auch als Working Capital- oder Cash Advance-Kredite bezeichneten Finanzierungsformen werden von Online-Händler:innen in Anspruch genommen, um Artikelbestände aufzubauen, Liquiditätsengpässe auszugleichen oder um betriebsnotwendige Investitionen in Anlagevermögen durchzuführen (Korus et al. 2021, S. 3). Da der Zugang zu traditionellen Finanzierungsquellen für kleinere und mittlere Unternehmen, unter anderem aufgrund langwieriger Entscheidungsprozesse, aufwendigen Antragsformularen und hohen Anforderungen an Sicherheiten, mit Herausforderungen verbunden sein kann, sind sie an einfachen, flexiblen Lösungen und schnellen Kreditvergabeverfahren interessiert (auch Schuster und Hastenteufel 2019, S. 95).

Anders als bei traditionellen Gewerbekrediten erfolgt die Rückzahlung von Cash Advance-Krediten meist flexibel. Der zu entrichtende Tilgungsbetrag entspricht einem prozentualen Anteil der generierten Umsätze, den die Händler:innen aus verschiedenen Alternativen auswählen können (zum Beispiel Tilgung in Höhe von 10 % des Umsatzerlöses). Rückzahlungen erfolgen somit nur dann, wenn tatsächlich Umsatzerlöse zustande kommen, wobei mitunter Mindestzahlungen zu beachten sind. Es sind aber auch Fälle denkbar, bei denen der Händlerkredit als Factoring ausgestaltet ist (zum Factoring Bieg et al. 2016, S. 413–419). Zur Rückzahlung der gewährten Kreditsumme kauft das FinTech-Unternehmen (Factor) hier offene beziehungsweise zukünftige Forderungen der Händler:innen auf, sodass die Tilgung im Ergebnis nicht mehr durch die Kreditnehmer:innen selbst, sondern durch ihre Schuldner:innen erfolgt (Eilenberger 2012, S. 237). Als weitere Eigenschaft von Händlerkrediten ist hervorzuheben, dass die Verpflichtung zur Entrichtung regelmäßiger Zinszahlungen entfällt. Die Händler:innen müssen hingegen eine Festgebühr zahlen, die entweder zu Beginn als Vorabzahlung oder während der Kreditlaufzeit über den genannten prozentualen Rückzahlungsmechanismus geleistet wird.

Zu den wesentlichen Vorteilen von Cash Advance-Krediten gegenüber klassischen Bankkrediten gehört vor allem die schnelle, unkomplizierte und vollständig online ablaufende Beantragung, Bewilligung und Abwicklung des Kredits. Zudem entfällt ein Großteil der zeitaufwendigen Vorbereitung von Kreditunterlagen sowie das Beratungsgespräch, da sich die Kreditentscheidung und die Bemessung der maximalen Kredithöhe an historischen Kontoumsätzen und am Zahlungsverhalten orientiert und die Händler:innen somit weder geprüfte Prognoserechnungen, Bilanzen oder Geschäftspläne einreichen noch Sicherheiten bestellen müssen. Dementsprechend fallen sowohl die Kontrollkosten der Kreditgebenden (Prinzipale) als auch die Signalisierungskosten der Händler:innen (Agenten) (Waschbusch et al. 2018c, S. 74–75) geringer aus.

11.3 Steuerung des Kreditgeschäfts von FinTech-Unternehmen

11.3.1 Vorbemerkungen

Die Kreditvergabe an Privatpersonen sowie an kleine oder mittelgroße Unternehmen durch FinTech-Unternehmen ist maßgeblich durch die Digitalisierung geprägt und erfolgt weitestgehend automatisiert. Zur Steuerung eines solchen Kreditgeschäfts, das die Vergabe vieler, betragsmäßig kleiner oder mittelgroßer Kredite vorsieht, ist ein konsistenter und ganzheitlicher (Risikomanagement-)Prozess mit multiplen, iterativ durchzuführenden Prozessschritten unabdingbar.

Ausgangspunkt ist die Planung der Kreditrisikostrategie und der Kreditvergabe, die die grundlegende Zielrichtung und die übergeordnete Strategie festlegt. Das daraus resultierende Kreditportfolio ist zu steuern und zu überwachen. Zu den wesentlichen Zielen gehört es, mit aussagekräftigen Kennzahlen und Messgrößen eine Einschätzung der aktuellen und künftigen Performance sowie der Risikosituation des Kreditportfolios zu gewinnen. In Abhängigkeit der Ergebnisse sind Anpassungen in den Prozessschritten vorzunehmen, um die gewünschten Ergebnisse zu erreichen. Für Kreditnehmer:innen, die sich in finanziellen Schwierigkeiten befinden, bedarf es zudem sogenannter Collections-Aktivitäten, damit schlagend werdende Kreditrisiken präventiv verhindert oder reduziert werden können.

In den nachfolgenden Ausführungen wird auf FinTech-Unternehmen Bezug genommen, die Kredite selbst vergeben und einer entsprechenden Regulierung in der Europäischen Union unterliegen.

Zu den Ausführungen dieses Abschnitts siehe Lawrence und Solomon (2013), insbesondere zu Abschn. 11.3.2 S. 19–70, zu Abschn. 11.3.3 S. 113–132 sowie zu Abschn. 11.3.4 S. 133–148; im Mittelpunkt ihrer Ausführungen stehen traditionelle Konsumentenkredite, gleichwohl lassen sich die Aussagen in ihren Grundsätzen sowohl auf Privatkundenkredite als auch – oftmals – auf kleine oder mittelgroße Unternehmenskundenkredite von FinTech-Unternehmen analog übertragen.

Abb. 11.2 gibt einen Überblick über die im Folgenden noch zu vertiefenden Elemente des idealtypischen Kreditrisikosteuerungsprozesses bei FinTech-Unternehmen.

Planungsprozess	**Vergabeprozess (Underwriting)**	**Problemkredit-Prozess (Collections)**
– Festlegung der Kreditrisikostrategie und des Kreditrisikoappetits – Festlegung der Produkt- und Kundenstrategie	– Analyse der Kreditantragsteller mithilfe von Scoring-Modellen ⇒ Kreditvergabeentscheidung; Bestimmung der Kredithöhe und der Kreditkonditionen	– Identifizierung und Festlegung der Behandlung problembehafteter Kredite – Stundungsmaßnahmen – Wertberichtigungen bei gestundeten und notleidenden Krediten

Mögliche Maßnahmen zum Management und Controlling des Kreditportfolios		
fortlaufende Überwachung des Kreditrisikos und der Collections-Aktivitäten (Performance-Monitoring)	statistische Validierung der (Scoring-)Modelle	fortlaufende Überprüfung des Kreditrisikoappetits
⇕	⇕	⇕
Ergreifung von Gegenmaßnahmen (sofern erforderlich)		

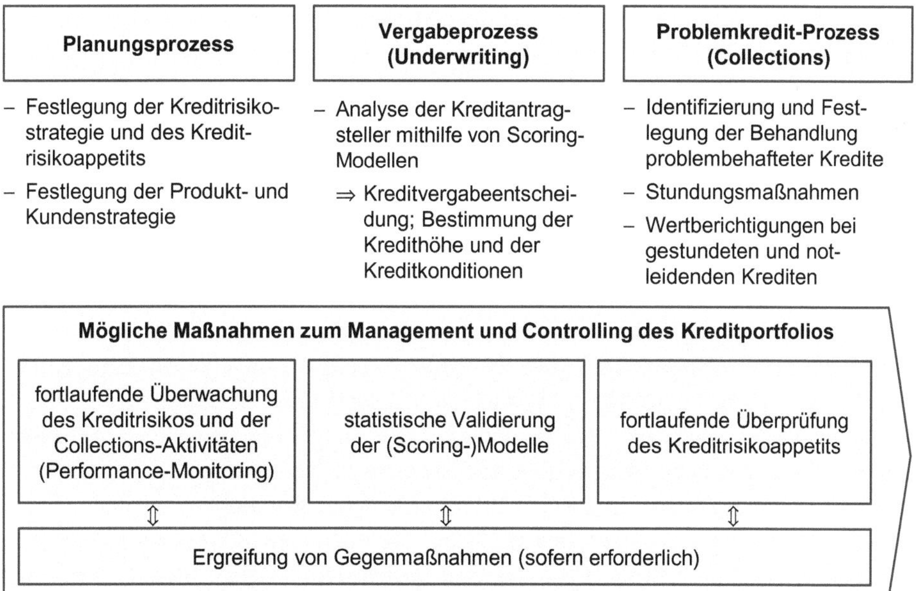

Abb. 11.2 Überblick über den Kreditrisikosteuerungsprozess bei FinTech-Unternehmen (Eigene Darstellung)

11.3.2 Planung der Kreditrisikostrategie und der Kreditvergabe

11.3.2.1 Kreditrisikostrategie

Im Rahmen des Planungsprozesses erfolgt die Festlegung der grundlegenden Zielrichtung sowie der übergeordneten Kreditrisikostrategie durch das FinTech-Unternehmen. Die Kreditrisikostrategie ist dabei in die Unternehmensstrategie einzubetten. Bei der Formalisierung der Kreditrisikostrategie gilt es, die übergeordneten Prinzipien sowie die adäquate Steuerung des Kreditrisikos (das bewusste Eingehen von Risiken, deren Minimierung bis hin zur Eliminierung sowie die effektive Steuerung) festzulegen.

Damit einhergehend ist der Kreditrisikoappetit des FinTech-Unternehmens festzulegen, der in den Risikoappetit eingebettet ist. Dieser bestimmt den Umfang und den Schwerpunkt des Kreditrisikos, die Zusammensetzung des Kreditportfolios sowie die Diversifizierungsziele und wird mittels geeigneter Parameter und Limits umgesetzt (European Banking Authority 2020, S. 20, Nr. 30–31).

Nach Festlegung der Kreditrisikostrategie gilt es über die Produkt- und Kundenstrategie zu entscheiden: Entscheidungen können sich von der Einführung neuer Kreditprodukte – sowie falls relevant – über die Modifizierung (beispielsweise hinsichtlich Laufzeit oder Kreditvolumen) bis hin zur Terminierung existierender Kreditprodukte erstrecken. In Abhängigkeit des spezifischen Produkts können weitere Merkmale festgelegt werden, wie beispielsweise regelmäßige Mindestrückzahlungen oder eine optionale Verlängerung der ursprünglichen Laufzeit. Sicherheiten (sogenannte Collaterals) werden von FinTech-Unternehmen ebenso wie vertragliche Nebenabreden (sogenannte Covenants) regelmäßig nicht eingefordert. Darüber hinaus kommt der Zielpopulation im Rahmen der Kundenstrategie eine immanente Bedeutung zu. Zunächst ist die grundlegende Frage zu beantworten, ob sich das Angebot an Privat- oder Unternehmenskund:innen richtet, da dies in der Regel einen signifikanten Einfluss auf das Risikoprofil hat. Neben dem Profil potenzieller Kund:innen ist der Zielkreis auch geografisch zu bestimmen. Dies umfasst die Ausweitung etablierter Kreditprodukte auf andere Regionen, wobei insbesondere die oftmals abweichenden gesetzlichen und regulatorischen Anforderungen zu erfüllen sind.

11.3.2.2 Kreditvergabeprozess

Dem sogenannten Credit Scoring fällt eine wesentliche Rolle im automatisierten Kreditvergabeprozess von FinTech-Unternehmen zu. Credit Scoring beschreibt die Methode, vielfältige Daten der Kreditantragsteller:innen zu analysieren und sie in Abhängigkeit ihrer Kreditqualität zu klassifizieren. Dabei wird basierend auf Daten ermittelt, welche Kreditantragsteller:innen einen Kredit zu welchen Konditionen erhalten. Gerade FinTech-Unternehmen verfügen über vielfältige Informationen in Folge ihrer Geschäftsbeziehungen. Neben internen Daten können auch externe Daten, beispielsweise von Wirtschaftsauskunfteien, einfließen. Credit Scoring-Systeme sind in der Lage, sehr viele statistische Informationen zu verarbeiten und werden zur Schätzung eines Kreditportfolios mit einem hohen Maß an Vorhersehbarkeit verwendet. Somit ermöglichen

Credit Scoring-Systeme – neben einer objektiven, schnellen sowie kostengünstigen Risikoeinschätzung – die statistische Kontrolle hinsichtlich der Realisierung erwarteter Ergebnisse. Das automatisierte Scoring kann durch Expert:innenwissen, wie eine manuelle Kreditgenehmigung, ergänzt werden; gleichfalls konterkariert die menschliche Interaktion die Vorteile eines automatisierten Prozesses.

Die Bepreisung ist einer der kritischsten Faktoren im Planungsprozess – und zwar aus Sicht von zwei sich gegenüberstehenden Parteien: Kundenseitig wird diese insbesondere vor dem Hintergrund konkurrierender Angebote kritisch beäugt. Unternehmensseitig bestimmt die Bepreisung die Erträge und steht somit im besonderen Fokus des Managements. Sie erfolgt in der Regel risikoadjustiert. Insbesondere im Hinblick auf die Verbreitung des Angebots durch die Bewerbung und zwecks der Erschließung neuer Kund:innen kommen auch Sonderkonditionen – bis hin zu zinslosen Krediten – zum Einsatz. Des Weiteren ist festzulegen, ob weitere Kosten, beispielsweise bei verspäteten Zahlungen, erhoben werden.

Die Kreditvergabe (sogenanntes Underwriting) erfolgt automatisiert gemäß der gewählten Strategie unter Berücksichtigung der aus Risiko- und Ertragsperspektive formulierten Kreditvergabekriterien.

Die Ergebnisse der Kreditvergabe – inklusive Profitabilität – gilt es möglichst präzise durch das kreditgebende FinTech-Unternehmen vorherzusagen, was einerseits eine große Herausforderung mit sich bringt; andererseits erleichtern vielfältig zur Verfügung stehende Daten die Vorhersage. Diese Schätzungen umfassen beispielsweise die Anzahl an Kreditantragstellenden sowie tatsächlichen Kreditnehmer:innen, das durchschnittliche Kreditvolumen sowie die erwarteten Verluste.

Die „Leitlinien für die Kreditvergabe und Überwachung" der EBA legen die Verfahren zur Kreditvergabe sowie die Anforderungen an die Interne Governance dar (European Banking Authority 2020, S. 19–50). Gleichwohl muss konstatiert werden, dass diese Leitlinien sich insbesondere auf das traditionelle Kreditgeschäft von Banken fokussieren und Kreditaktivitäten von FinTech-Unternehmen nicht im Fokus stehen. Daher sollten bei diesen – aktuell noch neuartigen – Kreditprodukten die Leitlinien sinngemäß Anwendung finden, falls eine buchstabengetreue Umsetzung für Kund:innen sinnvolle und positive Produkte torpedieren oder gar verhindern sollte.

11.3.3 Management und Controlling des Kreditportfolios

Das Kreditportfolio ist gemäß den Strategien und Vorgaben zu steuern sowie zu überwachen.

Während die Intention ist, dass „gute" Kund:innen weiter diese Produkte – aber auch andere Produkte im Rahmen des sogenannten Cross Selling – nutzen, besteht die Herausforderung darin, „schlechte" Kund:innen zu identifizieren sowie deren Verluste zu kontrollieren und zu begrenzen. Dabei gilt es, aussagekräftige Kennzahlen und Messgrößen zwecks einer Einschätzung der aktuellen und möglichen künftigen Performance sowie der Risikosituation des Kreditportfolios zu gewinnen, um erforderliche Gegenmaßnahmen ergreifen zu können. In Abhängigkeit der Ergebnisse sind Anpassungen iterativ vorzunehmen, um die gewünschten Ergebnisse zu erzielen.

Im Rahmen des Controllings werden die vergebenen Kredite und das Kundenverhalten fortlaufend überwacht. Die „Leitlinien für die Kreditvergabe und Überwachung" enthalten Bestimmungen zur Kreditrisikoüberwachung (European Banking Authority 2020, S. 60–67). Die Digitalisierung des Controllings mittels angemessener sowie reichhaltiger Dateninfrastruktur erlaubt FinTech-Unternehmen, granulare Daten zum Kreditrisiko zeitnah und ohne manuelle Eingriffe automatisch aufzubereiten. Die Überwachung der Kreditrisiken erfolgt dabei sowohl auf Portfolio- als auch auf Einzelkreditebene und beobachtet die Kreditengagements über ihren gesamten Lebenszyklus (European Banking Authority 2020, S. 60, Nr. 241–242).

Im Rahmen des Controllings des Kreditportfolios kommen sogenannte Performance Scores (auch Behavior Scores) zum Einsatz, die regelmäßig aktualisiert werden. Sie werden konstruiert, um eine Anordnung von Krediten, beispielsweise nach Profitabilität, Kreditwürdigkeit, Insolvenz, Wahrscheinlichkeit, dass weitere Kreditvergaben folgen, oder Betrug, zu ermöglichen. Ihr Vorteil liegt in der besseren Prognosefähigkeit, da sie auf Informationen basieren, die bereits im Prozess der Kreditvergabe gesammelt wurden. Dabei können interne Informationen um externe ergänzt werden; gleichwohl ist zu konstatieren, dass die internen Informationen, die im Rahmen der Beantragung des Kredits gesammelt wurden, regelmäßig sehr aussagekräftig sind. Die gewonnenen Erkenntnisse dienen möglicherweise auch als Informationsquelle für das Rechnungswesen zur Bestimmung der bilanziellen Risikovorsorge (zur bilanziellen Risikovorsorgebildung Bieg und Waschbusch 2017, S. 402–428 und S. 682–691; Biewer 2020, S. 222–242).

Da den Credit Scoring-Systemen bei FinTech-Unternehmen eine besondere Bedeutung zukommt, werden sie nicht nur einer initialen Validierung unterzogen, sondern die Modelle werden regelmäßig auf ihre statistische Validität überprüft (beispielsweise mittels des Kolmogorov-Smirnov-Tests). Falls ein Credit Scoring-Modell statistisch nicht valide sein sollte, sind geeignete Gegenmaßnahmen vorzunehmen.

Zudem besteht die Möglichkeit alternative Strategien sowohl bei Performance Scores als auch bei Credit Scores zu testen. Dabei erfolgen Änderungen der zu testenden Parameter bei einer Testgruppe während in der Kontrollgruppe diese Parameter unverändert bleiben. Beide Gruppen, die hinsichtlich der Schlüsselparameter gleich sind, werden aus derselben Population zufällig ausgewählt. Dieses Vorgehen bietet ein kontrolliertes Umfeld zur Testung von Änderungen sowie ihrer Auswirkungen.

Der Kreditrisikoappetit ist ebenfalls regelmäßig zu überprüfen, ob er sich innerhalb der festgelegten, portfolioabhängigen Parameter und Limite befindet. Bei Überschreitungen sind geeignete Gegenmaßnahmen vorzunehmen.

In besonderen Zeiten, wie Rezessionen oder der Corona-Pandemie, ist es zudem sinnvoll, das Kreditportfolio – neben dem hochautomatisierten Controlling – ad-hoc zusätzlich mithilfe von Expert:innenwissen zu steuern.

11.3.4 Behandlung problembehafteter Kredite

Während bei entsprechender Planung, Steuerung und Überwachung die meisten Kredite planmäßig zurückgezahlt werden, geraten dennoch manche Kreditnehmer:innen in finanzielle Schwierigkeiten und ihre Kredite dadurch in Zahlungsverzug. Die Wahrscheinlichkeit, Zahlungen aus problembehafteten Krediten zu erhalten, hängt maßgeblich von den sogenannten Collections-Aktivitäten ab. FinTech-Unternehmen mit entsprechender Kompetenz sind in der Lage, strategische Vorteile gegenüber anderen Marktteilnehmer:innen auszuspielen, da Kreditbeziehungen mit risikobehafteteren Kund:innen eingegangen werden können.

Entsprechende Risikomanagementpraktiken veröffentlichte die EBA in den „Leitlinien über das Management notleidender und gestundeter Risikopositionen" (European Banking Authority 2018).

Kredite werden dann als notleidend bezeichnet, wenn der Kreditgebende ihre Begleichung als unwahrscheinlich ansieht („unlikely to pay") oder falls Zahlungen mehr als 90 Tage überfällig („past due") sind (Art. 47b CRR; European Parliament und European Council 2021b).

Probleme bei Krediten zeichnen sich regelmäßig ab, bevor ein Kredit notleidend wird, sodass bereits im Vorfeld entsprechende Maßnahmen ergriffen werden können. Zunächst sind Zahlungsverzüge, Verluste sowie Abschreibungen zu schätzen. Je frühzeitiger etwaige Probleme prognostiziert werden können, desto größer sind die Möglichkeiten, sie zu antizipieren. Dies ist umso wichtiger, wenn die vorhergesagten Verluste höher als die erwarteten Verluste sind.

Analog zur Kreditrisikostrategie ist zunächst eine Produkt- und Kundenstrategie seitens des FinTech-Unternehmens festzulegen: Einerseits werden im Rahmen des Collections-Prozesses Stundungsmaßnahmen für die jeweiligen Kreditprodukte festgelegt. Das Ziel wirksamer Stundungsmaßnahmen ist die Rückführung des Kreditnehmenden in einen tragfähigen, nicht notleidenden Rückzahlungsstatus unter Berücksichtigung des fälligen Kreditbetrages sowie der Begrenzung der erwarteten Verluste (European Banking Authority 2018, S. 39, Nr. 125). Stundungsmaßnahmen können beispielsweise eine Tilgungsreduzierung bis hin zur -aussetzung, Zinssenkung, Laufzeitverlängerung oder – einen teilweisen bis vollständigen – Schuldenerlass umfassen (European Banking Authority 2018, S. 75–79). Andererseits ist festzulegen, in welcher Reihenfolge problembehaftete Kredite bearbeitet werden – sowohl hinsichtlich der Priorisierung möglicher Stundungsmaßnahmen als auch hinsichtlich der einzelnen Kredite. Zwecks Priorisierung erfolgt regelmäßig ein Scoring für Collections-Aktivitäten, welches beispielsweise auf vergangenem Zahlungsverhalten beruht.

Die Ergebnisse der Collections-Aktivitäten gilt es ebenfalls möglichst gut seitens des FinTech-Unternehmens zu prognostizieren. Rückzahlungsverhalten oder der in Anspruch genommene Teil einer Kreditlinie geben Aufschluss über das zukünftige Verhalten der Kreditnehmer:innen sowie über potenzielle Kreditverluste.

Im Anschluss sind sowohl die erfolgreichen Kontaktaufnahmen – auf unterschiedlichsten Wegen (von automatisierten elektronischen Nachrichten bis hin zu persönlichen Telefonaten) – als auch die Rückzahlungen durch das FinTech-Unternehmen zu maximieren.

Collections-Aktivitäten erfordern ebenfalls eine Steuerung und Überwachung durch das FinTech-Unternehmen. Falls die Resultate nicht zu den erwarteten Ergebnissen führen sollten, sind auch hier geeignete Gegenmaßnahmen einzuleiten. Die Entwicklung der betroffenen Kredite wird über ihren Überfälligkeitsstatus bis zum Extremfall der Abschreibung verfolgt (sogenannte Roll Rate).

Falls problembehaftete Kredite nicht mehr einbringbar sind oder sich für eine vorgegebene Zeit im Zahlungsverzug befinden, werden diese für bilanzielle Zwecke abgeschrieben sowie ausgebucht (European Banking Authority 2018, S. 48–49 unter Verweis auf European Banking Authority 2017). Auch nach einer Abschreibung kommt es hin und wieder zu weiteren Rückzahlungen (sogenannte Recoveries).

Mitunter kann es sich anbieten, notleidende (oder ausgebuchte) Kredite an Drittparteien zu veräußern. Dies kann beispielsweise durch einen Verkauf der jeweiligen Kredite erfolgen; der europäische Gesetzgeber fördert die Entwicklung eines entsprechenden Zweitmarktes (European Parliament und European Council 2021a).

11.4 Zusammenfassung

FinTech-Unternehmen bieten verschiedene Formen des Kreditgeschäfts für Privatpersonen und Unternehmen an und drängen somit ins klassische Bankgeschäft. Privatkund:innen werden beispielsweise sogenannte Buy Now Pay Later-Produkte offeriert, die die Möglichkeit bieten, Anschaffungen zu einem späteren Zeitpunkt oder in Raten zu bezahlen. Geschäftskund:innen, insbesondere kleine und mittlere E-Commerce-Unternehmen, werden sogenannte Cash Advance-Geschäftskredite zur Liquiditätsbeschaffung angeboten, bei denen der Tilgungsbetrag einem prozentualen Anteil der generierten Umsätze entspricht. Die Kreditvergabe umfasst viele, betragsmäßig kleine oder mittelgroße Kredite.

Sowohl die Planung der Kreditrisikostrategie und der Kreditvergabe als auch die Steuerung sowie die Überwachung erfolgt bei FinTech-Unternehmen unter dem Einsatz vielfältiger interner und gegebenenfalls externer granularer Daten in hoch automatisierten Prozessen. Die Entwicklungen des Kreditportfolios sind möglichst zuverlässig zu prognostizieren, weswegen es essenziell ist, dass FinTech-Unternehmen über möglichst gute Prognosen verfügen. Das tatsächliche Kundenverhalten ist fortlaufend zu analysieren sowie zu überwachen. Die Digitalisierung des Controllings mittels angemessener sowie reichhaltiger Dateninfrastruktur erlaubt FinTech-Unternehmen granulare Daten zum Kreditrisiko zeitnah und ohne manuelle Eingriffe automatisch aufzubereiten. Bei Abweichungen der beobachteten Ergebnisse von den Prognosen sind – gegebenenfalls iterativ – geeignete Gegenmaßnahmen einzuleiten. Dies gilt auch, wenn sich die Prognosen selbst ändern sollten. Falls trotz entsprechender Planung, Steuerung und Überwachung Kreditnehmer:innen in finanzielle Schwierigkeiten geraten sollten, ist es essenziell, dass FinTech-Unternehmen über entsprechende Kompetenzen im Rahmen ihrer Collections-Aktivitäten verfügen. So können strategische Vorteile gegenüber anderen Marktteilnehmer:innen ausgespielt werden, da auch Kreditbeziehungen mit risikobehafteteren Kund:innen eingegangen werden können.

Literatur

Bieg H, Kußmaul H, Waschbusch G (2016). Finanzierung, 3. Aufl. Vahlen Verlag, München.
Bieg H, Kußmaul H, Waschbusch G (2017). Finanzierung in Übungen, 4. Aufl. Vahlen Verlag, München.
Bieg H, Waschbusch G (2017). Bankbilanzierung nach HGB und IFRS, 3. Aufl. Vahlen Verlag, München.
Biewer J (2020). Zur Zweckadäquanz der IFRS-Rechnungslegung als Informationsinstrument für die Bankenaufsicht. Nomos Verlag, Baden-Baden.
Claessens S, Frost J, Turner G, Zhu F (2018). Fintech-Kreditmärkte weltweit. Größe, Einflussfaktoren und Regulierungsfragen. BIZ-Quartalsbericht September 2018: 1–24.
Dorfleitner G, Hornuf L, Schmitt M, Weber M (2017). FinTech in Germany. Springer Verlag, Cham.
Eilenberger G (2012). Bankbetriebswirtschaftslehre. Grundlagen, Internationale Bankleistungen, Bank-Management, 8. Aufl. Oldenbourg, München.
Europäische Kommission (2018). FinTech-Aktionsplan. Für einen wettbewerbsfähigeren und innovativeren EU-Finanzsektor. COM(2018) 109 final.
European Banking Authority (2017). Guidelines on credit institutions' credit risk management practices and accounting for expected credit losses. Final Report (EBA/GL/2017/06).
European Banking Authority (2018). Guidelines on management of non-performing and forborne exposures. Final Report (EBA/GL/2018/06).
European Banking Authority (2020). Guidelines on loan origination and monitoring. Final Report (EBA/GL/2020/06).
European Parliament, European Council (2021a). Directive (EU) 2021/2167 of the European Parliament and of the Council of 24 November 2021a on credit servicers and credit purchasers and amending Directives 2008/48/EC and 2014/17/EU.
European Parliament, European Council (2021b). Regulation (EU) No 575/2013 of the European Parliament and of the Council of 26 June 2013 on prudential requirements for credit institutions and amending Regulation (EU) 648/2012.
Hastenteufel J (2016). Gründungsfinanzierung im Wandel. Eine Betrachtung unterschiedlicher Finanzierungsmöglichkeiten für Existenzgründer unter besonderer Berücksichtigung von Mikrofinanzierung und Crowdfunding. Nomos Verlag, Baden-Baden.
Hauser J (2013). Kreditderivate. Grundlagen, Risiken, Aufsichtsrechtliche Behandlung. Erich Schmidt Verlag, Berlin.
Huibers F (2021). Regulatory Response to the Rise of Fintech Credit in The Netherlands. Journal of Risk and Financial Management (14): 368–380.
IFH Köln (2020). Shopping 2020. Entwicklungen des Konsumverhaltens und die Relevanz des Ratenkaufs. https://www.easycredit-ratenkauf.de/wp-content/uploads/2020/10/201014_Shopping-2020_Studie-IFH_TeamBank.pdf. Zugegriffen: 07.06.2022.
Jepp T (2022). Eine vernachlässigte Ertragsquelle wieder zum Sprudeln bringen. Die Bank: 56–59.
Korus A, Löher J, Nielen S, Pasing P (2021). Fintechs. Chancen für die KMU-Finanzierung?. IfM-Materialien Nr. 288, Bonn.

Kuder E (2022). Was Banken aus dem „Buy now, pay later"-Boom lernen können. Die Bank: 46–48.

Lawrence D, Solomon A (2013). Managing a Consumer Lending Business, 2. Aufl. Solomon Lawrence Partners, New York.

Mosen MW (2022). Innovation ersetzt Tradition. Die Bank: 40–45.

Nathman M (2019). Herausforderungen bei der Regulierung digitaler Geschäftsmodelle anhand von Gestaltungen aus dem Wertpapierbereich. Nomos Verlag, Baden-Baden.

Omlor S (2019). FinTech. Versuch einer begrifflichen und rechtssystematischen Einordnung. JuS Sonderheft FinTech: 306–307.

Richter B (2021). Buy Now Pay Later – Disruptor des Zahlungsverkehrs?. Cards Karten cartes (32): 158–161.

Schueffel P (2016). Taming the Beast: A Scientific Definition of Fintech. Journal of Innovation Management (4): 32–54.

Schuster H, Hastenteufel J (2019). Die Bankenbranche im Wandel. Status Quo und aktuelle Herausforderungen, 2. Aufl. Nomos Verlag, Baden-Baden.

Trusheim M (2021). Buy Now Pay Later. Die Rückkehr des Ratenkaufs. Cards Karten cartes (32): 162–164.

Waschbusch G, Hastenteufel J, Reinstädtler G (2018a). FinTechs Schreckensgespenst oder ernstzunehmende Konkurrenten?! (Teil I). Der Steuerberater (69): 289–295.

Waschbusch G, Hastenteufel J, Reinstädtler G (2018b). FinTechs Schreckensgespenst oder ernstzunehmende Konkurrenten?! (Teil II). Der Steuerberater (69): 328–332.

Waschbusch G, Schuster H, Berg SC (2018c). Banken und Vertrauen. Eine Grundlagenuntersuchung zur Bedeutung des Vertrauens in der Ökonomie am Beispiel des Kreditgewerbes. Nomos Verlag, Baden-Baden.

Wittig J, Wittig A (2021). Weitere Regulierung des Konsumentenkredits. Wertpapier-Mitteilungen (75): 2369–2379.

Controlling von Kryptowährungen

12

Stefan Behringer und Florian Follert

Zusammenfassung

Kryptowährungen gewinnen weltweit an Bedeutung. So werden Bitcoin und andere Kryptowährungen von einer steigenden Zahl von Privatpersonen und Unternehmen als Zahlungsmittel und Spekulationsobjekte genutzt. Zudem betätigen sich Unternehmen als Produzent:innen der digitalen Währung (sogenanntes Mining). Somit erscheint es sowohl aus wissenschaftlicher als auch aus praktischer Sicht geboten, sich mit dem Controlling von Kryptowährungen auseinanderzusetzen. Der vorliegende Beitrag analysiert das Thema aus der Perspektive des Controllings als Rationalitätssicherungsinstrument des Managements. Hierzu werden drei spezifische unternehmerische Zwecke einer Kryptowährung herausgearbeitet. Darauf aufbauend ordnet der Beitrag die Zwecke in das Controllingkonzept ein und leitet spezifische Anforderungen an das Controlling sowie Lösungsansätze ab.

S. Behringer
Hochschule Luzern, Institut für Finanzdienstleistungen Zug IFZ, Rotkreuz, Schweiz
E-Mail: stefan.behringer@hslu.ch

F. Follert (✉)
Privatuniversität Schloss Seeburg, Seekirchen am Wallersee, Österreich
E-Mail: florian.follert@uni-seeburg.at

© Der/die Autor(en), exklusiv lizenziert an Springer Fachmedien Wiesbaden GmbH, ein Teil von Springer Nature 2022
J. Hastenteufel et al. (Hrsg.), *Digitale Transformation im Controlling*,
https://doi.org/10.1007/978-3-658-38225-4_12

12.1 Einleitung

Kryptowährungen haben neben einer verstärkten Aufmerksamkeit in der breiten Öffentlichkeit auch eine große volkswirtschaftliche Bedeutung erlangt, was sich nicht zuletzt in der Marktkapitalisierung von rund 2,2 Billionen US-Dollar widerspiegelt (coinbase.com, Stand: 27.11.2021). In der Folge finden sich in den Bilanzen zahlreicher Unternehmen auch relevante Aktivpositionen in Kryptowährungen. Daraus folgt auch, dass sich das Controlling verstärkt den Kryptowährungen widmen muss. Um die verschiedenen Ausprägungen des Controllings in der Praxis zu systematisieren, haben Weber und Schäffer (1999, S. 731) das Ziel der Rationalitätssicherung beschrieben. Daraus lässt sich herleiten, dass sich Controller:innen selbstverständlich auch mit der Sicherung betriebswirtschaftlicher Rationalität im Umgang mit Kryptowährungen befassen müssen. Das Ziel ist es, mit diesem Beitrag einen Überblick hinsichtlich der Bedeutung von Kryptowährungen für das rationalitätssichernde Controlling zu geben, Chancen herauszuarbeiten und auf Risiken hinzuweisen.

Dabei folgt der Beitrag nachstehender Struktur: In Abschn. 12.2 werden zunächst relevante Grundlagen zu Kryptowährungen dargestellt. Insbesondere wird auf die Besonderheiten eingegangen, die eine besondere Herangehensweise im Controlling bedingen. In Abschn. 12.3 wird die Relevanz von Kryptowährungen für Unternehmen thematisiert. Abschn. 12.4 zeigt die Aufgaben des Controllings im Zusammenhang mit Kryptowährungen auf. In Abschn. 12.5 wird schließlich diskutiert, welche Controlling-Instrumente zum Zweck der Rationalitätssicherung eingesetzt werden sollten, bevor in Abschn. 12.6 ein Fazit gezogen wird.

12.2 Grundlagen zu Kryptowährungen

12.2.1 Entstehung und Grundidee von Kryptowährungen

Die grundlegende Idee von Kryptowährungen wurde 2008 von «Satoshi Nakamoto» im Rahmen des Whitepapers «Bitcoin: A peer-to-peer electronic cash system» (Nakamoto 2008), das über eine Mailing-Liste für Kryptographie veröffentlicht wurde, entwickelt. Das Manuskript ist im Duktus eines akademischen Aufsatzes geschrieben. Die Identität von Nakamoto ist mysteriös, es wird vermutet, dass es sich um ein Pseudonym für eine Person oder eine Gruppe von Personen handelt (Finsterbusch 2021).

Geld erfüllt insbesondere eine Tauschfunktion. Ludwig von Mises (1998, S. 398) formulierte hierzu: „Money is the thing which serves as the generally accepted and commonly used medium of exchange. This is its only function. All the other functions which people ascribe to money are merely particular aspects of its primary and sole function, that of a medium of exchange". Während sich große Teile der Literatur auf die Quantität im Sinne der Menge des Geldes konzentrieren, stellt etwa Bagus (2009, S. 22) heraus, dass die Qualität des Geldes, also die Fähigkeit, seinen Zweck zu erfüllen, ein preisbildender Faktor ist.

Im Sinne der Qualität war es das Ziel Nakamotos, ein Zahlungssystem zu entwickeln, das die Vorteile von Bargeld erhält, aber gleichzeitig elektronische Zahlungen ermöglicht (Berentsen und Schär 2018, S. 1). Bargeldtransaktionen haben einen Vorteil: Sie sind anonym; wer im Besitz des physischen Geldes ist, kann es verwenden, sodass eine zentrale Institution zur Überwachung der Transaktionen, obsolet wird. Durch die physische Beschaffenheit des Geldes gibt es jedoch auch einen gravierenden Nachteil bei der Übertragung der Verfügungsrechte: Die Transaktionspartner müssen am selben Ort sein oder einen Vermittler – beispielsweise eine Bank – einsetzen, damit das Geld physisch übergeben werden kann (Berentsen und Schär 2018, S. 2). Würde man Geld digital vorhalten, wäre dieser Nachteil nicht mehr vorhanden. Allerdings lassen sich digitale Daten zu vernachlässigbaren Kosten replizieren, der Käufer könnte so sein erhaltenes elektronisches Geld kopieren und somit mehrmals ausgeben, obwohl er es nur einmal erhalten hat (sog. «Double Spending Problem») (Hoepman 2010, S. 152). Dies ist freilich für ein Zahlungsmittel nicht wünschenswert, da durch eine steigende und nicht kontrollierbare Geldmenge der Wert der Währung verfällt. Dieser Zusammenhang wird in der auf Irving Fisher zurückgehenden Quantitätstheorie des Geldes beschrieben (Fisher 1916). Das Problem des Double Spending lässt sich lösen, wenn ein Intermediär eingeschaltet wird. Dieser Intermediär, in der Praxis zumeist eine Bank, prüft die Transaktion, insbesondere die Bonität und die Liquidität des Käufers und schreibt dem Verkäufer den vereinbarten Transaktionspreis gut. Hierbei wird das Vertrauensproblem zwischen Käufer und Verkäufer jedoch nur auf den Mittler übertragen, sodass sich nun für diesen ein diskretionärer Handlungsspielraum eröffnet (Waschbusch et al. 2018). Missbraucht er das System oder schließt, beispielsweise durch hohe Transaktionskosten, Nutzer aus, entstehen diese gravierenden Nachteile. Dieses Problem kann technisch durch die sogenannte Blockchain gelöst werden.

Dabei wird von einigen Autoren ein prima facie verblüffendes historisches Vorbild herangezogen (Berentsen und Schär 2018, S. 4; Härer 2020, S. 33). Auf der pazifischen Insel Yap, die heute zu den Föderierten Staaten von Mikronesien gehört, waren bis zum Jahre 1931 Steine als Währung gebräuchlich. Diese Steine konnten bis zu 4 Meter Durchmesser annehmen und mehrere Tonnen wiegen. Es ist leicht erkennbar, dass im Falle einer Zahlung eine physische Bewegung dieser Steine allein aufgrund ihres Gewichts nicht in Betracht kam. Die Übertragung der Verfügungsrechte an dem Steingeld von einem Eigentümer auf den nächsten wurde einfach an alle Inselbewohner kommuniziert. Sie behielten im Gedächtnis, wem welcher Stein gehörte. Das Problem des Double Spending wurde also durch das verteilte Wissen der Inselbewohner gelöst (Cora 1975; Friedman 1991; Lautz 1999). Hinzu kam, dass jeder Bewohner der Insel neue Steine erschaffen konnte, in dem er diese aus der circa 400 km entfernten Insel Palau hertransportierte. Die damit verbundenen Kosten begrenzten naturgemäß das Wachstum der Geldmenge. Hierin zeigen sich verblüffende Parallelen zur modernen Idee Sakamotos: Das Verfügungsrecht wird ebenfalls auf dezentrale Weise nachgewiesen. Zudem gehen mit der Erstellung neuer Coins Kosten in Form der bereitgestellten Rechnerleistung einher, wodurch sich die (bei Bitcoin insgesamt beschränkte) Geldmenge selbst kontrolliert.

12.2.2 Die Blockchain als technische Grundlage von Kryptowährungen

Bei Kryptowährungen wird die Wirkung der Mühlsteine durch den Einsatz der Blockchain erzielt. Die Bitcoin Blockchain wurde 2009 mit dem block #0 gestartet. Ende November des Jahres 2021 wurde block #711437 erstellt. Eine Blockchain (Morisse 2015, S. 2; Huberman et al. 2021, Appendix) besteht aus einer Folge von Blocks, die miteinander wie eine Kette verknüpft sind, woraus sich der Name ableitet. Die Kette ist lückenlos und beinhaltet fälschungssicher sämtliche Transaktionen, die für jedermann einsehbar sind. Die Sicherheit der Transaktionen wird durch Methoden der Kryptographie gewährleistet. Wird eine Transaktion ausgelöst, so muss sie durch mathematische Algorithmen verifiziert werden. Derjenige, der als erster eine Transaktion authentifiziert, erhält als Anreiz neue Einheiten der Kryptowährung. Dieser Prozess wird als Mining bezeichnet (Brühl 2017, S. 136). Diese dezentrale Architektur erlaubt es jedem Nutzer, der über die notwendige Leistung und Infrastruktur verfügt, von dem Miningprozess finanziell zu profitieren (Huberman et al. 2021, S. 3019). Die Transaktionen finden ihren Niederschlag in einem Hauptbuch (Ledger). Dieser Name ist zunächst irreführend, da dieses Hauptbuch gerade nicht zentral geführt wird, sondern sich verteilt auf den Rechnern von Nutzern der Blockchain befindet. Es ist vielmehr das Wesen der Blockchain, dass es keine zentrale Autorität gibt, die die Bereiche zusammenhält, sodass die negativen Auswirkungen einer zentralen Geldsteuerung, die schon durch die Dezentralität des Wissens als problematisch erscheint (von Hayek 1945), umgangen werden können und auch staatliche Macht begrenzt wird (Bagus und de la Hora 2021, S. 428). Hier offenbart sich die Analogie zum Geldsystem der Insel Yap, wo das Wissen über die Eigentümer der Mühlsteine in den Köpfen der Eigentümer verteilt ist. Damit entfällt das Problem, dass einer übergeordneten Stelle vertraut werden muss. Diese Motivation war eine der Triebfedern der Entwicklung des Bitcoins, wie folgendes Zitat des Erfinders Nakamoto untermauert: «The root problem with conventional currency is all the trust that's required to make it work. The central bank must be trusted not to debase the currency, but the history of fiat currencies is full of breaches of that trust" (P2P Foundation, 2018). Zeitlicher Hintergrund des Whitepapers von Nakamoto war nicht ohne Zufall die internationale Finanzkrise im Jahr 2008 (Thiele und Diehl 2017, S. 3), denn diese war entgegen der oftmals veröffentlichten Position auch das Resultat der Geldpolitik der US-amerikanischen Notenbank nach dem Platzen der sog. „Dotcom-Blase" (Rapp 2014, S. 11–20).

Eine weitere Eigenschaft der Bitcoin-Blockchain ist die Anonymität der Teilnehmer. Die Blockchain ist zwar öffentlich zugänglich, sie erlaubt jedoch keine Rückschlüsse auf die Identität der Teilnehmer anhand der öffentlichen Kennung (Siegel 2017, S. 45). Als aus Nutzersicht positiv anzusehen ist die Eigenschaft der Dezentralität, die Monopolpreise verhindern kann (Huberman et al. 2021, S. 3036).

Der Bitcoin aber auch andere Kryptowährungen sind deflationär ausgestaltet. Deflationär bedeutet in diesem Kontext, dass das Angebot auf 21 Mio. Bitcoin limitiert ist, von denen 2021 bereits circa 18 Mio. ausgegeben waren. Durch das limitierte Angebot steigt bei erhöhter Nachfrage durch das knapper werdende Angebot der Preis. Diese simple Logik aus dem Zusammenspiel von Angebot und Nachfrage ist ein wesentlicher Grund für den starken Wertzuwachs von Kryptowährungen. Die Erwartung von immer weiter steigenden Kursen gegenüber den Fiat-Währungen, führt dazu, dass Bitcoins selten ausgegeben werden, sprich die Geldfunktion dieses Tauschmittels nur selten ausgeführt wird. Dadurch führen bereits kleinere Verkäufe oder Käufe von Bitcoin in Fiat-Währungen zu starken Kursschwankungen (Bouoiyour und Selmi 2015, S. 449; Dwyer 2015, S. 81). Diese Volatilität erschwert wiederum den Einsatz in der sog. Realwirtschaft. Unternehmen, die Bitcoins im Rahmen ihrer Umsatzprozesse akzeptieren, tauschen diese häufig zeitnah in ihre offizielle Landeswährung um.

Im Vergleich zu Bitcoin haben einige andere Kryptowährungen keine technisch limitierte Menge. So hat beispielsweise die derzeit zweitgrößte Kryptowährung Ethereum keine Obergrenze. Damit ist die Chance gegeben, dass sie stabiler als Bitcoin sein wird, weil dadurch die Möglichkeit der Akzeptanz als Zahlungsmittel begünstigt wird, allerdings kann dies mit den bekannten Problemen einer Fiat-Geldmengenausweitung einhergehen. Noch deutlicher auf stabile Kurse ausgerichtet sind die auch schon namentlich so geprägten «Stablecoins» (Sidorenko 2020, S. 630). Ihr Wert ist durch einen Währungskorb in Fiat-Währungen abgesichert. Das bekannteste Projekt derzeit ist der Tether, der 1:1 an den US-Dollar gebunden ist. An Tether gab es immer wieder Kritik, sodass das hinter der Ausgabe von Tether stehende Unternehmen inzwischen einräumte, zur Besicherung der ausgegebenen Einheiten von Kryptowährungen nicht nur Währungsbestände in US-Dollar zu verwenden, sondern auch andere Aktiva (zum Beispiel Commercial Papers von Unternehmen). Dadurch lässt sich auch erklären, dass der Tether nicht exakt mit der Wertentwicklung des US-Dollars korreliert.

12.3 Relevanz von Kryptowährungen für Unternehmen

12.3.1 Kryptowährungen als Zahlungsmittel

Derzeit gibt es mehr als 12.000 verschiedene Kryptowährungen mit einer Marktkapitalisierung von mehr als 2 Billionen US-Dollar, wobei die Hälfte des Marktwertes auf den Bitcoin entfällt (coinmarketcap.com, Stand: November 2021). Bis auf erste Pilotprojekte in El Salvador, das den Bitcoin unter Protesten der Bevölkerung als gesetzliches Zahlungsmittel im September 2021 einführte, ist keine Kryptowährung staatlich anerkannt (Handelszeitung vom 06.09.2021), was mit Blick auf das staatliche Geldmonopol kaum verwundert. Insbesondere die Volksrepublik China hat eine außerordentlich kritische Haltung gegenüber Kryptowährungen und verbot im September 2021 alle Transaktionen mit Kryptowährungen (NZZ vom 28.09.2021). Auch Indien kündigte im November ein Gesetz an, mit dem „private" Kryptowährungen verboten werden sollen (Handelsblatt vom 24.11.2021).

2010 soll die erste Zahlung mit Bitcoin stattgefunden haben. Ein Bitcoin-Enthusiast soll für 10.000 Bitcoin zwei Pizzen (zu damaligen Preisen ca. 40 US-Dollar, zu heutigen Wechselkursen ca. 600 Mio. US-Dollar) erworben haben (Yermack 2015, S. 36). Derzeit ist die Verwendung von Kryptowährungen als digitales Zahlungsmittel noch wenig ausgeprägt. Der Hauptzweck scheint in der Spekulation auf kurzfristige Kursschwankungen gesehen zu werden. Aufgrund der technischen Gegebenheiten, die eine Anonymität garantieren, ist es nur nachvollziehbar, dass Kryptowährungen auch Verwendung für Geldwäsche, Terrorismusfinanzierung und andere illegale Transaktionen finden. Zeitweise wurde vermutet, dass ungefähr die Hälfte aller Transaktionen in Kryptowährungen auf illegale Transaktionen zurückgingen (Fanusie und Robinson 2018). Mit der breiteren Popularisierung von Bitcoin, der zunehmenden Nutzung zu Anlage- und Spekulationszwecken und dem Aufkommen neuer, kleinerer Kryptowährungen, verschieben sich die illegalen Transaktionen jedoch weg von den großen hin zu den kleineren Kryptowährungen (Foley et al. 2019).

Nichtsdestoweniger gibt es immer mehr Initiativen, um Kryptowährungen in den normalen Zahlungskreislauf zu integrieren, um ihre Akzeptanz als Zahlungsmittel zu erhöhen. Neben einzelnen Online-Geschäften sind es auch staatliche Stellen, die inzwischen Kryptowährungen als Zahlungsmittel akzeptieren. So hat der Schweizer Kanton Zug beispielsweise ab der Steuerperiode 2021 Bitcoin und Ether als Zahlungsmittel für die Begleichung der Steuerschuld eingeführt (NZZ vom 03.09.2020).

12.3.2 Andere Einsatzgebiete von Kryptowährungen für Unternehmen

Die Entstehung von Einheiten in Kryptowährungen erfolgt durch das sogenannte Mining. Einheiten von Kryptowährungen sind eine Zeichenkette. Kommt es zu Transaktionen in Bitcoin, so wird ein Prüfwert (sogenannter Hash) benötigt, der die Transaktion authentifiziert und unveränderlich in der Blockchain festschreibt. Dieser Prüfwert wird in einem aufwendigen und energieintensiven Rechenverfahren erzeugt. Weltweit konkurrieren viele Akteure darum, den nächsten gültigen Prüfwert zu erzeugen. Sie werden dafür mit Einheiten in neuen Bitcoin entlohnt (Thum 2018, S. 18). Das Mining von Kryptowährungen ist für einige Unternehmen zum Geschäftsmodell geworden. Kritisch anzumerken an diesem unternehmerischen Sachziel ist aus der Perspektive des Ressourceneinsatzes der vergleichsweise hohe Energieverbrauch. Der Energieverbrauch zur Erzeugung von Kryptowährungen wird dabei auf die gleiche Größe wie der gesamte jährliche Energieverbrauch Finnlands geschätzt (Küfeoglu und Özkuran 2019).

Kryptowährungen erfreuen sich zudem großer Nachfrage als Anlage- und/oder Spekulationsobjekte. Gerade die erwähnte hohe Volatilität macht Kryptowährungen für risikoaffine Anleger, die die korrespondierenden Gewinnchancen ausschöpfen wollen, interessant. Neben dem Renditeziel wird auch diskutiert, dass sich Kryptowährungen als Inflationsschutz eignen, insbesondere diejenigen, deren Zahl beschränkt ist, da sie – wie bereits erwähnt – deflationäre Tendenzen aufweisen. Die Nachfrage nach dieser Assetklasse wird auch dadurch beeinflusst, dass zunehmend große Vermögensverwalter und Fondsgesellschaften Kryptowährungen in ihre Portfolios aufnehmen.

12.4   Controlling von Kryptowährungen

Mit dem Vordringen in die sogenannte Realwirtschaft stellt sich die Frage nach dem adäquaten Umgang des Controllings mit Transaktionen in Kryptowährungen. Sind große, wirtschaftlich materielle Bestände beziehungsweise Geldflüsse in Kryptowährungen vorhanden, müssen sich zwangsläufig auch die Stabstellen aus dem Finanzbereich damit befassen. Ziel des Controllings ist es, die betriebswirtschaftliche Rationalität von Entscheidungen sicherzustellen (Weber und Schäffer 1999), die durch kognitive Beschränkungen der Entscheider, die Unvollständigkeit gegenwärtiger Informationen und die Unsicherheit zukünftiger Umweltzustände gefährdet sein kann (Weber und Schäffer 2020, S. 50–55). Nach dem im Controlling etablierten Verständnis, wäre eine unternehmerische Entscheidungsfindung dann betriebswirtschaftlich rational, wenn sie entsprechend einer Zweck-Mittel-Rationalität getroffen wird: Die eingesetzten Mittel zur Erreichung eines vorgegebenen Ziels müssen insofern effektiv und effizient sein (Anthony 1965, S. 17). Dabei bedeutet effektiv, dass sie unter Berücksichtigung unvollkommener Bedingungen prinzipiell dazu geeignet sind, das gesetzte Ziel zu erreichen. Effizient bedeutet, dass ein vernünftiges Verhältnis zwischen den eingesetzten Ressourcen und der Zielerreichung besteht (Behringer 2021, S. 9). Diese Betrachtung wird differenziert, je nachdem welchem Geschäftsmodell der Einsatz von Kryptowährungen folgt, wobei Kryptowährungen grundsätzlich geeignet sind, jede dieser Funktionen zu erfüllen, – also effektiv zu sein. Im Mittelpunkt der Betrachtung steht daher das Streben nach Effizienz:

- Werden Kryptowährungen im Umsatzprozess erlangt, müssen sie so stabil im Wert sein, dass sie den Wertschöpfungsprozess über Beschaffung, Produktion bis zum Vertrieb weiterhin sicherstellen können. Die Volatilität der Kryptowährungen kann diese Rolle gefährden. Im Rahmen der Controlling-Betrachtung wäre Effizienz dann gegeben, wenn durch Wechselkurssteigerungen gegenüber Fiat-Währungen sogar Wertzuwächse geschaffen werden können.
- Werden Kryptowährungen durch Mining originär erwirtschaftet, so ist es notwendig, dass der Produktionsprozess selbst hinreichend effizient gestaltet wird. Dies bedeutet, dass der Ressourceneinsatz, insbesondere die Ressource Strom, in Menge und Preis

so gering und kostengünstig wie möglich eingesetzt wird (Inputminimierung). Dies führt auch dazu, dass die Kritik am exorbitanten Stromverbrauch beim Mining reduziert werden kann.
- Werden Kryptowährungen als Anlageobjekt eingesetzt, so erscheint es notwendig zu überprüfen, ob sie die Anlageziele erfüllen oder nicht. Hier wird im Mittelpunkt stehen, dass sie Renditen erzielen, die dem hohen Risiko dieser Anlageklasse entsprechen und mindestens die Opportunitätskosten erwirtschaften. Zudem muss die Anlage so liquide sein, wie es den Zielen des Unternehmens entspricht, d.h. der Anleger muss seine Anlage dann in Fiat-Währungen umtauschen können, wenn dies von ihm gewünscht ist – ohne dabei höhere Kursverluste hinnehmen zu müssen.

Im Folgenden wird die Berücksichtigung von Kryptowährungen im Controlling für diese drei dargelegten Zwecke skizziert.

12.5 Controlling-Instrumente für verschiedene Geschäftsmodelle

12.5.1 Controlling bei Kryptowährungen als Zahlungsmittel im Umsatzprozess

Unternehmen, die Kryptowährungen durch ihren Umsatzprozess als Tauschmittel einnehmen, sehen sich in der Praxis mit dem Problem der hohen Volatilität konfrontiert. Solange Kryptowährungen noch keine allgemein im Geschäftsverkehr akzeptierten Zahlungsmittel sind, ergibt sich die Notwendigkeit, sie in Fiat-Währungen zu konvertieren, um andere Zahlungsverpflichtungen, die in gesetzlicher Währung fakturiert sind, begleichen zu können (zum Beispiel Lohnkosten oder Kauf von Materialien). Damit entsteht ein Währungsrisiko, das bei Kryptowährungen aufgrund der vergleichsweise hohen Volatilität besonders hoch ist.

Die Schwankungen der Kurse zwischen Krypto- und Fiat-Währungen basieren teilweise auf emotionalen Stimmungen (Ackermann et al. 2020, S. 595). So können beispielsweise Tweets von bestimmten prominenten Multiplikator:innen erhebliche Kursausschläge in beide Richtungen verursachen (Abraham et al. 2018). Möglicherweise ist dies auch ein Motiv dafür, dass gerade in sozialen Netzwerken ein zunehmendes Interesse und eine steigende Zahl an Accounts, die sich mit dem Thema Bitcoin beschäftigen, zu verzeichnen sind. Die adäquate Antwort der betriebswirtschaftlichen Praxis auf diese zufallsbedingten Schwankungen kann in einem schnellen Umtausch in Fiat-Währungen gesehen werden, die dann als Tauschmittel für die finanziellen Verpflichtungen des Unternehmens herangezogen werden können. Zudem sind aus dem Währungsgeschäft bekannte Absicherungsstrategien in Form von Termingeschäften (Bieg et al. 2016, S. 312–317) grundsätzlich auch für Bitcoin möglich. So wird zum Beispiel seit Dezember 2017 ein Bitcoin-Future an der Chicago Board Options Exchange gehandelt (Corbet et al. 2018, S. 23). Für dieses Setting bietet es sich an, die adäquaten Zeitpunkte des Hedgings zu ermitteln, sowie die Hedging-Strategien zu steuern, sprich deren Effektivität und Effizienz zu prüfen. Denn durch entsprechende Absicherungsstrategien mit Termingeschäften kann eine Risikoreduzierung erreicht werden. Der Hedging-Prozess kann wiederum mithilfe verschiedener Kennzahlen, wie der Hedging-Effektivität gemessen werden, die die Reduktion der Varianz des Cashflows durch das Hedging bemisst (Wahl und Broll 2003, S. 670).

12.5.2 Controlling bei der Produktion von Kryptowährungen

Unternehmen, deren Sachziel das Mining von Kryptowährungen ist, stehen vor ganz besonderen Herausforderungen im Controlling. Diese sind durch das Zufallselement begründet, das dem Produktionsprozess innewohnt. Produziert ein Unternehmen beispielsweise Kühlschränke, kann es sicherstellen, dass am Ende des Produktionsprozesses tatsächlich ein Kühlschrank entstanden ist, der in seiner physischen und technischen Beschaffenheit den Anforderungen des Marktes zur Kühlung von Lebensmittel entspricht, was beim Mining nicht unbedingt der Fall sein muss.

Der Bitcoin wird durch einen teilweise zufallsbedingten Produktionsprozess hergestellt (Kirsch und von Wieding 2020, S. 331). In der Blockchain werden alle getätigten Transaktionen unwiderruflich dokumentiert. Die Miner:innen müssen dazu eine vom Algorithmus akzeptierte Ziffernfolge (Hash) finden. Dies geschieht, indem die Miner:innen eine arbiträre Zahlenfolge generieren. Diese muss so gestaltet sein, dass sie in einer Hashfunktion den Hashwert zufällig verändern. Das Protokoll der Bitcoin Blockchain erfordert, dass dieser Hashwert, der den Blockheader verändert, mit einer bestimmten Anzahl von Nullen beginnt (Berentsen und Schär 2017, S. 196). Wer zuerst die korrekte Zahl an führenden Nullen findet, erbringt den sogenannten Arbeitsnachweis (proof of work), sodass ein neuer Block der Blockchain angefügt werden kann, womit die Transaktion dokumentiert ist. Dadurch, dass die Blockchain dezentral auf verschiedenen Rechnern weltweit gespeichert ist, lässt sich eine Transaktion selbst durch Manipulation ex-post nicht mehr abändern. Die Miner:innen geben durch ihre Arbeit folglich die Bestätigung zur Transaktion. Damit sind sie für das Funktionieren des Bitcoin Systems außerordentlich wichtig. Ihre Arbeit geht notwendigerweise jedoch mit einem Ressourceneinsatz (Input) einher und führt zu monetären und ökonomischen Kosten: Der Strom, die Hard- und Software sowie die Arbeitszeit müssen aufgewendet werden und sich an der besten Alternativverwendung der knappen Ressourcen messen lassen. Daher gibt es im Bitcoin-System einen zentralen Anreizmechanismus: Die erfolgreichen Miner:innen (und nur diese) erhalten die freiwillige Transaktionsgebühr, die von den Parteien entrichtet wird, welche die zu validierende Transaktion vorgenommen haben. Diese Transaktionsgebühr wird wiederum in bereits vorhandenen Bitcoins entrichtet. Zudem erfolgt für das Anfügen eines neuen Blocks eine Entlohnung in Form neuer Bitcoins (sogenannter Block Reward).

Die Herausforderung für das Controlling ist insbesondere die hohe Unsicherheit in diesem Mining-Prozess, die teils dem Zufall unterliegt: Nur wer zuerst den richtigen Hashwert findet, erhält neue Bitcoins. Mit der Erweiterung der Blockchain wird die Schwierigkeit der Aufgaben immer weiter erhöht. Der benötigte Energieverbrauch steigert sich dadurch ebenfalls automatisch. Damit sind sowohl Effizenz als auch Effektivität des Miningprozesses nicht zu steuern, da sie im Wesentlichen durch exogene Einflussfaktoren determiniert sind. Maßnahmen zur Effizienzsteigerung lassen sich daher nur in den administrativen Bereichen der Miner:innen einführen. Die Zeit bis zur Lösung der Aufgabe ist vom Algorithmus mit circa 10 Minuten vorgegeben (Behrendt und Janken 2018, S. 343). Da der Schwierigkeitsgrad immer höher wird, lässt sich diese Zeit nicht reduzieren. Dazu der erste zu sein, gehört also vor allem Glück, was sich weitgehend der Rationalitätssicherung durch das Controlling entzieht.

12.5.3 Controlling bei Kryptowährungen als Anlageobjekt

Kryptowährungen sind beliebte Anlageobjekte. In diesem Fall stehen naturgemäß Renditekennzahlen im Mittelpunkt. Aus entscheidungstheoretischer Perspektive muss die Anlage in Kryptowährungen mindestens die periodenspezifische interne Verzinsung der besten Alternative innerhalb des Entscheidungsfelds des Investors (Opportunitätskostenprinzip) erwirtschaften (Matschke und Brösel 2013, S. 8). Wird die Investition durch ein Unternehmen getätigt, muss das wertorientierte Controlling die Anlage anhand der Grenzverzinsung des (typisierten) Eigentümers oder des Unternehmens bewerten (Olbrich 2006; Klingelhöfer 2006; Klingelhöfer 2010; Follert 2018). Da die Chancen einer Investition stets auch mit möglichen Abweichungen vom Erwartungswert einhergehen, muss die Rendite gemäß der Kapitalmarkttheorie risikoadäquat sein (Brealey et al. 2019, S. 213). Das Risiko steigt mit der Volatilität des zugrunde liegenden Aktivums. Insofern sind Kryptowährungen als besonders risikoreich einzustufen. Folglich müssen sie auch eine besonders hohe Rendite erzielen, um als Anlageobjekt effektiv und effizient zu sein. Ein entsprechendes Maß kann die Sharpe Ratio darstellen (Sharpe 1994), die die Rendite zur Volatilität in Beziehung setzt. Damit kann für Portfolios von Anlagen oder einzelne Anlagen ein risikoadjustiertes Maß ermittelt werden. Des Weiteren kann angesichts der hohen Risiken die Kennzahl Value at Risk wertvoll sein, da mit ihr der maximal mögliche Ausfall an Cashflows gemessen wird (Linsmeier und Pearson 2000, S. 47). Eine adäquate Alternative zu jenen Methoden, die die gegenwärtige Unsicherheit der Investition in einer einwertigen Kennzahl verdichten, können unsicherheitsaufdeckende Verfahren, wie die Sensitivitätsanalyse oder die simulative Risikoanalyse sein, welche Szenarien beziehungsweise Bandbreitenschätzungen der Zielgröße (etwa Kapitalwert oder Grenzpreis) ermöglichen (Kußmaul 1996, S. 105–110; Hering 2017, S. 322–353; Follert und Wüstner 2019).

12.6 Fazit

Kryptowährungen haben das Potenzial, immer weiter in die Realwirtschaft vorzudringen. Dadurch werden auch Controller:innen in ihrer rationalitätssichernden Funktion zunehmend mit Kryptowährungen konfrontiert. Daher ist es essenziell, ihre grundlegende Funktionsweise zu verstehen, Besonderheiten im betrieblichen Kontext zu erkennen sowie für Chancen und Herausforderungen zu sensibilisieren, sodass Controller:innen einen adäquaten Umgang in ihrer täglichen Praxis mit Kryptowährungen entwickeln können. Die einzusetzenden Controlling-Instrumente richten sich nach der Art des Geschäftsmodells, das mit den Kryptowährungen in Verbindung steht. Dies wird anhand von drei möglichen Einsatzgebieten aufgezeigt: Je nachdem, ob es sich um eine Organisation handelt, die Kryptowährungen als Rückflüsse aus dem gewöhnlichen Umsatzprozess erhält, diese selbst als Miner:in herstellt oder diese als Anlageobjekt verwendet. Die Volatilität und das Zufallselement sind besonders prägend für Kryptowährungen. Beides erschwert das Controlling. Gerade der Zufall und die damit einhergehende hohe Unsicherheit entziehen sich häufig der aktiven Steuerung mit dem Ziel der Effektivitäts- und Effizienzsteigerung. Vielmehr werden ein adäquater Umgang und eine Planung unter unvollkommenen Bedingungen erforderlich.

Literatur

Abraham J, Higdon D, Nelson J, Ibarra J (2018). Cryptocurrency Price Prediction Using Tweet Volumes and Sentiment Analysis. SMU Data Science Review (1): Article 1.
Ackermann H, Krauß J, Nann S (2020). Einsatz von Emotional Data Intelligence für eine effektivere Handelsüberwachung. In Everling O (Hrsg) Social Credit Rating. Springer Gabler, Wiesbaden, S. 595–611.
Anthony RN (1965). Planning and Control Systems. Harvard University, Boston.
Bagus P (2009). The Quality of Money. The Quarterly Journal of Austrian Economics (12): 22–45.
Bagus P, de la Horra LP (2021). An ethical defense of cryptocurrencies. Business Ethics, the Environment & Responsibility (30): 423–431.
Behrendt P, Janken S (2018). Kryptowährung. Das digitale Fremdwährungskonto. DStZ (102): 342–350.
Behringer S (2021). Controlling. Studienwissen kompakt. Springer Gabler, Wiesbaden.
Berentsen A, Schär F (2017). Bitcoin, Blockchain und Kryptoassets. Books on Demand, Norderstedt.
Berentsen A, Schär F (2018). A Short Introduction to the World of Cryptocurrencies. Federal Reserve Bank of St. Louis Review (100): 1–16.
Bieg H, Kußmaul H, Waschbusch G (2016). Finanzierung, 3. Aufl. Vahlen Verlag, München.
Bouoiyour J, Selmi R (2015). What does Bitcoin Look Like?. Annals of Economics and Finance (16): 449–492.
Brealey R, Myers S, Allen F (2019). Principles of Corporate Finance, 13. Aufl. McGraw Hill, New York.
Brühl V (2017). Bitcoins, Blockchain und Distributed Ledgers. Wirtschaftsdienst (105): 135–142.

Coinbase.com (o.J.). Marktdaten zu Kryptowährungen. https://www.coinbase.com/de/price. Zugegriffen: 27.11.2021.

Coinmarketcap.com (o.J.). Marktdaten zu Kryptowährungen. https://coinmarketcap.com/. Zugegriffen: 27.11.2021.

Cora LC (1975). Stone Money of Yap. A Numismatic Survey. Smithsonian Studies in History and Technology (6): 1–75.

Corbet S, Lucey B, Peat M, Vigne S (2018). Bitcoin Futures. What use are they?. Economics Letters (172): 23–27.

Dwyer GP (2015). The economics of Bitcoin and similar private digital currencies. Journal of Financial Stability (17): 81–91.

Fanusie YJ, Robinson T (2018). Bitcoin laundering. An analysis of illicit flows into digital currency services. Center of Sanctions & Illicit Finance. https://www.fdd.org/analysis/2018/01/10/bitcoin-laundering-an-analysis-of-illicit-flows-into-digital-currency-services/. Zugegriffen: 07.06.2022.

Finsterbusch S (2021). Der geheimnisvolle Bitcoin Erfinder. FAZ vom 09.01.2021. https://www.faz.net/aktuell/wirtschaft/digitec/wer-ist-satoshi-nakamoto-17137025.html?printPagedArticle=true#pageIndex_2. Zugegriffen: 07.06.2022.

Fisher I (1916). Die Kaufkraft des Geldes. Ihre Bestimmung und ihre Beziehung zu Kredit, Zins und Krisen. Georg Reimer, Berlin.

Foley S, Karlsen JR, Putniņš TJ (2019). Sex, Drugs, and Bitcoin. How Much Illegal Activity Is Financed through Cryptocurrencies?. The Review of Financial Studies (32): 1798–1853.

Follert F (2018). Wertorientiertes Controlling auf Basis der Investitionstheorie. Deutsches Steuerrecht (56): 1088–1091.

Follert F, Wüstner M (2019). Unternehmensbewertung und Risikoanalyse. Deutsches Steuerrecht (57): 1106–1108.

Friedman M (1991). The Island of Stone Money. Hoover Institution Press. Working Paper No. E-91-3.

Handelsblatt (2021). Indien will private Kryptowährungen verbieten – Kursrutsch an den Kryptobörsen. https://www.handelsblatt.com/finanzen/maerkte/devisen-rohstoffe/bitcoin-ether-und-co-indien-will-private-kryptowaehrungen-verbieten-kursrutsch-an-den-kryptoboersen/27828828.html?ticket=ST-1757627-kMOAI3UuYXGMGtQtIA07-cas01.example.org. Zugegriffen: 07.06.2022.

Handelszeitung (2021). El Salvador führt als erstes Land Bitcoin als gesetzliche Währung ein. https://www.handelszeitung.ch/panorama/el-salvador-fuhrt-als-erstes-land-bitcoin-als-gesetzliche-wahrung-ein. Zugegriffen: 07.06.2022.

Härer F (2020). Kryptowährungen. In Fill HG, Meier A (Hrsg) Blockchain kompakt. Grundlagen, Anwendungsoptionen und kritische Bewertung. Springer Vieweg, Wiesbaden, S. 31–117.

Hayek von FA (1945). The Use of Knowledge in Society. The American Economic Review (35): 519–530.

Hering T (2017). Investitionstheorie, 5. Aufl. De Gruyter Oldenbourg, Berlin/Boston.

Hoepman JH (2010). Distributed Double Spending Prevention. In Christianson B, Crispo B, Malcolm JA, Roe M, (Hrsg) Security Protocols. Security Protocols 2007. Lecture Notes in Computer Science. Springer, Berlin u.a., S. 152–165.

Huberman G, Leshno JD, Moallemi C (2021). Monopoly without a Monopolist. An Economic Analysis of Bitcoin Payment System. Review of Economic Studies (88): 3011–3040.

Kirsch HJ, von Wieding F (2020). Bitcoin-Mining nach IFRS. KoR (20): 313–319.

Klingelhöfer HE (2006). Wertorientiertes Controlling auf der Grundlage von Werten nach IAS 36?. KoR (6): 590–597.

Klingelhöfer HE (2010). Kapitalmarktorientierte Bewertungsansätze im Controlling und unvollkommene Märkte. In Keuper F, Neumann F (Hrsg) Corporate Governance, Risk Management und Compliance. Gabler, Wiesbaden, S. 46–68.

Küfeoğlu S, Özkuran M (2019). Bitcoin mining. A global review of energy and power demand. Energy Research & Social Science (58): 101273.

Kußmaul, H (1996). Berücksichtigung der Unsicherheit bei Investitionsentscheidungen (Teil II). Der Steuerberater (43): 104–112.

Lautz T (1999). Steinreich in der Südsee. Traditionelle Zahlungsmittel in Mikronesien. Dritter Sonderband der EUCOPRIMO (European Union to Search for, Collect and Preserve Primitive and Curious Money), Köln.

Linsmeier TJ, Pearson ND (2000). Value at risk. Financial Analysts Journal (56): 47–67.

Matschke, MJ, Brösel G (2013). Unternehmensbewertung. Funktionen, Methoden, Grundsätze, 4. Aufl., Springer, Wiesbaden.

Morisse M (2015). Cryptocurrencies and Bitcoin. Charting the research landscape. Americas Conference on Information Systems, Puerto Rico.

Nakamoto S (2008). Bitcoin. A peer-to-peer electronic cash system. https://bitcoin.org/bitcoin.pdf. Zugegriffen: 07.06.2022.

NZZ (2020). In Zug kann man ab 2021 mit der «Währung der Kriminellen» Steuern zahlen. https://www.nzz.ch/finanzen/steuern-zahlen-mit-der-waehrung-der-kriminellen-ld.1574865?reduced=true&gclid=Cj0KCQjwtrSLBhCLARIsACh6RmjF5Q2ZVKM2MSxR_JMa_DiQtjgRBYGbbURsDi5AjHezH7faDazZyQMaAjOBEALw_wcB&trco=19001541-05-18-0001-0005-009741-00000000&s_kwcid=AL%216521%213%215177772756059%21b%21%21g%21%21. Zugegriffen: 07.06.2022.

NZZ (2021). China verbietet Transaktionen mit Bitcoin und anderen Kryptowährungen. https://www.nzz.ch/technologie/china-verbietet-transaktionen-mit-bitcoin-und-anderen-kryptowaehrungen-ld.1647154?reduced=true. Zugegriffen: 07.06.2022.

Olbrich M (2006). Wertorientiertes Controlling auf Basis des IAS 36?. KoR (6): 43–44.

P2P Foundation (2018). Bitcoin. https://wiki.p2pfoundation.net/bitcoin. Zugegriffen: 07.06.2022.

Rapp D (2014). Zur Sanierungs- und Reorganisationsentscheidung von Kreditinstituten. Eine betriebswirtschaftliche Betrachtung ausgewählter Aspekte des Kreditinstitute-Reorganisationsgesetzes. Springer Gabler, Wiesbaden.

Sharpe WF (1994). The Sharpe Ratio. Journal of Portfolio Management (20): 49–58.

Sidorenko EL (2020). Stablecoin as a New Financial Instrument. In Ashmarina S, Vochozka M, Mantulenko V (Hrsg) Digital Age. Chances, Challenges and Future. ISCDTE 2019. Lecture Notes in Networks and Systems. Springer, Cham, S. 630–638.

Siegel D (2017). Blockchain. Begriff, Potenzial und Bewertung. WiSt (45): 45–47.

Thiele CL, Diehl M (2017). Kryptowährung Bitcoin. Währungswettbewerb oder Spekulationsobjekt. Welche Konsequenzen sind für das aktuelle Geldsystem zu erwarten? ifo Schnelldienst (70): 3–6.

Thum M (2018). Die ökonomischen Kosten des Bitcoin-Mining. ifo Schnelldienst (71): 18–20.

von Mises L (1998). Human Action. A Treatise on Economics. The Scholar's Edition. Ludwig von Mises Institute, Aburn, Alabama.

Wahl J, Broll U (2003). Hedging-Effektivität und Risikogestaltung. Controlling (15): 669–673.

Waschbusch G, Schuster H, Berg SC (2018). Banken und Vertrauen. Eine Grundlagenuntersuchung zur Bedeutung des Vertrauens in der Ökonomie am Beispiel des Kreditgewerbes. Nomos Verlag, Baden-Baden.

Weber J, Schäffer U (1999). Sicherstellung von Rationalität der Führung als Aufgabe des Controlling?. DBW (59): 731–747.

Weber J, Schäffer U (2020). Einführung in das Controlling, 16. Aufl. Schäffer-Poeschel, Stuttgart.

Yermack D (2015). Is Bitcoin a real currency? An economic appraisal. In Lee DKC (Hrsg) Handbook of digital currency. Bitcoin, Innovation, Financial Instruments and Big Data. Academic Press, S. 31–43.

Data Governance und Controlling

Thomas Röhm

Zusammenfassung

Schon aufgrund rechtlicher und sicherheitstechnischer Vorgaben ist Data Governance in den meisten Unternehmen bereits etabliert. Durch die zunehmende Bedeutung von Daten für den Unternehmenserfolg hat das Thema jedoch einen deutlich höheren Stellenwert bekommen und wird zunehmend auch unter strategischen Aspekten betrachtet. Unternehmen stehen vor der Herausforderung, ein umfassendes Konzept für den Umgang mit Daten zu entwickeln um sicherzustellen, dass die Chancen durch besseren und effizienteren Zugriff auf Daten genutzt und die Risiken z. B. durch Cyberattacken begrenzt werden können. Im Rahmen des folgenden Beitrags wird zunächst erläutert, welche Ziele und Aufgaben Data Governance im Unternehmen hat und welche Instrumente, Rollen und Technologien zur Verfügung stehen, um diese zu erreichen. Die Vorgehensweise und wesentlichen Schritte bei der Formulierung und Implementierung eines Data-Governance Programms werden aufgezeigt. Schließlich werden noch die Bedeutung und Implikationen von Data Governance für das Controlling erläutert.

T. Röhm (✉)
Munich Business School, München, Deutschland
E-Mail: thomas.roehm@munich-business-school.de

13.1 Einleitung

Bei Data Governance denken vermutlich viele zunächst daran, dass Daten nicht in die falschen Hände geraten sollten. Tatsächlich hat die Bedrohung durch Cyberattacken in den letzten Jahren deutlich zugenommen und viele Unternehmen wollen ihre Resilienz gegenüber Sicherheitsrisiken stärken (BDI 2021). In einer Situation, in der Unternehmen nicht auf ihre Daten zugreifen können oder die massive Verbreitung ihrer Daten befürchten müssen, wird ihnen bewusst, welche Bedeutung diese inzwischen erlangt haben. Man mag darüber streiten, ob Daten wirklich als das „neue Öl" (Waniczek 2020) bezeichnet werden sollten, aber es wird deutlich – wie die Beiträge dieses Buches zeigen –, dass sie für Unternehmen schon heute eine wichtige Rolle im Wettbewerb spielen und ihre Bedeutung in Zukunft weiter zunehmen wird. Auch wenn Unternehmen dies erkannt haben, legen Erkenntnisse einer aktuellen Studie nahe, dass viele das Wertpotenzial ihrer Daten aufgrund von Defiziten beim Datenmanagement noch nicht ausschöpfen und daher einen entsprechenden Handlungsbedarf in diesem Bereich sehen (IDC 2020, S. 3).

Eine wichtige Grundlage der digitalen Transformation ist die Verfügbarkeit von Daten, welche entweder extern beschafft oder intern erfasst, verarbeitet, analysiert und schließlich den Entscheider:innen und Stakeholder:innen im Unternehmen – oft in Echtzeit – zur Verfügung gestellt werden müssen. Mit zunehmender Menge und Verarbeitungsgeschwindigkeit steigt aber auch die Komplexität des Datenmanagements deutlich an. Data Governance muss sicherstellen, dass die Verfügbarkeit von umfangreichen Datenmengen für einen größeren Kreis von Nutzer:innen nicht zu Missbrauch oder unerwünschter Verbreitung sensibler Daten führt. Unternehmen sind deshalb gerade im Zuge der digitalen Transformation gefordert, ihre Regeln, Strukturen und Prozesse rund um das Thema erheblich zu überarbeiten und Data Governance als umfassendes System auf- und auszubauen.

Auch wenn die Zuordnung der Verantwortlichkeiten in den Unternehmen unterschiedlich ausfallen wird und das Controlling oft nicht die alleinige Verantwortung trägt, kommt ihm dabei dennoch eine Schlüsselrolle zu, da hier methodische Standards festgelegt werden müssen, die dafür sorgen, dass Daten als Planungs- und Entscheidungsgrundlage sowie zur Leistungsmessung zur Verfügung stehen.

Der folgende Beitrag zeigt auf, welche Bedeutung das Thema inzwischen erlangt hat, welche Bestandteile es umfasst, wie es umgesetzt werden kann und welche Implikationen sich daraus für das Controlling ergeben.

13.2 Was versteht man unter Data Governance?

▶ „A strategic business program that determines and prioritizes the financial benefit data brings to organizations as well as mitigates the business risk of poor data practices and quality" Forrester (2015).

Der Begriff „Data Governance" wird in der Literatur unterschiedlich definiert und hat sich im Laufe der Zeit gewandelt. Im Rahmen einer engen Definition bildet Data Governance einen Ordnungsrahmen, der Rechte und Zuständigkeiten für den Umgang mit Daten im Unternehmen festlegt (Otto 2011). Neuere Definitionen sind in der Regel weiter gefasst: Data Governance umfasst demnach „alle Führungsaufgaben in Bezug auf Organisationseinheiten, Richtlinien und Prinzipien, die den risikofreien Zugang zu korrekten Daten gewährleisten und sich in Standards und Verantwortlichkeiten widerspiegeln" (Brüning et al. 2017, S. 4). Forrester (2015) geht noch einen entscheidenden Schritt weiter und hebt den strategischen Aspekt von Data Governance hervor, d. h. die Ausrichtung und Priorisierung der Aufgaben und Aktivitäten im Hinblick auf den Unternehmenserfolg. Zudem bleibt es nicht bei einer einmaligen Festlegung, sondern Data Governance wird im Rahmen von Programmen und Projekten kontinuierlich weiterentwickelt. Sie kann sogar eine eigene Geschäftseinheit bilden, die spezifische Performance Ziele hat. Daten-Management und IT werden dann eher zu unterstützenden Funktionen und Instrumenten der Data Governance, also zu dazugehörigen operativen Komponenten.

Auch wenn man darüber streiten mag, wie relevant diese Sichtweise für die meisten Unternehmen tatsächlich ist, so zeigt sie eine klare Richtung auf: Während Data Governance noch bis zum Jahr 2010 eher als Teilbereich des allgemeinen Corporate Governance Rahmenwerks insbesondere der IT-Governance angesehen wurde, hat sie sich seither angesichts der steigenden Bedeutung von Daten zu einem eigenständigen Teilgebiet im Unternehmen entwickelt.

Dieses weitere Verständnis spiegelt sich auch in den Aufgabenbereichen wider. Während traditionellere Ansätze bereits die strategischen Funktionen miteinschließen, liegt der inhaltliche Fokus heute mehr auf der Wertschaffung für das Unternehmen durch eine hohe Datenqualität (Weber et al. 2009, S. 589–598). In einer weiteren Definition definiert Data Governance dagegen Strategien und Leitlinien für ein Datenmanagement, das technische, regulatorische und analytische Aspekte umfasst (Architektur, Modellierung, Sicherheit, Business Intelligence, Integration/Interoperabilität etc.) (zu ausgewählten Konzepten Brüning et al. 2017, S. 5–11).

13.3 Wie kann eine effektive Data Governance erreicht werden?

In der Regel verfügen Unternehmen bereits über Systeme in den Bereichen „Data Governance" und „Datenmanagement" (zum Beispiel Stammdatenverwaltung, ERP, Anti-Virensystem). Auf dieser Grundlage gilt es nun, zunächst die Ziele und Aufgaben zu definieren und dann Regeln festzulegen und Pläne für die Umsetzung zu definieren.

13.3.1 Ziele und Aufgaben

Die übergeordneten Ziele von Data Governance leiten sich aus den übergeordneten Unternehmenszielen ab. Im Vordergrund stehen dabei häufig die Verbesserung der Entscheidungsfindung (zum Beispiel durch bessere Nutzung von Kunden- und Marktdaten) oder die Optimierung von Prozessen mithilfe von Datenanalysen. Auch die Verbesserung der Datenprozesse stellt ein wichtiges Ziel dar (zum Beispiel wie schnell und einfach bestimmte Daten für Nutzer:innen verfügbar sind). Daher sollte zunächst eine Data Governance Strategie entwickelt werden. Dabei stehen im Wesentlichen der Beitrag der Daten zur Wertschöpfung im Unternehmen sowie die Minimierung von Risiken im Vordergrund. Für die Wertschöpfung ist entscheidend, welchen Beitrag die Daten zum Unternehmenserfolg leisten. Auf relevante Daten in hoher Qualität zugreifen zu können, wird mehr und mehr zum entscheidenden Faktor im Wettbewerb.

Auf der Grundlage der Data Governance Strategie kann schließlich ein umfassendes Programm gestaltet werden. Angesichts des beträchtlichen Aufwands sollte für dieses der Nutzen und die Kosten ermittelt werden. Die Bewertung des Nutzens von Data Governance ist komplex, da nur schwer zu berechnen ist, welchen finanziellen Wert bessere Entscheidungen aufgrund einer höheren Datenqualität für das Unternehmen tatsächlich haben. Mithilfe von Use Cases, lassen sich allerdings häufig zumindest grobe Größenordnungen festlegen. Um einen Business Case zu berechnen, werden diesem Betrag die Kosten gegenübergestellt. Dabei handelt es sich zum einen um direkte Kosten (zum Beispiel für die Beschaffung von Daten oder von spezifischer Software) und zum anderen um indirekte Kosten (beispielsweise durch den zusätzlichen Bedarf an IT-Kapazitäten). Eine wichtige Komponente hierbei sind auch Kosteneinsparungen, zum Beispiel durch die Reduzierung von manuellen Schritten, eine einfachere Administration sowie eine geringere Fehlerquote im Umgang mit Daten. Diese Einsparmöglichkeiten werden oftmals noch zu wenig berücksichtigt, weil diese Kosten nicht transparent sind, zumal sie häufig an vielen verschiedenen Stellen im Unternehmen anfallen können und der Gesamteffekt daher nur schwer zu erfassen ist. Geuer (2021) zufolge können die Prozesskosten aufgrund einer mangelnden Datenqualität um das Fünf- bis Zehnfache steigen. Es könnte deshalb sinnvoll sein, mithilfe einer Prozesskostenanalyse für mehr Transparenz zu sorgen.

Die Minimierung der Risiken rund um das Thema „Daten" stellt den zweiten großen Bereich von Data Governance dar. Auch dieser Aspekt hat stark an Bedeutung gewonnen. Die Kosten für die Folgen von Cyberattacken für das Unternehmen können immens sein. Viele Unternehmen erfahren gerade leidvoll, dass ihre Sicherheitskonzepte nicht ausreichend sind. Im Rahmen von Data Governance werden diese regelmäßig überprüft und weiterentwickelt. Die für das Unternehmen erfolgskritischen Daten müssen besonders gut geschützt sein und durch ein Backup-System auch in Notfällen zur Verfügung stehen. Kundendaten sind für Unternehmen in der Regel sehr wichtig und bilden häufig einen Schwerpunkt von Aktivitäten zur Verbesserung der Data Governance (Harvard Business Review Analytical Services 2020, S. 6). Ein wichtiges Ziel ist daher die Erfüllung der rechtlichen Anforderungen (zum Beispiel im Rahmen der DSGVO) durch ein Daten- und IT-Compliance-System.

Auf der Grundlage der für das Unternehmen relevanten Ziele und Strategien kann ein Rahmenkonzept für konkrete Projekte abgeleitet werden, das die in Tab. 13.1 genannten Aufgabenbereiche abdeckt.

Um diese Aufgaben bewältigen zu können, sind verschiedenste Unternehmensbereiche und fachliche Kompetenzen gefragt: Geschäftsbereiche/Unternehmensfunktionen, IT, Compliance, Rechtsabteilung und Wissensmanagement müssen hier gemeinsam daran arbeiten, die Rahmenbedingungen und Regeln zu formulieren. Es müssen zudem Systeme aufgesetzt und durch Prozesse und Verantwortlichkeiten in den täglichen Betrieb integriert werden.

Die Leistung von Data Governance wird dabei selbst zur Unternehmensfunktion, die gemessen und fortlaufend weiterentwickelt wird. Hierfür bieten sich die folgenden Messgrößen an (Fleck 2022):

- Messung von Datenqualität (zum Beispiel in Data Score Cards),
- Anzahl von Datenvorfällen und
- prozentualer Anteil an Projekten, die den Richtlinien des Data-Governance-Plans entsprechen.

13.3.2 Wichtige Rollen und Funktionen

Im Folgenden werden Rollen beschrieben, die sich in der Praxis bewährt haben, um Data Governance in einem größeren Unternehmen umfassend umsetzen zu können (Semmelmann 2022):

- **Data Steward:** Die wohl prominenteste Rolle ist der Data Steward (Wächter:in oder Ordner:in der Daten). Data Stewards haben die Aufgabe, den Status der verschiedenen Data Governance Initiativen zu überwachen und gegebenenfalls aktiv ein-

Tab. 13.1 Aufgabenbereiche der Data Governance (Eigene Darstellung in Anlehnung an Aldrige 2020 und CIO 2021)

Daten-Architektur	Grundprinzipien und Standardisierung der Erfassung, Speicherung, Verarbeitung, Verteilung und Nutzung
Datenmodellierung und -design	Analyse, Design, Erstellung, Test und Wartung
Datenspeicherung und -betrieb	Bereitstellung und Verwaltung von strukturierter physischer Datenspeicherung
Datensicherheit	Gewährleistung von Datenschutz, Vertraulichkeit und angemessenem Zugriff
Datenintegration und -interoperabilität	Erfassung, Extraktion, Transformation, Verschiebung, Bereitstellung, Replikation, Föderation, Virtualisierung und Betriebsunterstützung
Dokumente und Inhalte	Speicherung, Schutz, Indizierung und Ermöglichung des Zugriffs auf Daten, die in unstrukturierten Quellen gefunden wurden, und Bereitstellung dieser Daten für die Integration und Interoperabilität mit strukturierten Daten
Referenz- und Stammdaten	Verwaltung gemeinsamer Daten zur Reduzierung von Redundanzen und Gewährleistung einer besseren Datenqualität durch standardisierte Definition und Verwendung von Datenwerten
Data Warehousing und Business Intelligence (BI)	Verwaltung der analytischen Datenverarbeitung und Ermöglichung des Zugriffs auf Entscheidungsunterstützungsdaten für Berichte und Analysen
Metadaten	Sammlung, Kategorisierung, Pflege, Integration, Kontrolle, Verwaltung und Bereitstellung von Metadaten
Datenqualität	Definition, Überwachung, Aufrechterhaltung der Datenintegrität und Verbesserung der Datenqualität

zugreifen oder zumindest die zuständigen Personen über etwaige Auffälligkeiten zu informieren.
- **Data Governance Council:** Das Data Governance Council ist eine übergeordnete Einheit, die aus Expert:innen verschiedener Fach- und Geschäftsbereiche besteht. Das Ziel ist die Definition und Steuerung aller Data Governance Programme. Damit diese Einheit effektiv arbeiten kann, sollten sowohl Fachexpert:innen (zum Beispiel Data Engineer:innen, Data Security Manager:innen) als auch Systemverantwortliche (zum

Beispiel PIM Solution Manager:innen, Webanalytics Manager:innen) und Geschäftseinheiten (beispielsweise Sales, Manufacturing) vertreten sein.
- **Chief Data Officer:innen (CDO):** Chief Data Officer:innen tragen auf der Leitungsebene die Verantwortung für viele Arbeitsbereiche, insbesondere für Data Management, Datenqualität und Compliance. Darüber hinaus können sie auch für Data Analytics und Business Intelligence zuständig sein. Sie stellen sicher, dass Data Governance Strategien im Hinblick auf die Geschäftsziele entwickelt und umgesetzt werden. Wichtig ist, dass ihre Funktion klar von ähnlichen Rollen wie zum Beispiel den Chief Digital Officer:innen und den Chief Information Officer:innen abgegrenzt ist (CIO 2022).
- **Chief Information Security Officer:innen (CISO):** Chief Security Officer:innen sind verantwortlich für die Sicherheit von Daten und Informationen und die Umsetzung gesetzlicher Richtlinien (DSGVO etc.). Insbesondere stellen sie sicher, dass Sicherheitsstrategien (zum Beispiel im Rahmen von Sicherheitsrichtlinien) umgesetzt werden und leiten die entsprechende Organisationseinheit. In kleineren und mittleren Unternehmen ist diese Funktion eher auf der zweiten Führungsebene angesiedelt. In jedem Fall ist eine enge Zusammenarbeit mit Data Governance erforderlich.
- **Data Owner:innen:** Data Owner:innen sind konkret für bestimmte Teile der Daten zuständig (zum Beispiel Kund:innen- oder Personaldaten). Sie haben das erforderliche Fachwissen, um für ihren Bereich dafür zu sorgen, dass Daten in hoher Qualität verfügbar sind und die relevanten Sachverhalte abbilden. Sie setzen die vom Data Governance Council beschlossenen Richtlinien um und führen Initiativen unter Leitung des Data Stewards durch.

In kleinen und mittleren Unternehmen wird eine solch ausdifferenzierte Rollenverteilung jedoch in der Regel weder sinnvoll noch möglich sein. Allerdings bieten diese Rollen eine Orientierung dafür, welche Zuständigkeiten und Verantwortlichkeiten grundsätzlich im Kontext der Data Governance abgedeckt werden sollten.

13.3.3 Software zur Unterstützung

Für die Erreichung der Ziele und der Unterstützung bei der Umsetzung von Data Governance wurden spezielle Software-Tools entwickelt (zum Beispiel Collibra Governance, SAS Data Management, SAP Data Hub, IBM Data Governance) (PeerSpot 2022). Eine wichtige Fähigkeit dieser digitalen Lösungen ist die Orchestrierung der Datenlandschaft. Dies bedeutet vor allem Daten aus internen und externen Quellen zusammenzuführen und diese zu integrieren. Wenn das Ziel von Big Data darin besteht, das Kundenverhalten besser zu verstehen, werden große Datenmengen ausgewertet, die aus den unterschiedlichsten Quellen stammen und oft in unstrukturierter Form und unterschiedlicher Qualität vorliegen. Die so gewonnenen Erkenntnisse (zum Beispiel über das

Kaufverhalten bestimmter Gruppen) müssen dann wieder mit den internen, strukturierten Daten (zum Beispiel der eigenen Kundendatenbank) verknüpft werden. Die Software-Tools ermöglichen es den Nutzer:innen so, zum einen Erkenntnisse aus den Daten zu ziehen, indem zum Beispiel Metadaten eine Glossarfunktion oder ein Datenverzeichnis integriert werden. Darüber hinaus unterstützen diese Programme die Nutzer:innen auch bei der Steuerung von Prozessen, der Zuteilung von Zugriffsrechten sowie dem Datenschutz und bieten zahlreiche Hilfsfunktionen an. Um die Möglichkeiten einer softwaregestützten Data Governance zu illustrieren, wird nachfolgend beispielhaft das SAP DATA Hub vorgestellt.

Das SAP Data Hub ermöglicht es Unternehmen, externe und interne Daten zusammenzuführen, ohne dass dafür ein zentraler Speicherort (zum Beispiel ein Data Warehouse) erforderlich ist. Daten unterschiedlicher Herkunft (beispielsweise Apache Hadoop) können so direkt eingelesen und miteinander kombiniert werden. Die Daten werden dann im Data Hub zusammengeführt und bereinigt. Mithilfe einer System- und Metadatenerkennung können so wichtige neue Themen schnell erkannt werden. Damit werden Sicherheitsstandards geschaffen sowie Gruppen von Nutzer:innen und Berechtigungen für Rollen im Unternehmen festgelegt. Ebenso ermöglicht die Software die Standardisierung von Prozessen und unterstützt so die Umsetzung einer Data Governance.

Man sollte sich jedoch darüber bewusst sein, dass diese Tools lediglich unterstützen und ihren Nutzen nur im Rahmen eines umfassenden Data Governance Programms entfalten können.

13.3.4 Vorgehensweise bei der Implementierung

Am Anfang ist es vor allem wichtig, Data Governance sorgfältig zu planen. Eine systematische Vorgehensweise beinhaltet die folgenden Schritte (in Anlehnung an BARC 2018):

1. Festlegung der Data Governance Strategie,
2. Analyse der Ausgangssituation,
3. Erstellung einer Roadmap (inkl. Budget),
4. Überzeugung der wichtigen Stakeholder und Genehmigung des Budgets,
5. Implementierung und
6. Monitoring und Steuerung.

Nachdem der erste Schritt aufgrund seiner Bedeutung bereits ausführlich in Abschn. 13.3.1 beschrieben wurde, muss die Strategie nun weiter konkretisiert werden. Dazu ist es zunächst wichtig, die Ausgangssituation genau zu analysieren. Hierzu stehen Instrumente zur Verfügung, mit deren Hilfe der Reifegrad des Unternehmens in Bezug auf den Umgang mit Informationen und Daten systematisch evaluiert werden kann (Brüning et al. 2017, S. 8). Die bereits oben erwähnten Kennzahlen bezüglich der Leistungsfähigkeit (zum Beispiel Data Scorecard) stellen hierbei wichtige Hilfsmittel dar, um die Ausgangslage zu bestimmen und die Ziele weiter zu konkretisieren.

Im dritten Schritt wird eine Roadmap erstellt, d. h. die Inhalte, Abläufe und Ziele weiter konkretisiert. Im Folgenden sind typische Aufgaben und Initiativen aufgelistet, die Bestandteile eines Data Governance Programms sein können (BARC 2018):

- Einrichtung von Initiativen zur Überwachung der Datenqualität,
- interne Schulungen zum Aufbau von Wissen,
- Etablierung von neuen Rollen und Prozessen,
- Festlegung der Vorstandsverantwortung für Daten,
- Modernisierung/Erweiterung der Datenarchitektur,
- Erstellen dedizierter Ressourcen,
- Delegation der Datenverantwortung an Geschäftsbereiche,
- Entwicklung eines Datenkatalogs,
- Förderung der Zusammenarbeit,
- Bildung von internen Communities zum Austausch von Wissen zur Nutzung von Daten,
- Entwicklung zentraler, verbindlicher Richtlinien für den Umgang mit Daten,
- Einführung agiler Projektmanagementmethoden,
- Auswahl, Beschaffung und Einführung neuer Technologien (zum Beispiel Softwareprogramme),
- Durchführung von Pilotprojekten sowie
- internes Marketing, um potenzielle Stakeholder zu überzeugen.

Die Schritte drei bis sechs entsprechen dem klassischem Projektmanagement. Wichtig ist dabei, dass die Einführung von Data Governance Programmen im Unternehmen systematisch angegangen werden sollte, da es sich dabei um einen komplexen Prozess handelt. Mit einer Großoffensive wären die meisten Organisationen und auch Projektbeteiligten in aller Regel überfordert. Um eventuelle Zweifel und Widerstände im Unternehmen zu vermeiden, sollten Unternehmen eher mit einem Pilot-Projekt starten und dann aufgrund der Erfahrungen den Ansatz systematisch ausrollen.

13.4 Bedeutung von Data Governance für das Controlling

Primär bietet die Digitalisierung für das Controlling große Chancen, um wichtige und neue Einsichten zu gewinnen. Auch die Kernfunktionen des strategischen und operativen Controllings können dadurch besser erfüllt werden. So fallen eher manuelle, routinemäßige Aufgaben weg, wenn beispielsweise Reports zu bestimmten Zeiten automatisch generiert werden können (Peskes et al. 2022, S. 14). Daraus ergeben sich allerdings auch neue Herausforderungen (Langmann 2019, S. 42). Um die Chancen großer Datenmengen und neuer Arten von Daten für die Hauptaufgaben nutzen zu können, müssen neue Kompetenzen in den Bereichen „Methodik" und „Data Governance" aufgebaut werden. Zudem verliert das Controlling tendenziell seine Rolle der Datenhoheit (vor allem hinsichtlich der Qualität und Methodik) und muss sich daher neu positionieren, beziehungsweise seine Rolle und seine Verantwortlichkeiten neu festlegen.

13.4.1 Hauptaufgaben von Controlling im Kontext von Data Governance

Im Rahmen des **strategischen Controllings** steht die Positionierung und Leistungsfähigkeit des Unternehmens im Verhältnis zu seiner Umwelt aus mittel- bis langfristiger Perspektive im Vordergrund. Die Analyse von Stärken und Schwächen, Chancen und Risiken bildet hierbei einen wichtigen Schwerpunkt. Klassische Methoden umfassen die SWOT-Analyse, den Produktlebenszyklus, die Szenariotechnik, die strategische Planung sowie die Balanced Scorecard (Lange 2018, S. 126). Die Digitalisierung eröffnet viele Möglichkeiten, da beispielsweise durch Big Data eine wesentlich größere Menge an unterschiedlichsten Daten (Benchmark, Marktwachstum, Gesetzgebung etc.) ausgewertet werden kann. Mit Hilfe von Künstlicher Intelligenz können so bestehende Modelle verbessert oder neue Modelle entwickelt werden, um zum Beispiel zu belastbaren Prognosen zu kommen oder realistische Zukunftsszenarien zu entwickeln.

Data Governance spielt hierbei eine besondere Rolle, externe Daten zugänglich zu machen. Es muss entsprechend geklärt werden, welche Daten zu welchen Kosten beschafft werden können (zum Beispiel Big Data für Business Intelligence oder Business Analytics). Zudem müssen Daten aus unterschiedlichen Quellen zusammengeführt werden, damit sie sinnvoll ausgewertet werden können. Dies betrifft insbesondere die oben genannten Aufgaben „Warehousing", „Metadaten" und „Datenintegrität".

Im Gegensatz dazu soll das **operative Controlling** eher den kurz- und mittelfristigen Erfolg des Unternehmens sicherstellen. Den Entscheider:innen im Unternehmen müssen relativ zeitnah die relevanten Informationen und Berichte zur Verfügung gestellt werden. Die Daten hierfür stammen primär aus internen Quellen des Unternehmens und bilden die vielfältigen Vorgänge der Leistungserstellung ab. Klassische Instrumente hierfür sind zum Beispiel das DuPont-Kennzahlensystem, der CFROI, der ROCE, die kurzfristige Erfolgsrechnung, die Break-Even-Analyse, die Liquiditätsplanung, die Prozesskostenrechnung sowie Investitions- und Wirtschaftlichkeitsrechnungen.

Die Chancen der Digitalisierung liegen hierbei vor allem darin, große Datenmengen in Echtzeit verarbeiten zu können und sie dann den Entscheidungsträger:innen aller Unternehmensebenen bedarfsgerecht zur Verfügung zu stellen. Methodisch spielen Kennzahlensysteme eine wichtige Rolle, da sie es ermöglichen, die generellen Unternehmensziele auf die Ebene der Leistungserstellung herunterzubrechen, Zielabweichungen frühzeitig zu erkennen und gegebenenfalls Gegenmaßnahmen einleiten zu können.

Data Governance muss dabei vor allem sicherstellen, dass die großen Datenmengen gespeichert und verarbeitet werden können (Aufgabe: Datenspeicherung und -betrieb). Ein weiterer wichtiger Bereich ist zudem die Sicherheit der Daten, insbesondere die Bestimmung der Zugriffsrechte und der Schutz vor Cyberattacken.

13.4.2 Rolle des Controllings im Bereich „Data Governance"

Aus Sicht des Controllings ist es naheliegend und bisher auch in den meisten Unternehmen vorherrschende Praxis, den Fokus vor allem auf eine hohe Qualität, die Verfügbarkeit und die Sicherheit von Daten zu legen, die die Leistung des gesamten Unternehmens widerspiegeln. Während dies traditionell vor allem Finanz- und Risikokennzahlen waren, gehören in einer modernen Sicht die Kundenperspektive, die operative Effizienz sowie die Wachstums- und Entwicklungsperspektive dazu. Data Governance hat für das Controlling an Bedeutung gewonnen. So hat zum Beispiel das Controller Institut dieser Entwicklung Rechnung getragen und das Thema „Datenmanagement" im Jahre 2017 als neuen Hauptprozess in das klassische Controlling-Prozessmodell aus dem Jahr 2011 aufgenommen (Waniczek 2020).

Auch wenn das Controlling seine Zuständigkeit aus pragmatischen Gründen oft auf bestimmte Arten von Daten (zum Beispiel für Accounting- oder Reportingzwecke) konzentriert hat, war es in der Regel nicht einfach nur ein/e passive Empfänger:in von Datensätzen, sondern hat durch generelle Vorgaben bezüglich der Datenqualität und Methodik die Leitlinien für den Umgang mit Daten im gesamten Unternehmen (insbesondere in kleinen und mittleren Unternehmen) festgelegt.

Mit der zunehmenden Bedeutung von Daten und Data Governance stellt sich deshalb für das Controlling die Frage, wie das Verhältnis zwischen Data Governance und Controlling zukünftig gestaltet werden soll, zumal beide Bereiche Querschnittsfunktionen über alle Geschäftsbereiche und -funktionen hinweg bilden. Mit der zunehmenden Nutzung von Big Data für Bereiche wie Logistik (zum Beispiel Retourenverringerung in Versandhäusern) oder die Gestaltung von Serviceangeboten (beispielsweise Bereitstellung von Fahrzeugen aufgrund der Analyse des Nutzerverhaltens von Mietwagenanbietern) steigt dort auch die Kompetenz im Umgang mit den Daten. In wichtigen Geschäftsbereichen oder Unternehmensfunktionen werden heute schon in vielen Unternehmen systematisch Kompetenzen in den Bereichen „Business Analytics" und „Data Science" aufgebaut. Dadurch kommt automatisch die Frage auf, wie weit die Verantwortung für Data Governance von einer zentralen Einheit getragen wird beziehungsweise stärker in die Bereiche verlagert wird. Ziel muss es in jedem Fall sein, eine effiziente Arbeitsteilung zu erreichen und klare Verantwortlichkeiten zu schaffen.

Da es für organisatorische Fragen eher selten eine klare Best-Practice Lösung gibt, werden im Folgenden eher pragmatische Kalküle diskutiert. Zunächst spielt die Bedeutung von Daten generell und die Frage, wie spezifisch und komplex die Datenbedürfnisse in einzelnen Funktionsbereichen des Unternehmens sind, eine wichtige Rolle für die organisatorische Gestaltung. Vor allem im Bereich von datengetriebenen Geschäftsmodellen macht es Sinn, Data Governance als eigenständige Unternehmensfunktion aufzusetzen. Controlling fokussiert sich dann stärker auf die unmittelbaren Bedürfnisse seiner Stakeholder:innen (zum Beispiel Reporting, Finanzplanung) und wird so eher zum internen Kunden, der weiterhin Anforderungen festlegt, aber auch die Regeln und Konventionen beachten sowie auf Daten-Expertise aus anderen Einheiten zurückgreifen muss. Vor allem im Bereich von kleinen und mittleren Unternehmen wird aus pragmatischen Gründen ein Großteil der Verantwortlichkeiten und eine führende Rolle beim Controlling verbleiben, da dies am effizientesten ist. Steigen dann die Bedürfnisse in einzelnen Unternehmensbereichen deutlich an, könnten diese eine größere Autonomie bekommen, wobei das Controlling für die allgemeinen Standards, Richtlinien und die Data Governance im engeren Sinne verantwortlich bleibt. Braun (2021) plädiert dafür, dass vor allem der Finanzbereich, zum Kern für die datengetriebene Erneuerung eines Unternehmens wird. Seit jeher nutzt das Controlling interne und externe Daten. Durch KI und Cloudlösungen kann die Prognosequalität im Rahmen der Finanzplanung in Zukunft jedoch erheblich verbessert werden. Grundsätzlich erscheint es plausibel, dass ein (Teil-)Bereich mit starkem Interesse an Daten eine treibende Rolle im Unternehmen einnimmt.

Zwischen diesen beiden Extremen liegen letztlich Lösungen, bei denen Data Governance als Querschnittsaufgabe angelegt wird, die über bereichsübergreifende Komitees oder Projektgruppen gesteuert wird. Bei einer solchen Lösung können die Anforderungen und Bedürfnisse der einzelnen Bereiche optimal berücksichtigt werden, allerdings dürfte der zeitliche Aufwand für die Koordination und die Verhandlungen zur Etablierung gemeinsamer Standards deutlich ansteigen.

13.5 Fazit

Data Governance existiert in Unternehmen zwar schon lange, hat aber zumeist eine untergeordnete eher operative Rolle gespielt. Unternehmen, die die Chancen und die Potenziale der Digitalisierung umfassender nutzen wollen, sollten das Thema stärker aus strategischer Sicht betrachten. Damit kommen neue Anforderungen auf das Unternehmen zu, die allerdings durch organisatorische und technische Veränderungen bewältigt werden können. Hierfür steht ein Instrumentarium zur Verfügung, das aus der Praxis technologie- und datenintensiver Industrien (zum Beispiel US-amerikanische Finanzbranche, Medien) entwickelt wurde. Die Herausforderung besteht allerdings für viele Unternehmen darin, hieraus einen passenden Ansatz zu entwickeln, der das Unternehmen bei der Erreichung seiner Ziele unterstützt, aber auch organisatorisch und finanziell machbar ist.

Das Controlling ist prädestiniert dafür, insbesondere die Leitung bei den strategischen Elementen dieses Veränderungsprozesses zu übernehmen und auch im Bereich der Datenanalyse eine Vorreiterrolle in vielen Unternehmen zu spielen.

Wichtig dabei ist, dass das Thema „Data Governance" überhaupt als Priorität von der Unternehmensleitung erkannt und durch den Aufbau entsprechender Programme und Pläne vorangetrieben und verankert wird. Je nach Reifegrad des Unternehmens muss auch die Datenkultur, also die Aufmerksamkeit und Sensibilität im Umgang mit Daten, bei allen Mitarbeiter:innen des Unternehmens etabliert werden.

Literatur

Aldridge (2020). What is Data Governance? https://aldridge.com/what-is-data-governance/. Zugegriffen: 07.06.2022.

BARC (2018). How to rule the Data World. https://barc-research.com/research/how-to-rule-your-data-world/register-how-to-rule-your-data-world/. Zugegriffen: 07.06.2022.

BDI (2021). Position gegenüber Sicherheitsrisiken stärken. Positionspapier. https://bdi.eu/publikation/news/resilienz-gegenueber-sicherheitsrisiken-staerken-wirtschaftsschutz-cyber-sicherheit-spionage/. Zugegriffen: 07.06.2022.

Braun A (2021). CFOs werden mit Cloud und KI zur Dateninstanz. Controlling & Management Review (65): 32–37.

Brüning A, Gluchowski P, Kaiser A (2017). Data Governance. Einordnung, Konzepte und aktuelle Herausforderungen. Chemnitz Economic Papers (015). Chemnitz University of Technology, Faculty of Economics and Business Administration, Chemnitz.

CIO (2021). Data governance. A best practices framework for managing data assets. March 18, 2021. https://www.cio.com/article/202183/what-is-data-governance-a-best-practices-framework-for-managing-data-assets.html. Zugegriffen: 07.06.2022.

CIO (2022). What is a Chief Digital Officer? A leader who creates business value from data. March 31, 2022, https://www.cio.com/article/230880/what-is-a-chief-data-officer.html. Zugegriffen: 07.06.2022.

Fleck H (2022). Der richtige Weg zur Data Governance. Computerwoche vom 06.05.2022.

Geuer M (2021). Data Governance. Eine klare Strategie benötigt ein nachhaltiges Framework. https://www.haufe-akademie.de/blog/themen/controlling/data-governance-eine-klare-strategie-benoetigt-ein-nachhaltiges-framework/. Zugegriffen: 07.06.2022.

Forrester (2015). Data Governance and Data Management are not interchangeable. https://www.forrester.com/blogs/15-09-11-data_governance_and_data_management_are_not_interchangeable/. Zugegriffen: 07.06.2022.

Harvard Business Review Analytic Services (2020). A Blueprint for Data Governance in the Age of Business Transformation. Research Report. https://hbr.org/sponsored/2020/01/a-blueprint-for-data-governance-in-the-age-of-business-transformation. Zugegriffen: 07.06.2022.

IDC – International Data Corporation (2020). The data-forward enterprise. How to maximize data leverage for better business outcomes. White Paper Study, Framingham.

Lange B (2018). Strategisches und operatives Controlling. Grundlagen, Instrumente Objekte, Frühwarnsystem. Shaker Verlag, Düren.

Langmann C (2019). Digitalisierung im Controlling. Springer Gabler, Wiesbaden.

Otto B (2011). Data Governance. Business & Information Systems Engineering (4): 241–244.

PeerSpot (o.J.). Best Data Governance Tools 2022. htttp://www.peerspot.com/categories/data-governance. Zugegriffen: 07.06.2022.

Peskes M, Gutsche P (2022). Strategisches Controlling 4.0. Erfolgsfaktoren für eine digitale Transformation von Controllinginstrumenten und -steuerungssystemen. ZBW – Leibniz Information Centre for Economics, Kiel/Hamburg.

Semmelmann K (2022). Data Governance Guide. Alles was man wissen muss. https://www.kobold.ai/data-governance/. Zugegriffen: 07.06.2022.

Waniczek M (2020). Datenmanagement als neuer Controlling Kernprozess. Insights Controller Institut. https://insights.controller-institut.at/datenmanagement-als-neuer-controlling-kernprozess/. Zugegriffen: 07.06.2022.

Weber K, Otto B, Österle H (2009). Data Governance. Organisationskonzept für das konzernweite Datenqualitätsmanagement. 9. Internationale Tagung Wirtschaftsinformatik Proceedings, S. 589–598.

If you have any concerns about our products,
you can contact us on
ProductSafety@springernature.com

In case Publisher is established outside the EU,
the EU authorized representative is:
**Springer Nature Customer Service Center GmbH
Europaplatz 3, 69115 Heidelberg, Germany**

Printed by Libri Plureos GmbH
in Hamburg, Germany